法治副校长丛书

# 青少年法治教育

## 法律法规

上海市高级人民法院 编



人民法院出版社

**图书在版编目（CIP）数据**

青少年法治教育法律法规 / 上海市高级人民法院编.
北京 ： 人民法院出版社， 2025. 8. -- (法治副校长丛书
). -- ISBN 978-7-5109-4620-2

Ⅰ. D920.5

中国国家版本馆CIP数据核字第2025HC3264号

**青少年法治教育法律法规**

上海市高级人民法院　编

**责任编辑**　高绍安
**出版发行**　人民法院出版社
**地　　址**　北京市东城区东交民巷 27 号（100745）
**电　　话**　（010）67550510（责任编辑）　67550558（发行部查询）
　　　　　　65223677（读者服务部）
**客服 QQ**　2092078039
**网　　址**　http：//www.courtbook.com.cn
**E - mail**　courtpress@sohu.com
**印　　刷**　北京瑞禾彩色印刷有限公司
**经　　销**　新华书店

**开　　本**　787 毫米 ×1092 毫米　1/16
**字　　数**　371 千字
**印　　张**　22
**版　　次**　2025 年 8 月第 1 版　2025 年 8 月第 1 次印刷
**书　　号**　ISBN 978-7-5109-4620-2
**定　　价**　65.00 元

# 目 录

# 总则篇

# 中华人民共和国未成年人保护法

（1991 年 9 月 4 日第七届全国人民代表大会常务委员会第二十一次会议通过　2006 年 12 月 29 日第十届全国人民代表大会常务委员会第二十五次会议第一次修订　根据 2012 年 10 月 26 日第十一届全国人民代表大会常务委员会第二十九次会议《关于修改〈中华人民共和国未成年人保护法〉的决定》第一次修正　2020 年 10 月 17 日第十三届全国人民代表大会常务委员会第二十二次会议第二次修订　根据 2024 年 4 月 26 日第十四届全国人民代表大会常务委员会第九次会议《关于修改〈中华人民共和国农业技术推广法〉、〈中华人民共和国未成年人保护法〉、〈中华人民共和国生物安全法〉的决定》第二次修正）

## 目录



## 第一章　总　　则

**第一条**　为了保护未成年人身心健康，保障未成年人合法权益，促进未成年人德智体美劳全面发展，培养有理想、有道德、有文化、有纪律的社会主义建设者和接班人，培养担当民族复兴大任的时代新人，根据宪法，制定本法。

**第二条** 本法所称未成年人是指未满十八周岁的公民。

**第三条** 国家保障未成年人的生存权、发展权、受保护权、参与权等权利。

未成年人依法平等地享有各项权利，不因本人及其父母或者其他监护人的民族、种族、性别、户籍、职业、宗教信仰、教育程度、家庭状况、身心健康状况等受到歧视。

**第四条** 保护未成年人，应当坚持最有利于未成年人的原则。处理涉及未成年人事项，应当符合下列要求：

（一）给予未成年人特殊、优先保护；

（二）尊重未成年人人格尊严；

（三）保护未成年人隐私权和个人信息；

（四）适应未成年人身心健康发展的规律和特点；

（五）听取未成年人的意见；

（六）保护与教育相结合。

**第五条** 国家、社会、学校和家庭应当对未成年人进行理想教育、道德教育、科学教育、文化教育、法治教育、国家安全教育、健康教育、劳动教育，加强爱国主义、集体主义和中国特色社会主义的教育，培养爱祖国、爱人民、爱劳动、爱科学、爱社会主义的公德，抵制资本主义、封建主义和其他腐朽思想的侵蚀，引导未成年人树立和践行社会主义核心价值观。

**第六条** 保护未成年人，是国家机关、武装力量、政党、人民团体、企业事业单位、社会组织、城乡基层群众性自治组织、未成年人的监护人以及其他成年人的共同责任。

国家、社会、学校和家庭应当教育和帮助未成年人维护自身合法权益，增强自我保护的意识和能力。

**第七条** 未成年人的父母或者其他监护人依法对未成年人承担监护职责。

国家采取措施指导、支持、帮助和监督未成年人的父母或者其他监护人履行监护职责。

**第八条** 县级以上人民政府应当将未成年人保护工作纳入国民经济和社会发展规划，相关经费纳入本级政府预算。

**第九条** 各级人民政府应当重视和加强未成年人保护工作。县级以上人民政府负责妇女儿童工作的机构，负责未成年人保护工作的组织、协调、指导、督促，有关部门在各自职责范围内做好相关工作。

**第十条** 共产主义青年团、妇女联合会、工会、残疾人联合会、关心下一代工作委员会、青年联合会、学生联合会、少年先锋队以及其他人民团体、有关社会组织，应当协助各级人民政府及其有关部门、人民检察院、人民法院做好未成年人保护工作，维护未成年人合法权益。

**第十一条** 任何组织或者个人发现不利于未成年人身心健康或者侵犯未成年人合法权益的情形，都有权劝阻、制止或者向公安、民政、教育等有关部门提出检举、控告。

国家机关、居民委员会、村民委员会、密切接触未成年人的单位及其工作人员，在工作中发现未成年人身心健康受到侵害、疑似受到侵害或者面临其他危险情形的，应当立即向公安、民政、教育等有关部门报告。

有关部门接到涉及未成年人的检举、控告或者报告，应当依法及时受理、处置，并以适当方式将处理结果告知相关单位和人员。

**第十二条** 国家鼓励和支持未成年人保护方面的科学研究，建设相关学科、设置相关专业，加强人才培养。

**第十三条** 国家建立健全未成年人统计调查制度，开展未成年人健康、受教育等状况的统计、调查和分析，发布未成年人保护的有关信息。

**第十四条** 国家对保护未成年人有显著成绩的组织和个人给予表彰和奖励。

## 第二章 家庭保护

**第十五条** 未成年人的父母或者其他监护人应当学习家庭教育知识，接受家庭教育指导，创造良好、和睦、文明的家庭环境。

共同生活的其他成年家庭成员应当协助未成年人的父母或者其他监护人抚养、教育和保护未成年人。

**第十六条** 未成年人的父母或者其他监护人应当履行下列监护职责：

（一）为未成年人提供生活、健康、安全等方面的保障；

（二）关注未成年人的生理、心理状况和情感需求；

（三）教育和引导未成年人遵纪守法、勤俭节约，养成良好的思想品德和行为习惯；

（四）对未成年人进行安全教育，提高未成年人的自我保护意识和能力；

（五）尊重未成年人受教育的权利，保障适龄未成年人依法接受并完成义务教育；

（六）保障未成年人休息、娱乐和体育锻炼的时间，引导未成年人进行有益身心健康的活动；

（七）妥善管理和保护未成年人的财产；

（八）依法代理未成年人实施民事法律行为；

（九）预防和制止未成年人的不良行为和违法犯罪行为，并进行合理管教；

（十）其他应当履行的监护职责。

**第十七条** 未成年人的父母或者其他监护人不得实施下列行为：

（一）虐待、遗弃、非法送养未成年人或者对未成年人实施家庭暴力；

（二）放任、教唆或者利用未成年人实施违法犯罪行为；

（三）放任、唆使未成年人参与邪教、迷信活动或者接受恐怖主义、分裂主义、极端主义等侵害；

（四）放任、唆使未成年人吸烟（含电子烟，下同）、饮酒、赌博、流浪乞讨或者欺凌他人；

（五）放任或者迫使应当接受义务教育的未成年人失学、辍学；

（六）放任未成年人沉迷网络，接触危害或者可能影响其身心健康的图书、报刊、电影、广播电视节目、音像制品、电子出版物和网络信息等；

（七）放任未成年人进入营业性娱乐场所、酒吧、互联网上网服务营业场所等不适宜未成年人活动的场所；

（八）允许或者迫使未成年人从事国家规定以外的劳动；

（九）允许、迫使未成年人结婚或者为未成年人订立婚约；

（十）违法处分、侵吞未成年人的财产或者利用未成年人牟取不正当利益；

（十一）其他侵犯未成年人身心健康、财产权益或者不依法履行未成年人保护义务的行为。

**第十八条** 未成年人的父母或者其他监护人应当为未成年人提供安全的家庭生活环境，及时排除引发触电、烫伤、跌落等伤害的安全隐患；采取配备儿童安全座椅、教育未成年人遵守交通规则等措施，防止未成年人受到交通事故的伤害；提高户外安全保护意识，避免未成年人发生溺水、动物伤害等事故。

**第十九条** 未成年人的父母或者其他监护人应当根据未成年人的年龄和智力发展状况，在作出与未成年人权益有关的决定前，听取未成年人的意见，充分考虑其真实意愿。

**第二十条** 未成年人的父母或者其他监护人发现未成年人身心健康受到侵害、疑似受到侵害或者其他合法权益受到侵犯的，应当及时了解情况并采取保护措施；情况严重的，应当立即向公安、民政、教育等部门报告。

**第二十一条** 未成年人的父母或者其他监护人不得使未满八周岁或者由于身体、心理原因需要特别照顾的未成年人处于无人看护状态，或者将其交由无民事行为能力、限制民事行为能力、患有严重传染性疾病或者其他不适宜的人员临时照护。

未成年人的父母或者其他监护人不得使未满十六周岁的未成年人脱离监护单独生活。

**第二十二条** 未成年人的父母或者其他监护人因外出务工等原因在一定期限内不能完全履行监护职责的，应当委托具有照护能力的完全民事行为能力人代为照护；无正当理由的，不得委托他人代为照护。

未成年人的父母或者其他监护人在确定被委托人时，应当综合考虑其道德品质、家庭状况、身心健康状况、与未成年人生活情感上的联系等情况，并听取有表达意愿能力未成年人的意见。

具有下列情形之一的，不得作为被委托人：

（一）曾实施性侵害、虐待、遗弃、拐卖、暴力伤害等违法犯罪行为；

（二）有吸毒、酗酒、赌博等恶习；

（三）曾拒不履行或者长期怠于履行监护、照护职责；

（四）其他不适宜担任被委托人的情形。

**第二十三条** 未成年人的父母或者其他监护人应当及时将委托照护情况书面告知未成年人所在学校、幼儿园和实际居住地的居民委员会、村民委员会，加强和未成年人所在学校、幼儿园的沟通；与未成年人、被委托人至少每周联系和交流一次，了解未成年人的生活、学习、心理等情况，并给予未成年人亲情关爱。

未成年人的父母或者其他监护人接到被委托人、居民委员会、村民委员会、学校、幼儿园等关于未成年人心理、行为异常的通知后，应当及时采取干预措施。

**第二十四条** 未成年人的父母离婚时，应当妥善处理未成年子女的抚养、教育、探望、财产等事宜，听取有表达意愿能力未成年人的意见。不得以抢夺、藏匿未成年子女等方式争夺抚养权。

未成年人的父母离婚后，不直接抚养未成年子女的一方应当依照协议、人民法院判决或者调解确定的时间和方式，在不影响未成年人学习、生活的情况下探望未成年子女，直接抚养的一方应当配合，但被人民法院依法中止探望权的除外。

## 第三章　学校保护

**第二十五条** 学校应当全面贯彻国家教育方针，坚持立德树人，实施素质教育，提高教育质量，注重培养未成年学生认知能力、合作能力、创新能力和实践能力，促进未成年学生全面发展。

学校应当建立未成年学生保护工作制度，健全学生行为规范，培养未成年学生遵纪守法的良好行为习惯。

**第二十六条** 幼儿园应当做好保育、教育工作，遵循幼儿身心发展规律，实施启蒙教育，促进幼儿在体质、智力、品德等方面和谐发展。

**第二十七条** 学校、幼儿园的教职员工应当尊重未成年人人格尊严，不得对未成年人实施体罚、变相体罚或者其他侮辱人格尊严的行为。

**第二十八条** 学校应当保障未成年学生受教育的权利，不得违反国家规定开除、变相开除未成年学生。

学校应当对尚未完成义务教育的辍学未成年学生进行登记并劝返复学；劝返无效的，应当及时向教育行政部门书面报告。

**第二十九条** 学校应当关心、爱护未成年学生，不得因家庭、身体、心理、学习能力等情况歧视学生。对家庭困难、身心有障碍的学生，应当提供关爱；对行为异常、学习有困难的学生，应当耐心帮助。

学校应当配合政府有关部门建立留守未成年学生、困境未成年学生的信息档案，开展关爱帮扶工作。

**第三十条** 学校应当根据未成年学生身心发展特点，进行社会生活指导、心理健康辅导、青春期教育和生命教育。

**第三十一条** 学校应当组织未成年学生参加与其年龄相适应的日常生活劳

动、生产劳动和服务性劳动，帮助未成年学生掌握必要的劳动知识和技能，养成良好的劳动习惯。

**第三十二条** 学校、幼儿园应当开展勤俭节约、反对浪费、珍惜粮食、文明饮食等宣传教育活动，帮助未成年人树立浪费可耻、节约为荣的意识，养成文明健康、绿色环保的生活习惯。

**第三十三条** 学校应当与未成年学生的父母或者其他监护人互相配合，合理安排未成年学生的学习时间，保障其休息、娱乐和体育锻炼的时间。

学校不得占用国家法定节假日、休息日及寒暑假期，组织义务教育阶段的未成年学生集体补课，加重其学习负担。

幼儿园、校外培训机构不得对学龄前未成年人进行小学课程教育。

**第三十四条** 学校、幼儿园应当提供必要的卫生保健条件，协助卫生健康部门做好在校、在园未成年人的卫生保健工作。

**第三十五条** 学校、幼儿园应当建立安全管理制度，对未成年人进行安全教育，完善安保设施、配备安保人员，保障未成年人在校、在园期间的人身和财产安全。

学校、幼儿园不得在危及未成年人人身安全、身心健康的校舍和其他设施、场所中进行教育教学活动。

学校、幼儿园安排未成年人参加文化娱乐、社会实践等集体活动，应当保护未成年人的身心健康，防止发生人身伤害事故。

**第三十六条** 使用校车的学校、幼儿园应当建立健全校车安全管理制度，配备安全管理人员，定期对校车进行安全检查，对校车驾驶人进行安全教育，并向未成年人讲解校车安全乘坐知识，培养未成年人校车安全事故应急处理技能。

**第三十七条** 学校、幼儿园应当根据需要，制定应对自然灾害、事故灾难、公共卫生事件等突发事件和意外伤害的预案，配备相应设施并定期进行必要的演练。

未成年人在校内、园内或者本校、本园组织的校外、园外活动中发生人身伤害事故的，学校、幼儿园应当立即救护，妥善处理，及时通知未成年人的父母或者其他监护人，并向有关部门报告。

**第三十八条** 学校、幼儿园不得安排未成年人参加商业性活动，不得向未成年人及其父母或者其他监护人推销或者要求其购买指定的商品和服务。

学校、幼儿园不得与校外培训机构合作为未成年人提供有偿课程辅导。

**第三十九条** 学校应当建立学生欺凌防控工作制度，对教职员工、学生等开展防治学生欺凌的教育和培训。

学校对学生欺凌行为应当立即制止，通知实施欺凌和被欺凌未成年学生的父母或者其他监护人参与欺凌行为的认定和处理；对相关未成年学生及时给予心理辅导、教育和引导；对相关未成年学生的父母或者其他监护人给予必要的家庭教育指导。

对实施欺凌的未成年学生，学校应当根据欺凌行为的性质和程度，依法加强管教。对严重的欺凌行为，学校不得隐瞒，应当及时向公安机关、教育行政部门报告，并配合相关部门依法处理。

**第四十条** 学校、幼儿园应当建立预防性侵害、性骚扰未成年人工作制度。对性侵害、性骚扰未成年人等违法犯罪行为，学校、幼儿园不得隐瞒，应当及时向公安机关、教育行政部门报告，并配合相关部门依法处理。

学校、幼儿园应当对未成年人开展适合其年龄的性教育，提高未成年人防范性侵害、性骚扰的自我保护意识和能力。对遭受性侵害、性骚扰的未成年人，学校、幼儿园应当及时采取相关的保护措施。

**第四十一条** 婴幼儿照护服务机构、早期教育服务机构、校外培训机构、校外托管机构等应当参照本章有关规定，根据不同年龄阶段未成年人的成长特点和规律，做好未成年人保护工作。

## 第四章 社会保护

**第四十二条** 全社会应当树立关心、爱护未成年人的良好风尚。

国家鼓励、支持和引导人民团体、企业事业单位、社会组织以及其他组织和个人，开展有利于未成年人健康成长的社会活动和服务。

**第四十三条** 居民委员会、村民委员会应当设置专人专岗负责未成年人保护工作，协助政府有关部门宣传未成年人保护方面的法律法规，指导、帮助和监督未成年人的父母或者其他监护人依法履行监护职责，建立留守未成年人、困境未成年人的信息档案并给予关爱帮扶。

居民委员会、村民委员会应当协助政府有关部门监督未成年人委托照护情况，发现被委托人缺乏照护能力、怠于履行照护职责等情况，应当及时向政府有关部门报告，并告知未成年人的父母或者其他监护人，帮助、督促被委托人履行照护职责。

**第四十四条**　爱国主义教育基地、图书馆、青少年宫、儿童活动中心、儿童之家应当对未成年人免费开放；博物馆、纪念馆、科技馆、展览馆、美术馆、文化馆、社区公益性互联网上网服务场所以及影剧院、体育场馆、动物园、植物园、公园等场所，应当按照有关规定对未成年人免费或者优惠开放。

国家鼓励爱国主义教育基地、博物馆、科技馆、美术馆等公共场馆开设未成年人专场，为未成年人提供有针对性的服务。

国家鼓励国家机关、企业事业单位、部队等开发自身教育资源，设立未成年人开放日，为未成年人主题教育、社会实践、职业体验等提供支持。

国家鼓励科研机构和科技类社会组织对未成年人开展科学普及活动。

**第四十五条**　城市公共交通以及公路、铁路、水路、航空客运等应当按照有关规定对未成年人实施免费或者优惠票价。

**第四十六条**　国家鼓励大型公共场所、公共交通工具、旅游景区景点等设置母婴室、婴儿护理台以及方便幼儿使用的坐便器、洗手台等卫生设施，为未成年人提供便利。

**第四十七条**　任何组织或者个人不得违反有关规定，限制未成年人应当享有的照顾或者优惠。

**第四十八条**　国家鼓励创作、出版、制作和传播有利于未成年人健康成长的图书、报刊、电影、广播电视节目、舞台艺术作品、音像制品、电子出版物和网络信息等。

**第四十九条**　新闻媒体应当加强未成年人保护方面的宣传，对侵犯未成年人合法权益的行为进行舆论监督。新闻媒体采访报道涉及未成年人事件应当客观、审慎和适度，不得侵犯未成年人的名誉、隐私和其他合法权益。

**第五十条**　禁止制作、复制、出版、发布、传播含有宣扬淫秽、色情、暴力、邪教、迷信、赌博、引诱自杀、恐怖主义、分裂主义、极端主义等危害未成年人身心健康内容的图书、报刊、电影、广播电视节目、舞台艺术作品、音像制品、电子出版物和网络信息等。

**第五十一条**　任何组织或者个人出版、发布、传播的图书、报刊、电影、广播电视节目、舞台艺术作品、音像制品、电子出版物或者网络信息，包含可能影响未成年人身心健康内容的，应当以显著方式作出提示。

**第五十二条** 禁止制作、复制、发布、传播或者持有有关未成年人的淫秽色情物品和网络信息。

**第五十三条** 任何组织或者个人不得刊登、播放、张贴或者散发含有危害未成年人身心健康内容的广告；不得在学校、幼儿园播放、张贴或者散发商业广告；不得利用校服、教材等发布或者变相发布商业广告。

**第五十四条** 禁止拐卖、绑架、虐待、非法收养未成年人，禁止对未成年人实施性侵害、性骚扰。

禁止胁迫、引诱、教唆未成年人参加黑社会性质组织或者从事违法犯罪活动。

禁止胁迫、诱骗、利用未成年人乞讨。

**第五十五条** 生产、销售用于未成年人的食品、药品、玩具、用具和游戏游艺设备、游乐设施等，应当符合国家或者行业标准，不得危害未成年人的人身安全和身心健康。上述产品的生产者应当在显著位置标明注意事项，未标明注意事项的不得销售。

**第五十六条** 未成年人集中活动的公共场所应当符合国家或者行业安全标准，并采取相应安全保护措施。对可能存在安全风险的设施，应当定期进行维护，在显著位置设置安全警示标志并标明适龄范围和注意事项；必要时应当安排专门人员看管。

大型的商场、超市、医院、图书馆、博物馆、科技馆、游乐场、车站、码头、机场、旅游景区景点等场所运营单位应当设置搜寻走失未成年人的安全警报系统。场所运营单位接到求助后，应当立即启动安全警报系统，组织人员进行搜寻并向公安机关报告。

公共场所发生突发事件时，应当优先救护未成年人。

**第五十七条** 旅馆、宾馆、酒店等住宿经营者接待未成年人入住，或者接待未成年人和成年人共同入住时，应当询问父母或者其他监护人的联系方式、入住人员的身份关系等有关情况；发现有违法犯罪嫌疑的，应当立即向公安机关报告，并及时联系未成年人的父母或者其他监护人。

**第五十八条** 学校、幼儿园周边不得设置营业性娱乐场所、酒吧、互联网上网服务营业场所等不适宜未成年人活动的场所。营业性歌舞娱乐场所、酒吧、互联网上网服务营业场所等不适宜未成年人活动场所的经营者，不得允许未成年人进入；游艺娱乐场所设置的电子游戏设备，除国家法定节假日外，不得向未成年人提供。经营者应当在显著位置设置未成年人禁入、限入标志；对难以判明是否是未成年人的，应当要求其出示身份证件。

**第五十九条** 学校、幼儿园周边不得设置烟、酒、彩票销售网点。禁止向未成年人销售烟、酒、彩票或者兑付彩票奖金。烟、酒和彩票经营者应当在显著位置设置不向未成年人销售烟、酒或者彩票的标志；对难以判明是否是未成年人的，应当要求其出示身份证件。

任何人不得在学校、幼儿园和其他未成年人集中活动的公共场所吸烟、饮酒。

**第六十条** 禁止向未成年人提供、销售管制刀具或者其他可能致人严重伤害的器具等物品。经营者难以判明购买者是否是未成年人的，应当要求其出示身份证件。

**第六十一条** 任何组织或者个人不得招用未满十六周岁未成年人，国家另有规定的除外。

营业性娱乐场所、酒吧、互联网上网服务营业场所等不适宜未成年人活动的场所不得招用已满十六周岁的未成年人。

招用已满十六周岁未成年人的单位和个人应当执行国家在工种、劳动时间、劳动强度和保护措施等方面的规定，不得安排其从事过重、有毒、有害等危害未成年人身心健康的劳动或者危险作业。

任何组织或者个人不得组织未成年人进行危害其身心健康的表演等活动。经未成年人的父母或者其他监护人同意，未成年人参与演出、节目制作等活动，活动组织方应当根据国家有关规定，保障未成年人合法权益。

**第六十二条** 密切接触未成年人的单位招聘工作人员时，应当向公安机关、人民检察院查询应聘者是否具有性侵害、虐待、拐卖、暴力伤害等违法犯罪记录；发现其具有前述行为记录的，不得录用。

密切接触未成年人的单位应当每年定期对工作人员是否具有上述违法犯罪记录进行查询。通过查询或者其他方式发现其工作人员具有上述行为的，应当及时解聘。

**第六十三条** 任何组织或者个人不得隐匿、毁弃、非法删除未成年人的信件、日记、电子邮件或者其他网络通讯内容。

除下列情形外，任何组织或者个人不得开拆、查阅未成年人的信件、日记、电子邮件或者其他网络通讯内容：

（一）无民事行为能力未成年人的父母或者其他监护人代未成年人开拆、查阅；

（二）因国家安全或者追查刑事犯罪依法进行检查；

（三）紧急情况下为了保护未成年人本人的人身安全。

## 第五章　网络保护

**第六十四条**　国家、社会、学校和家庭应当加强未成年人网络素养宣传教育，培养和提高未成年人的网络素养，增强未成年人科学、文明、安全、合理使用网络的意识和能力，保障未成年人在网络空间的合法权益。

**第六十五条**　国家鼓励和支持有利于未成年人健康成长的网络内容的创作与传播，鼓励和支持专门以未成年人为服务对象、适合未成年人身心健康特点的网络技术、产品、服务的研发、生产和使用。

**第六十六条**　网信部门及其他有关部门应当加强对未成年人网络保护工作的监督检查，依法惩处利用网络从事危害未成年人身心健康的活动，为未成年人提供安全、健康的网络环境。

**第六十七条**　网信部门会同公安、文化和旅游、新闻出版、电影、广播电视等部门根据保护不同年龄阶段未成年人的需要，确定可能影响未成年人身心健康网络信息的种类、范围和判断标准。

**第六十八条**　新闻出版、教育、卫生健康、文化和旅游、网信等部门应当定期开展预防未成年人沉迷网络的宣传教育，监督网络产品和服务提供者履行预防未成年人沉迷网络的义务，指导家庭、学校、社会组织互相配合，采取科学、合理的方式对未成年人沉迷网络进行预防和干预。

任何组织或者个人不得以侵害未成年人身心健康的方式对未成年人沉迷网络进行干预。

**第六十九条**　学校、社区、图书馆、文化馆、青少年宫等场所为未成年人提供的互联网上网服务设施，应当安装未成年人网络保护软件或者采取其他安全保护技术措施。

智能终端产品的制造者、销售者应当在产品上安装未成年人网络保护软件，或者以显著方式告知用户未成年人网络保护软件的安装渠道和方法。

**第七十条**　学校应当合理使用网络开展教学活动。未经学校允许，未成年学生不得将手机等智能终端产品带入课堂，带入学校的应当统一管理。

学校发现未成年学生沉迷网络的，应当及时告知其父母或者其他监护人，共同对未成年学生进行教育和引导，帮助其恢复正常的学习生活。

**第七十一条** 未成年人的父母或者其他监护人应当提高网络素养，规范自身使用网络的行为，加强对未成年人使用网络行为的引导和监督。

未成年人的父母或者其他监护人应当通过在智能终端产品上安装未成年人网络保护软件、选择适合未成年人的服务模式和管理功能等方式，避免未成年人接触危害或者可能影响其身心健康的网络信息，合理安排未成年人使用网络的时间，有效预防未成年人沉迷网络。

**第七十二条** 信息处理者通过网络处理未成年人个人信息的，应当遵循合法、正当和必要的原则。处理不满十四周岁未成年人个人信息的，应当征得未成年人的父母或者其他监护人同意，但法律、行政法规另有规定的除外。

未成年人、父母或者其他监护人要求信息处理者更正、删除未成年人个人信息的，信息处理者应当及时采取措施予以更正、删除，但法律、行政法规另有规定的除外。

**第七十三条** 网络服务提供者发现未成年人通过网络发布私密信息的，应当及时提示，并采取必要的保护措施。

**第七十四条** 网络产品和服务提供者不得向未成年人提供诱导其沉迷的产品和服务。

网络游戏、网络直播、网络音视频、网络社交等网络服务提供者应当针对未成年人使用其服务设置相应的时间管理、权限管理、消费管理等功能。

以未成年人为服务对象的在线教育网络产品和服务，不得插入网络游戏链接，不得推送广告等与教学无关的信息。

**第七十五条** 网络游戏经依法审批后方可运营。

国家建立统一的未成年人网络游戏电子身份认证系统。网络游戏服务提供者应当要求未成年人以真实身份信息注册并登录网络游戏。

网络游戏服务提供者应当按照国家有关规定和标准，对游戏产品进行分类，作出适龄提示，并采取技术措施，不得让未成年人接触不适宜的游戏或者游戏功能。

网络游戏服务提供者不得在每日二十二时至次日八时向未成年人提供网络游戏服务。

**第七十六条** 网络直播服务提供者不得为未满十六周岁的未成年人提供网络直播发布者账号注册服务；为年满十六周岁的未成年人提供网络直播发布者账号注册服务时，应当对其身份信息进行认证，并征得其父母或者其他监护人同意。

**第七十七条** 任何组织或者个人不得通过网络以文字、图片、音视频等形式，对未成年人实施侮辱、诽谤、威胁或者恶意损害形象等网络欺凌行为。

遭受网络欺凌的未成年人及其父母或者其他监护人有权通知网络服务提供者采取删除、屏蔽、断开链接等措施。网络服务提供者接到通知后，应当及时采取必要的措施制止网络欺凌行为，防止信息扩散。

**第七十八条** 网络产品和服务提供者应当建立便捷、合理、有效的投诉和举报渠道，公开投诉、举报方式等信息，及时受理并处理涉及未成年人的投诉、举报。

**第七十九条** 任何组织或者个人发现网络产品、服务含有危害未成年人身心健康的信息，有权向网络产品和服务提供者或者网信、公安等部门投诉、举报。

**第八十条** 网络服务提供者发现用户发布、传播可能影响未成年人身心健康的信息且未作显著提示的，应当作出提示或者通知用户予以提示；未作出提示的，不得传输相关信息。

网络服务提供者发现用户发布、传播含有危害未成年人身心健康内容的信息的，应当立即停止传输相关信息，采取删除、屏蔽、断开链接等处置措施，保存有关记录，并向网信、公安等部门报告。

网络服务提供者发现用户利用其网络服务对未成年人实施违法犯罪行为的，应当立即停止向该用户提供网络服务，保存有关记录，并向公安机关报告。

## 第六章　政府保护

**第八十一条** 县级以上人民政府承担未成年人保护协调机制具体工作的职能部门应当明确相关内设机构或者专门人员，负责承担未成年人保护工作。

乡镇人民政府和街道办事处应当设立未成年人保护工作站或者指定专门人员，及时办理未成年人相关事务；支持、指导居民委员会、村民委员会设立专人专岗，做好未成年人保护工作。

**第八十二条** 各级人民政府应当将家庭教育指导服务纳入城乡公共服务体系，开展家庭教育知识宣传，鼓励和支持有关人民团体、企业事业单位、社会组织开展家庭教育指导服务。

**第八十三条** 各级人民政府应当保障未成年人受教育的权利，并采取措施保障留守未成年人、困境未成年人、残疾未成年人接受义务教育。

对尚未完成义务教育的辍学未成年学生，教育行政部门应当责令父母或者其他监护人将其送入学校接受义务教育。

**第八十四条** 各级人民政府应当发展托育、学前教育事业，办好婴幼儿照护服务机构、幼儿园，支持社会力量依法兴办母婴室、婴幼儿照护服务机构、幼儿园。

县级以上地方人民政府及其有关部门应当培养和培训婴幼儿照护服务机构、幼儿园的保教人员，提高其职业道德素质和业务能力。

**第八十五条** 各级人民政府应当发展职业教育，保障未成年人接受职业教育或者职业技能培训，鼓励和支持人民团体、企业事业单位、社会组织为未成年人提供职业技能培训服务。

**第八十六条** 各级人民政府应当保障具有接受普通教育能力、能适应校园生活的残疾未成年人就近在普通学校、幼儿园接受教育；保障不具有接受普通教育能力的残疾未成年人在特殊教育学校、幼儿园接受学前教育、义务教育和职业教育。

各级人民政府应当保障特殊教育学校、幼儿园的办学、办园条件，鼓励和支持社会力量举办特殊教育学校、幼儿园。

**第八十七条** 地方人民政府及其有关部门应当保障校园安全，监督、指导学校、幼儿园等单位落实校园安全责任，建立突发事件的报告、处置和协调机制。

**第八十八条** 公安机关和其他有关部门应当依法维护校园周边的治安和交通秩序，设置监控设备和交通安全设施，预防和制止侵害未成年人的违法犯罪行为。

**第八十九条** 地方人民政府应当建立和改善适合未成年人的活动场所和设施，支持公益性未成年人活动场所和设施的建设和运行，鼓励社会力量兴办适合未成年人的活动场所和设施，并加强管理。

地方人民政府应当采取措施，鼓励和支持学校在国家法定节假日、休息日及寒暑假期将文化体育设施对未成年人免费或者优惠开放。

地方人民政府应当采取措施，防止任何组织或者个人侵占、破坏学校、幼儿园、婴幼儿照护服务机构等未成年人活动场所的场地、房屋和设施。

**第九十条** 各级人民政府及其有关部门应当对未成年人进行卫生保健和营养指导，提供卫生保健服务。

卫生健康部门应当依法对未成年人的疫苗预防接种进行规范，防治未成年人常见病、多发病，加强传染病防治和监督管理，做好伤害预防和干预，指导和监督学校、幼儿园、婴幼儿照护服务机构开展卫生保健工作。

教育行政部门应当加强未成年人的心理健康教育，建立未成年人心理问题的早期发现和及时干预机制。卫生健康部门应当做好未成年人心理治疗、心理危机干预以及精神障碍早期识别和诊断治疗等工作。

**第九十一条** 各级人民政府及其有关部门对困境未成年人实施分类保障，采取措施满足其生活、教育、安全、医疗康复、住房等方面的基本需要。

**第九十二条** 具有下列情形之一的，民政部门应当依法对未成年人进行临时监护：

（一）未成年人流浪乞讨或者身份不明，暂时查找不到父母或者其他监护人；

（二）监护人下落不明且无其他人可以担任监护人；

（三）监护人因自身客观原因或者因发生自然灾害、事故灾难、公共卫生事件等突发事件不能履行监护职责，导致未成年人监护缺失；

（四）监护人拒绝或者怠于履行监护职责，导致未成年人处于无人照料的状态；

（五）监护人教唆、利用未成年人实施违法犯罪行为，未成年人需要被带离安置；

（六）未成年人遭受监护人严重伤害或者面临人身安全威胁，需要被紧急安置；

（七）法律规定的其他情形。

**第九十三条** 对临时监护的未成年人，民政部门可以采取委托亲属抚养、家庭寄养等方式进行安置，也可以交由未成年人救助保护机构或者儿童福利机构进行收留、抚养。

临时监护期间，经民政部门评估，监护人重新具备履行监护职责条件的，民政部门可以将未成年人送回监护人抚养。

**第九十四条** 具有下列情形之一的，民政部门应当依法对未成年人进行长期监护：

（一）查找不到未成年人的父母或者其他监护人；

（二）监护人死亡或者被宣告死亡且无其他人可以担任监护人；

（三）监护人丧失监护能力且无其他人可以担任监护人；

（四）人民法院判决撤销监护人资格并指定由民政部门担任监护人；

（五）法律规定的其他情形。

**第九十五条** 民政部门进行收养评估后，可以依法将其长期监护的未成年人交由符合条件的申请人收养。收养关系成立后，民政部门与未成年人的监护关系终止。

**第九十六条** 民政部门承担临时监护或者长期监护职责的，财政、教育、卫生健康、公安等部门应当根据各自职责予以配合。

县级以上人民政府及其民政部门应当根据需要设立未成年人救助保护机构、儿童福利机构，负责收留、抚养由民政部门监护的未成年人。

**第九十七条** 县级以上人民政府应当开通全国统一的未成年人保护热线，及时受理、转介侵犯未成年人合法权益的投诉、举报；鼓励和支持人民团体、企业事业单位、社会组织参与建设未成年人保护服务平台、服务热线、服务站点，提供未成年人保护方面的咨询、帮助。

**第九十八条** 国家建立性侵害、虐待、拐卖、暴力伤害等违法犯罪人员信息查询系统，向密切接触未成年人的单位提供免费查询服务。

**第九十九条** 地方人民政府应当培育、引导和规范有关社会组织、社会工作者参与未成年人保护工作，开展家庭教育指导服务，为未成年人的心理辅导、康复救助、监护及收养评估等提供专业服务。

## 第七章 司法保护

**第一百条** 公安机关、人民检察院、人民法院和司法行政部门应当依法履行职责，保障未成年人合法权益。

**第一百零一条** 公安机关、人民检察院、人民法院和司法行政部门应当确定专门机构或者指定专门人员，负责办理涉及未成年人案件。办理涉及未成年人案件的人员应当经过专门培训，熟悉未成年人身心特点。专门机构或者专门人员中，应当有女性工作人员。

公安机关、人民检察院、人民法院和司法行政部门应当对上述机构和人员实行与未成年人保护工作相适应的评价考核标准。

**第一百零二条** 公安机关、人民检察院、人民法院和司法行政部门办理涉及未成年人案件，应当考虑未成年人身心特点和健康成长的需要，使用未成年人能够理解的语言和表达方式，听取未成年人的意见。

**第一百零三条** 公安机关、人民检察院、人民法院、司法行政部门以及其他组织和个人不得披露有关案件中未成年人的姓名、影像、住所、就读学校以及其他可能识别出其身份的信息，但查找失踪、被拐卖未成年人等情形除外。

**第一百零四条** 对需要法律援助或者司法救助的未成年人，法律援助机构或者公安机关、人民检察院、人民法院和司法行政部门应当给予帮助，依法为其提供法律援助或者司法救助。

法律援助机构应当指派熟悉未成年人身心特点的律师为未成年人提供法律援助服务。

法律援助机构和律师协会应当对办理未成年人法律援助案件的律师进行指导和培训。

**第一百零五条** 人民检察院通过行使检察权，对涉及未成年人的诉讼活动等依法进行监督。

**第一百零六条** 未成年人合法权益受到侵犯，相关组织和个人未代为提起诉讼的，人民检察院可以督促、支持其提起诉讼；涉及公共利益的，人民检察院有权提起公益诉讼。

**第一百零七条** 人民法院审理继承案件，应当依法保护未成年人的继承权和受遗赠权。

人民法院审理离婚案件，涉及未成年子女抚养问题的，应当尊重已满八周岁未成年子女的真实意愿，根据双方具体情况，按照最有利于未成年子女的原则依法处理。

**第一百零八条** 未成年人的父母或者其他监护人不依法履行监护职责或者严重侵犯被监护的未成年人合法权益的，人民法院可以根据有关人员或者单位的申请，依法作出人身安全保护令或者撤销监护人资格。

被撤销监护人资格的父母或者其他监护人应当依法继续负担抚养费用。

**第一百零九条** 人民法院审理离婚、抚养、收养、监护、探望等案件涉及未成年人的，可以自行或者委托社会组织对未成年人的相关情况进行社会调查。

**第一百一十条** 公安机关、人民检察院、人民法院讯问未成年犯罪嫌疑人、被告人，询问未成年被害人、证人，应当依法通知其法定代理人或者其成年亲属、所在学校的代表等合适成年人到场，并采取适当方式，在适当场所进行，保障未成年人的名誉权、隐私权和其他合法权益。

人民法院开庭审理涉及未成年人案件，未成年被害人、证人一般不出庭作证；必须出庭的，应当采取保护其隐私的技术手段和心理干预等保护措施。

**第一百一十一条** 公安机关、人民检察院、人民法院应当与其他有关政府部门、人民团体、社会组织互相配合，对遭受性侵害或者暴力伤害的未成年被害人及其家庭实施必要的心理干预、经济救助、法律援助、转学安置等保护措施。

**第一百一十二条** 公安机关、人民检察院、人民法院办理未成年人遭受性侵害或者暴力伤害案件，在询问未成年被害人、证人时，应当采取同步录音录像等措施，尽量一次完成；未成年被害人、证人是女性的，应当由女性工作人员进行。

**第一百一十三条** 对违法犯罪的未成年人，实行教育、感化、挽救的方针，坚持教育为主、惩罚为辅的原则。

对违法犯罪的未成年人依法处罚后，在升学、就业等方面不得歧视。

**第一百一十四条** 公安机关、人民检察院、人民法院和司法行政部门发现有关单位未尽到未成年人教育、管理、救助、看护等保护职责的，应当向该单位提出建议。被建议单位应当在一个月内作出书面回复。

**第一百一十五条** 公安机关、人民检察院、人民法院和司法行政部门应当结合实际，根据涉及未成年人案件的特点，开展未成年人法治宣传教育工作。

**第一百一十六条** 国家鼓励和支持社会组织、社会工作者参与涉及未成年人案件中未成年人的心理干预、法律援助、社会调查、社会观护、教育矫治、社区矫正等工作。

## 第八章 法律责任

**第一百一十七条** 违反本法第十一条第二款规定，未履行报告义务造成严重后果的，由上级主管部门或者所在单位对直接负责的主管人员和其他直接责任人员依法给予处分。

**第一百一十八条** 未成年人的父母或者其他监护人不依法履行监护职责或者侵犯未成年人合法权益的，由其居住地的居民委员会、村民委员会予以劝诫、制止；情节严重的，居民委员会、村民委员会应当及时向公安机关报告。

公安机关接到报告或者公安机关、人民检察院、人民法院在办理案件过程中发现未成年人的父母或者其他监护人存在上述情形的，应当予以训诫，并可以责令其接受家庭教育指导。

**第一百一十九条** 学校、幼儿园、婴幼儿照护服务等机构及其教职员工违反本法第二十七条、第二十八条、第三十九条规定的，由公安、教育、卫生健康、市场监督管理等部门按照职责分工责令改正；拒不改正或者情节严重的，对直接负责的主管人员和其他直接责任人员依法给予处分。

**第一百二十条** 违反本法第四十四条、第四十五条、第四十七条规定，未给予未成年人免费或者优惠待遇的，由市场监督管理、文化和旅游、交通运输等部门按照职责分工责令限期改正，给予警告；拒不改正的，处一万元以上十万元以下罚款。

**第一百二十一条** 违反本法第五十条、第五十一条规定的，由新闻出版、广播电视、电影、网信等部门按照职责分工责令限期改正，给予警告，没收违法所得，可以并处十万元以下罚款；拒不改正或者情节严重的，责令暂停相关业务、停产停业或者吊销营业执照、吊销相关许可证，违法所得一百万元以上的，并处违法所得一倍以上十倍以下的罚款，没有违法所得或者违法所得不足一百万元的，并处十万元以上一百万元以下罚款。

**第一百二十二条** 场所运营单位违反本法第五十六条第二款规定、住宿经营者违反本法第五十七条规定的，由市场监督管理、应急管理、公安等部门按照职责分工责令限期改正，给予警告；拒不改正或者造成严重后果的，责令停业整顿或者吊销营业执照、吊销相关许可证，并处一万元以上十万元以下罚款。

**第一百二十三条** 相关经营者违反本法第五十八条、第五十九条第一款、第六十条规定的，由文化和旅游、市场监督管理、烟草专卖、公安等部门按照职责分工责令限期改正，给予警告，没收违法所得，可以并处五万元以下罚款；拒不改正或者情节严重的，责令停业整顿或者吊销营业执照、吊销相关许可证，可以并处五万元以上五十万元以下罚款。

**第一百二十四条** 违反本法第五十九条第二款规定，在学校、幼儿园和其他未成年人集中活动的公共场所吸烟、饮酒的，由卫生健康、教育、市场监督管理等部门按照职责分工责令改正，给予警告，可以并处五百元以下罚款；场所管理者未及时制止的，由卫生健康、教育、市场监督管理等部门按照职责分工给予警告，并处一万元以下罚款。

**第一百二十五条** 违反本法第六十一条规定的，由文化和旅游、人力资源和社会保障、市场监督管理等部门按照职责分工责令限期改正，给予警告，没收违法所得，可以并处十万元以下罚款；拒不改正或者情节严重的，责令停产停业或者吊销营业执照、吊销相关许可证，并处十万元以上一百万元以下罚款。

**第一百二十六条** 密切接触未成年人的单位违反本法第六十二条规定，未履行查询义务，或者招用、继续聘用具有相关违法犯罪记录人员的，由教育、人力资源和社会保障、市场监督管理等部门按照职责分工责令限期改正，给予警告，并处五万元以下罚款；拒不改正或者造成严重后果的，责令停业整顿或者吊销营业执照、吊销相关许可证，并处五万元以上五十万元以下罚款，对直接负责的主管人员和其他直接责任人员依法给予处分。

**第一百二十七条** 信息处理者违反本法第七十二条规定，或者网络产品和服务提供者违反本法第七十三条、第七十四条、第七十五条、第七十六条、第七十七条、第八十条规定的，由公安、网信、电信、新闻出版、广播电视、文化和旅游等有关部门按照职责分工责令改正，给予警告，没收违法所得，违法所得一百万元以上的，并处违法所得一倍以上十倍以下罚款，没有违法所得或者违法所得不足一百万元的，并处十万元以上一百万元以下罚款，对直接负责的主管人员和其他责任人员处一万元以上十万元以下罚款；拒不改正或者情节严重的，并可以责令暂停相关业务、停业整顿、关闭网站、吊销营业执照或者吊销相关许可证。

**第一百二十八条** 国家机关工作人员玩忽职守、滥用职权、徇私舞弊，损害未成年人合法权益的，依法给予处分。

**第一百二十九条** 违反本法规定，侵犯未成年人合法权益，造成人身、财产或者其他损害的，依法承担民事责任。

违反本法规定，构成违反治安管理行为的，依法给予治安管理处罚；构成犯罪的，依法追究刑事责任。

## 第九章　附　　则

**第一百三十条**　本法中下列用语的含义：

（一）密切接触未成年人的单位，是指学校、幼儿园等教育机构；校外培训机构；未成年人救助保护机构、儿童福利机构等未成年人安置、救助机构；婴幼儿照护服务机构、早期教育服务机构；校外托管、临时看护机构；家政服务机构；为未成年人提供医疗服务的医疗机构；其他对未成年人负有教育、培训、监护、救助、看护、医疗等职责的企业事业单位、社会组织等。

（二）学校，是指普通中小学、特殊教育学校、中等职业学校、专门学校。

（三）学生欺凌，是指发生在学生之间，一方蓄意或者恶意通过肢体、语言及网络等手段实施欺压、侮辱，造成另一方人身伤害、财产损失或者精神损害的行为。

**第一百三十一条**　对中国境内未满十八周岁的外国人、无国籍人，依照本法有关规定予以保护。

**第一百三十二条**　本法自 2021 年 6 月 1 日起施行。

# 家庭篇

# 中华人民共和国民法典（节录）

（2020 年 5 月 28 日第十三届全国人民代表大会第三次会议通过）

## 第一编 总 则

### 第一章 基本规定

**第一条** 为了保护民事主体的合法权益，调整民事关系，维护社会和经济秩序，适应中国特色社会主义发展要求，弘扬社会主义核心价值观，根据宪法，制定本法。

**第二条** 民法调整平等主体的自然人、法人和非法人组织之间的人身关系和财产关系。

**第三条** 民事主体的人身权利、财产权利以及其他合法权益受法律保护，任何组织或者个人不得侵犯。

**第四条** 民事主体在民事活动中的法律地位一律平等。

**第五条** 民事主体从事民事活动，应当遵循自愿原则，按照自己的意思设立、变更、终止民事法律关系。

**第六条** 民事主体从事民事活动，应当遵循公平原则，合理确定各方的权利和义务。

**第七条** 民事主体从事民事活动，应当遵循诚信原则，秉持诚实，恪守承诺。

**第八条** 民事主体从事民事活动，不得违反法律，不得违背公序良俗。

**第九条** 民事主体从事民事活动，应当有利于节约资源、保护生态环境。

**第十条** 处理民事纠纷，应当依照法律；法律没有规定的，可以适用习惯，但是不得违背公序良俗。

**第十一条** 其他法律对民事关系有特别规定的，依照其规定。

**第十二条**　中华人民共和国领域内的民事活动，适用中华人民共和国法律。法律另有规定的，依照其规定。

## 第二章　自然人

### 第一节　民事权利能力和民事行为能力

**第十三条**　自然人从出生时起到死亡时止，具有民事权利能力，依法享有民事权利，承担民事义务。

**第十四条**　自然人的民事权利能力一律平等。

**第十五条**　自然人的出生时间和死亡时间，以出生证明、死亡证明记载的时间为准；没有出生证明、死亡证明的，以户籍登记或者其他有效身份登记记载的时间为准。有其他证据足以推翻以上记载时间的，以该证据证明的时间为准。

**第十六条**　涉及遗产继承、接受赠与等胎儿利益保护的，胎儿视为具有民事权利能力。但是，胎儿娩出时为死体的，其民事权利能力自始不存在。

**第十七条**　十八周岁以上的自然人为成年人。不满十八周岁的自然人为未成年人。

**第十八条**　成年人为完全民事行为能力人，可以独立实施民事法律行为。

十六周岁以上的未成年人，以自己的劳动收入为主要生活来源的，视为完全民事行为能力人。

**第十九条**　八周岁以上的未成年人为限制民事行为能力人，实施民事法律行为由其法定代理人代理或者经其法定代理人同意、追认；但是，可以独立实施纯获利益的民事法律行为或者与其年龄、智力相适应的民事法律行为。

**第二十条**　不满八周岁的未成年人为无民事行为能力人，由其法定代理人代理实施民事法律行为。

**第二十一条**　不能辨认自己行为的成年人为无民事行为能力人，由其法定代理人代理实施民事法律行为。

八周岁以上的未成年人不能辨认自己行为的，适用前款规定。

**第二十二条**　不能完全辨认自己行为的成年人为限制民事行为能力人，实施民事法律行为由其法定代理人代理或者经其法定代理人同意、追认；但是，可以独立实施纯获利益的民事法律行为或者与其智力、精神健康状况相适应的民事法律行为。

**第二十三条** 无民事行为能力人、限制民事行为能力人的监护人是其法定代理人。

**第二十四条** 不能辨认或者不能完全辨认自己行为的成年人，其利害关系人或者有关组织，可以向人民法院申请认定该成年人为无民事行为能力人或者限制民事行为能力人。

被人民法院认定为无民事行为能力人或者限制民事行为能力人的，经本人、利害关系人或者有关组织申请，人民法院可以根据其智力、精神健康恢复的状况，认定该成年人恢复为限制民事行为能力人或者完全民事行为能力人。

本条规定的有关组织包括：居民委员会、村民委员会、学校、医疗机构、妇女联合会、残疾人联合会、依法设立的老年人组织、民政部门等。

**第二十五条** 自然人以户籍登记或者其他有效身份登记记载的居所为住所；经常居所与住所不一致的，经常居所视为住所。

## 第二节 监 护

**第二十六条** 父母对未成年子女负有抚养、教育和保护的义务。

成年子女对父母负有赡养、扶助和保护的义务。

**第二十七条** 父母是未成年子女的监护人。

未成年人的父母已经死亡或者没有监护能力的，由下列有监护能力的人按顺序担任监护人：

（一）祖父母、外祖父母；

（二）兄、姐；

（三）其他愿意担任监护人的个人或者组织，但是须经未成年人住所地的居民委员会、村民委员会或者民政部门同意。

**第二十八条** 无民事行为能力或者限制民事行为能力的成年人，由下列有监护能力的人按顺序担任监护人：

（一）配偶；

（二）父母、子女；

（三）其他近亲属；

（四）其他愿意担任监护人的个人或者组织，但是须经被监护人住所地的居民委员会、村民委员会或者民政部门同意。

**第二十九条** 被监护人的父母担任监护人的，可以通过遗嘱指定监护人。

**第三十条** 依法具有监护资格的人之间可以协议确定监护人。协议确定监护人应当尊重被监护人的真实意愿。

**第三十一条** 对监护人的确定有争议的，由被监护人住所地的居民委员会、村民委员会或者民政部门指定监护人，有关当事人对指定不服的，可以向人民法院申请指定监护人；有关当事人也可以直接向人民法院申请指定监护人。

居民委员会、村民委员会、民政部门或者人民法院应当尊重被监护人的真实意愿，按照最有利于被监护人的原则在依法具有监护资格的人中指定监护人。

依据本条第一款规定指定监护人前，被监护人的人身权利、财产权利以及其他合法权益处于无人保护状态的，由被监护人住所地的居民委员会、村民委员会、法律规定的有关组织或者民政部门担任临时监护人。

监护人被指定后，不得擅自变更；擅自变更的，不免除被指定的监护人的责任。

**第三十二条** 没有依法具有监护资格的人的，监护人由民政部门担任，也可以由具备履行监护职责条件的被监护人住所地的居民委员会、村民委员会担任。

**第三十三条** 具有完全民事行为能力的成年人，可以与其近亲属、其他愿意担任监护人的个人或者组织事先协商，以书面形式确定自己的监护人，在自己丧失或者部分丧失民事行为能力时，由该监护人履行监护职责。

**第三十四条** 监护人的职责是代理被监护人实施民事法律行为，保护被监护人的人身权利、财产权利以及其他合法权益等。

监护人依法履行监护职责产生的权利，受法律保护。

监护人不履行监护职责或者侵害被监护人合法权益的，应当承担法律责任。

因发生突发事件等紧急情况，监护人暂时无法履行监护职责，被监护人的生活处于无人照料状态的，被监护人住所地的居民委员会、村民委员会或者民政部门应当为被监护人安排必要的临时生活照料措施。

**第三十五条** 监护人应当按照最有利于被监护人的原则履行监护职责。监护人除为维护被监护人利益外，不得处分被监护人的财产。

未成年人的监护人履行监护职责，在作出与被监护人利益有关的决定时，应当根据被监护人的年龄和智力状况，尊重被监护人的真实意愿。

成年人的监护人履行监护职责，应当最大程度地尊重被监护人的真实意愿，保障并协助被监护人实施与其智力、精神健康状况相适应的民事法律行为。对被监护人有能力独立处理的事务，监护人不得干涉。

**第三十六条** 监护人有下列情形之一的，人民法院根据有关个人或者组织的申请，撤销其监护人资格，安排必要的临时监护措施，并按照最有利于被监护人的原则依法指定监护人：

（一）实施严重损害被监护人身心健康的行为；

（二）怠于履行监护职责，或者无法履行监护职责且拒绝将监护职责部分或者全部委托给他人，导致被监护人处于危困状态；

（三）实施严重侵害被监护人合法权益的其他行为。

本条规定的有关个人、组织包括：其他依法具有监护资格的人，居民委员会、村民委员会、学校、医疗机构、妇女联合会、残疾人联合会、未成年人保护组织、依法设立的老年人组织、民政部门等。

前款规定的个人和民政部门以外的组织未及时向人民法院申请撤销监护人资格的，民政部门应当向人民法院申请。

**第三十七条** 依法负担被监护人抚养费、赡养费、扶养费的父母、子女、配偶等，被人民法院撤销监护人资格后，应当继续履行负担的义务。

**第三十八条** 被监护人的父母或者子女被人民法院撤销监护人资格后，除对被监护人实施故意犯罪的外，确有悔改表现的，经其申请，人民法院可以在尊重被监护人真实意愿的前提下，视情况恢复其监护人资格，人民法院指定的监护人与被监护人的监护关系同时终止。

**第三十九条** 有下列情形之一的，监护关系终止：

（一）被监护人取得或者恢复完全民事行为能力；

（二）监护人丧失监护能力；

（三）被监护人或者监护人死亡；

（四）人民法院认定监护关系终止的其他情形。

监护关系终止后，被监护人仍然需要监护的，应当依法另行确定监护人。

## 第五章 民事权利

**第一百零九条** 自然人的人身自由、人格尊严受法律保护。

**第一百一十条** 自然人享有生命权、身体权、健康权、姓名权、肖像权、名誉权、荣誉权、隐私权、婚姻自主权等权利。

法人、非法人组织享有名称权、名誉权和荣誉权。

**第一百一十一条** 自然人的个人信息受法律保护。任何组织或者个人需要获取他人个人信息的，应当依法取得并确保信息安全，不得非法收集、使用、加工、传输他人个人信息，不得非法买卖、提供或者公开他人个人信息。

**第一百一十二条** 自然人因婚姻家庭关系等产生的人身权利受法律保护。

**第一百一十三条** 民事主体的财产权利受法律平等保护。

**第一百一十四条** 民事主体依法享有物权。

物权是权利人依法对特定的物享有直接支配和排他的权利，包括所有权、用益物权和担保物权。

**第一百一十五条** 物包括不动产和动产。法律规定权利作为物权客体的，依照其规定。

**第一百一十六条** 物权的种类和内容，由法律规定。

**第一百一十七条** 为了公共利益的需要，依照法律规定的权限和程序征收、征用不动产或者动产的，应当给予公平、合理的补偿。

**第一百一十八条** 民事主体依法享有债权。

债权是因合同、侵权行为、无因管理、不当得利以及法律的其他规定，权利人请求特定义务人为或者不为一定行为的权利。

**第一百一十九条** 依法成立的合同，对当事人具有法律约束力。

**第一百二十条** 民事权益受到侵害的，被侵权人有权请求侵权人承担侵权责任。

**第一百二十一条** 没有法定的或者约定的义务，为避免他人利益受损失而进行管理的人，有权请求受益人偿还由此支出的必要费用。

**第一百二十二条** 因他人没有法律根据，取得不当利益，受损失的人有权请求其返还不当利益。

**第一百二十三条** 民事主体依法享有知识产权。

知识产权是权利人依法就下列客体享有的专有的权利：

（一）作品；

（二）发明、实用新型、外观设计；

（三）商标；

（四）地理标志；

（五）商业秘密；

（六）集成电路布图设计；

（七）植物新品种；

（八）法律规定的其他客体。

**第一百二十四条** 自然人依法享有继承权。

自然人合法的私有财产，可以依法继承。

**第一百二十五条** 民事主体依法享有股权和其他投资性权利。

**第一百二十六条** 民事主体享有法律规定的其他民事权利和利益。

**第一百二十七条** 法律对数据、网络虚拟财产的保护有规定的，依照其规定。

**第一百二十八条** 法律对未成年人、老年人、残疾人、妇女、消费者等的民事权利保护有特别规定的，依照其规定。

**第一百二十九条** 民事权利可以依据民事法律行为、事实行为、法律规定的事件或者法律规定的其他方式取得。

**第一百三十条** 民事主体按照自己的意愿依法行使民事权利，不受干涉。

**第一百三十一条** 民事主体行使权利时，应当履行法律规定的和当事人约定的义务。

**第一百三十二条** 民事主体不得滥用民事权利损害国家利益、社会公共利益或者他人合法权益。

## 第六章 民事法律行为

### 第一节 一般规定

**第一百三十三条** 民事法律行为是民事主体通过意思表示设立、变更、终止民事法律关系的行为。

**第一百三十四条** 民事法律行为可以基于双方或者多方的意思表示一致成立，也可以基于单方的意思表示成立。

法人、非法人组织依照法律或者章程规定的议事方式和表决程序作出决议的，该决议行为成立。

**第一百三十五条** 民事法律行为可以采用书面形式、口头形式或者其他形式；法律、行政法规规定或者当事人约定采用特定形式的，应当采用特定形式。

**第一百三十六条** 民事法律行为自成立时生效，但是法律另有规定或者当事人另有约定的除外。

行为人非依法律规定或者未经对方同意，不得擅自变更或者解除民事法律行为。

## 第二节 意思表示

**第一百三十七条** 以对话方式作出的意思表示，相对人知道其内容时生效。

以非对话方式作出的意思表示，到达相对人时生效。以非对话方式作出的采用数据电文形式的意思表示，相对人指定特定系统接收数据电文的，该数据电文进入该特定系统时生效；未指定特定系统的，相对人知道或者应当知道该数据电文进入其系统时生效。当事人对采用数据电文形式的意思表示的生效时间另有约定的，按照其约定。

**第一百三十八条** 无相对人的意思表示，表示完成时生效。法律另有规定的，依照其规定。

**第一百三十九条** 以公告方式作出的意思表示，公告发布时生效。

**第一百四十条** 行为人可以明示或者默示作出意思表示。

沉默只有在有法律规定、当事人约定或者符合当事人之间的交易习惯时，才可以视为意思表示。

**第一百四十一条** 行为人可以撤回意思表示。撤回意思表示的通知应当在意思表示到达相对人前或者与意思表示同时到达相对人。

**第一百四十二条** 有相对人的意思表示的解释，应当按照所使用的词句，结合相关条款、行为的性质和目的、习惯以及诚信原则，确定意思表示的含义。

无相对人的意思表示的解释，不能完全拘泥于所使用的词句，而应当结合相关条款、行为的性质和目的、习惯以及诚信原则，确定行为人的真实意思。

## 第三节 民事法律行为的效力

**第一百四十三条** 具备下列条件的民事法律行为有效：

（一）行为人具有相应的民事行为能力；

（二）意思表示真实；

（三）不违反法律、行政法规的强制性规定，不违背公序良俗。

**第一百四十四条** 无民事行为能力人实施的民事法律行为无效。

**第一百四十五条** 限制民事行为能力人实施的纯获利益的民事法律行为或者与其年龄、智力、精神健康状况相适应的民事法律行为有效；实施的其他民事法律行为经法定代理人同意或者追认后有效。

相对人可以催告法定代理人自收到通知之日起三十日内予以追认。法定代理人未作表示的，视为拒绝追认。民事法律行为被追认前，善意相对人有撤销的权利。撤销应当以通知的方式作出。

**第一百四十六条** 行为人与相对人以虚假的意思表示实施的民事法律行为无效。

以虚假的意思表示隐藏的民事法律行为的效力，依照有关法律规定处理。

**第一百四十七条** 基于重大误解实施的民事法律行为，行为人有权请求人民法院或者仲裁机构予以撤销。

**第一百四十八条** 一方以欺诈手段，使对方在违背真实意思的情况下实施的民事法律行为，受欺诈方有权请求人民法院或者仲裁机构予以撤销。

**第一百四十九条** 第三人实施欺诈行为，使一方在违背真实意思的情况下实施的民事法律行为，对方知道或者应当知道该欺诈行为的，受欺诈方有权请求人民法院或者仲裁机构予以撤销。

**第一百五十条** 一方或者第三人以胁迫手段，使对方在违背真实意思的情况下实施的民事法律行为，受胁迫方有权请求人民法院或者仲裁机构予以撤销。

**第一百五十一条** 一方利用对方处于危困状态、缺乏判断能力等情形，致使民事法律行为成立时显失公平的，受损害方有权请求人民法院或者仲裁机构予以撤销。

**第一百五十二条** 有下列情形之一的，撤销权消灭：

（一）当事人自知道或者应当知道撤销事由之日起一年内、重大误解的当事人自知道或者应当知道撤销事由之日起九十日内没有行使撤销权；

（二）当事人受胁迫，自胁迫行为终止之日起一年内没有行使撤销权；

（三）当事人知道撤销事由后明确表示或者以自己的行为表明放弃撤销权。

当事人自民事法律行为发生之日起五年内没有行使撤销权的，撤销权消灭。

**第一百五十三条** 违反法律、行政法规的强制性规定的民事法律行为无效。但是，该强制性规定不导致该民事法律行为无效的除外。

违背公序良俗的民事法律行为无效。

**第一百五十四条** 行为人与相对人恶意串通，损害他人合法权益的民事法律行为无效。

**第一百五十五条** 无效的或者被撤销的民事法律行为自始没有法律约束力。

**第一百五十六条** 民事法律行为部分无效，不影响其他部分效力的，其他部分仍然有效。

**第一百五十七条** 民事法律行为无效、被撤销或者确定不发生效力后，行为人因该行为取得的财产，应当予以返还；不能返还或者没有必要返还的，应当折价补偿。有过错的一方应当赔偿对方由此所受到的损失；各方都有过错的，应当各自承担相应的责任。法律另有规定的，依照其规定。

## 第八章　民事责任

**第一百七十六条** 民事主体依照法律规定或者按照当事人约定，履行民事义务，承担民事责任。

**第一百七十七条** 二人以上依法承担按份责任，能够确定责任大小的，各自承担相应的责任；难以确定责任大小的，平均承担责任。

**第一百七十八条** 二人以上依法承担连带责任的，权利人有权请求部分或者全部连带责任人承担责任。

连带责任人的责任份额根据各自责任大小确定；难以确定责任大小的，平均承担责任。实际承担责任超过自己责任份额的连带责任人，有权向其他连带责任人追偿。

连带责任，由法律规定或者当事人约定。

**第一百七十九条** 承担民事责任的方式主要有：

（一）停止侵害；

（二）排除妨碍；

（三）消除危险；

（四）返还财产；

（五）恢复原状；

（六）修理、重作、更换；

（七）继续履行；

（八）赔偿损失；

（九）支付违约金；

（十）消除影响、恢复名誉；

（十一）赔礼道歉。

法律规定惩罚性赔偿的，依照其规定。

本条规定的承担民事责任的方式，可以单独适用，也可以合并适用。

**第一百八十条**　因不可抗力不能履行民事义务的，不承担民事责任。法律另有规定的，依照其规定。

不可抗力是不能预见、不能避免且不能克服的客观情况。

**第一百八十一条**　因正当防卫造成损害的，不承担民事责任。

正当防卫超过必要的限度，造成不应有的损害的，正当防卫人应当承担适当的民事责任。

**第一百八十二条**　因紧急避险造成损害的，由引起险情发生的人承担民事责任。

危险由自然原因引起的，紧急避险人不承担民事责任，可以给予适当补偿。

紧急避险采取措施不当或者超过必要的限度，造成不应有的损害的，紧急避险人应当承担适当的民事责任。

**第一百八十三条**　因保护他人民事权益使自己受到损害的，由侵权人承担民事责任，受益人可以给予适当补偿。没有侵权人、侵权人逃逸或者无力承担民事责任，受害人请求补偿的，受益人应当给予适当补偿。

**第一百八十四条**　因自愿实施紧急救助行为造成受助人损害的，救助人不承担民事责任。

**第一百八十五条**　侵害英雄烈士等的姓名、肖像、名誉、荣誉，损害社会公共利益的，应当承担民事责任。

**第一百八十六条**　因当事人一方的违约行为，损害对方人身权益、财产权益的，受损害方有权选择请求其承担违约责任或者侵权责任。

**第一百八十七条** 民事主体因同一行为应当承担民事责任、行政责任和刑事责任的，承担行政责任或者刑事责任不影响承担民事责任；民事主体的财产不足以支付的，优先用于承担民事责任。

# 第二编 物 权

## 第一分编 通 则

### 第一章 一般规定

**第二百零七条** 国家、集体、私人的物权和其他权利人的物权受法律平等保护，任何组织或者个人不得侵犯。

## 第二分编 所有权

### 第四章 一般规定

**第二百四十条** 所有权人对自己的不动产或者动产，依法享有占有、使用、收益和处分的权利。

### 第五章 国家所有权和集体所有权、私人所有权

**第二百四十六条** 法律规定属于国家所有的财产，属于国家所有即全民所有。

国有财产由国务院代表国家行使所有权。法律另有规定的，依照其规定。

**第二百四十七条** 矿藏、水流、海域属于国家所有。

**第二百四十八条** 无居民海岛属于国家所有，国务院代表国家行使无居民海岛所有权。

**第二百四十九条** 城市的土地，属于国家所有。法律规定属于国家所有的农村和城市郊区的土地，属于国家所有。

**第二百五十条** 森林、山岭、草原、荒地、滩涂等自然资源，属于国家所有，但是法律规定属于集体所有的除外。

**第二百五十一条** 法律规定属于国家所有的野生动植物资源，属于国家所有。

**第二百五十二条** 无线电频谱资源属于国家所有。

**第二百五十三条** 法律规定属于国家所有的文物，属于国家所有。

**第二百五十四条** 国防资产属于国家所有。

铁路、公路、电力设施、电信设施和油气管道等基础设施，依照法律规定为国家所有的，属于国家所有。

**第二百六十五条** 集体所有的财产受法律保护，禁止任何组织或者个人侵占、哄抢、私分、破坏。

农村集体经济组织、村民委员会或者其负责人作出的决定侵害集体成员合法权益的，受侵害的集体成员可以请求人民法院予以撤销。

**第二百六十六条** 私人对其合法的收入、房屋、生活用品、生产工具、原材料等不动产和动产享有所有权。

**第二百六十七条** 私人的合法财产受法律保护，禁止任何组织或者个人侵占、哄抢、破坏。

## 第九章 所有权取得的特别规定

**第三百一十四条** 拾得遗失物，应当返还权利人。拾得人应当及时通知权利人领取，或者送交公安等有关部门。

**第三百一十七条** 权利人领取遗失物时，应当向拾得人或者有关部门支付保管遗失物等支出的必要费用。

权利人悬赏寻找遗失物的，领取遗失物时应当按照承诺履行义务。

拾得人侵占遗失物的，无权请求保管遗失物等支出的费用，也无权请求权利人按照承诺履行义务。

**第三百一十八条** 遗失物自发布招领公告之日起一年内无人认领的，归国家所有。

**第三百一十九条** 拾得漂流物、发现埋藏物或者隐藏物的，参照适用拾得遗失物的有关规定。法律另有规定的，依照其规定。

# 第三编　合　　同

## 第二分编　典型合同

### 第十一章　赠与合同

**第六百五十七条**　赠与合同是赠与人将自己的财产无偿给予受赠人，受赠人表示接受赠与的合同。

**第六百五十八条**　赠与人在赠与财产的权利转移之前可以撤销赠与。

经过公证的赠与合同或者依法不得撤销的具有救灾、扶贫、助残等公益、道德义务性质的赠与合同，不适用前款规定。

**第六百五十九条**　赠与的财产依法需要办理登记或者其他手续的，应当办理有关手续。

**第六百六十条**　经过公证的赠与合同或者依法不得撤销的具有救灾、扶贫、助残等公益、道德义务性质的赠与合同，赠与人不交付赠与财产的，受赠人可以请求交付。

依据前款规定应当交付的赠与财产因赠与人故意或者重大过失致使毁损、灭失的，赠与人应当承担赔偿责任。

**第六百六十一条**　赠与可以附义务。

赠与附义务的，受赠人应当按照约定履行义务。

**第六百六十二条**　赠与的财产有瑕疵的，赠与人不承担责任。附义务的赠与，赠与的财产有瑕疵的，赠与人在附义务的限度内承担与出卖人相同的责任。

赠与人故意不告知瑕疵或者保证无瑕疵，造成受赠人损失的，应当承担赔偿责任。

**第六百六十三条**　受赠人有下列情形之一的，赠与人可以撤销赠与：

（一）严重侵害赠与人或者赠与人近亲属的合法权益；

（二）对赠与人有扶养义务而不履行；

（三）不履行赠与合同约定的义务。

赠与人的撤销权，自知道或者应当知道撤销事由之日起一年内行使。

**第六百六十四条**　因受赠人的违法行为致使赠与人死亡或者丧失民事行为能力的，赠与人的继承人或者法定代理人可以撤销赠与。

赠与人的继承人或者法定代理人的撤销权，自知道或者应当知道撤销事由之日起六个月内行使。

**第六百六十五条** 撤销权人撤销赠与的，可以向受赠人请求返还赠与的财产。

**第六百六十六条** 赠与人的经济状况显著恶化，严重影响其生产经营或者家庭生活的，可以不再履行赠与义务。

# 第四编 人格权

## 第一章 一般规定

**第九百八十九条** 本编调整因人格权的享有和保护产生的民事关系。

**第九百九十条** 人格权是民事主体享有的生命权、身体权、健康权、姓名权、名称权、肖像权、名誉权、荣誉权、隐私权等权利。

除前款规定的人格权外，自然人享有基于人身自由、人格尊严产生的其他人格权益。

**第九百九十一条** 民事主体的人格权受法律保护，任何组织或者个人不得侵害。

**第九百九十二条** 人格权不得放弃、转让或者继承。

**第九百九十三条** 民事主体可以将自己的姓名、名称、肖像等许可他人使用，但是依照法律规定或者根据其性质不得许可的除外。

**第九百九十四条** 死者的姓名、肖像、名誉、荣誉、隐私、遗体等受到侵害的，其配偶、子女、父母有权依法请求行为人承担民事责任；死者没有配偶、子女且父母已经死亡的，其他近亲属有权依法请求行为人承担民事责任。

**第九百九十五条** 人格权受到侵害的，受害人有权依照本法和其他法律的规定请求行为人承担民事责任。受害人的停止侵害、排除妨碍、消除危险、消除影响、恢复名誉、赔礼道歉请求权，不适用诉讼时效的规定。

**第九百九十六条** 因当事人一方的违约行为，损害对方人格权并造成严重精神损害，受损害方选择请求其承担违约责任的，不影响受损害方请求精神损害赔偿。

**第九百九十七条** 民事主体有证据证明行为人正在实施或者即将实施侵害

其人格权的违法行为，不及时制止将使其合法权益受到难以弥补的损害的，有权依法向人民法院申请采取责令行为人停止有关行为的措施。

**第九百九十八条** 认定行为人承担侵害除生命权、身体权和健康权外的人格权的民事责任，应当考虑行为人和受害人的职业、影响范围、过错程度，以及行为的目的、方式、后果等因素。

**第九百九十九条** 为公共利益实施新闻报道、舆论监督等行为的，可以合理使用民事主体的姓名、名称、肖像、个人信息等；使用不合理侵害民事主体人格权的，应当依法承担民事责任。

**第一千条** 行为人因侵害人格权承担消除影响、恢复名誉、赔礼道歉等民事责任的，应当与行为的具体方式和造成的影响范围相当。

行为人拒不承担前款规定的民事责任的，人民法院可以采取在报刊、网络等媒体上发布公告或者公布生效裁判文书等方式执行，产生的费用由行为人负担。

**第一千零一条** 对自然人因婚姻家庭关系等产生的身份权利的保护，适用本法第一编、第五编和其他法律的相关规定；没有规定的，可以根据其性质参照适用本编人格权保护的有关规定。

## 第二章 生命权、身体权和健康权

**第一千零二条** 自然人享有生命权。自然人的生命安全和生命尊严受法律保护。任何组织或者个人不得侵害他人的生命权。

**第一千零三条** 自然人享有身体权。自然人的身体完整和行动自由受法律保护。任何组织或者个人不得侵害他人的身体权。

**第一千零四条** 自然人享有健康权。自然人的身心健康受法律保护。任何组织或者个人不得侵害他人的健康权。

**第一千零五条** 自然人的生命权、身体权、健康权受到侵害或者处于其他危难情形的，负有法定救助义务的组织或者个人应当及时施救。

**第一千零六条** 完全民事行为能力人有权依法自主决定无偿捐献其人体细胞、人体组织、人体器官、遗体。任何组织或者个人不得强迫、欺骗、利诱其捐献。

完全民事行为能力人依据前款规定同意捐献的，应当采用书面形式，也可以订立遗嘱。

自然人生前未表示不同意捐献的，该自然人死亡后，其配偶、成年子女、父母可以共同决定捐献，决定捐献应当采用书面形式。

**第一千零七条** 禁止以任何形式买卖人体细胞、人体组织、人体器官、遗体。

违反前款规定的买卖行为无效。

**第一千零八条** 为研制新药、医疗器械或者发展新的预防和治疗方法，需要进行临床试验的，应当依法经相关主管部门批准并经伦理委员会审查同意，向受试者或者受试者的监护人告知试验目的、用途和可能产生的风险等详细情况，并经其书面同意。

进行临床试验的，不得向受试者收取试验费用。

**第一千零九条** 从事与人体基因、人体胚胎等有关的医学和科研活动，应当遵守法律、行政法规和国家有关规定，不得危害人体健康，不得违背伦理道德，不得损害公共利益。

**第一千零一十条** 违背他人意愿，以言语、文字、图像、肢体行为等方式对他人实施性骚扰的，受害人有权依法请求行为人承担民事责任。

机关、企业、学校等单位应当采取合理的预防、受理投诉、调查处置等措施，防止和制止利用职权、从属关系等实施性骚扰。

**第一千零一十一条** 以非法拘禁等方式剥夺、限制他人的行动自由，或者非法搜查他人身体的，受害人有权依法请求行为人承担民事责任。

## 第三章 姓名权和名称权

**第一千零一十二条** 自然人享有姓名权，有权依法决定、使用、变更或者许可他人使用自己的姓名，但是不得违背公序良俗。

**第一千零一十三条** 法人、非法人组织享有名称权，有权依法决定、使用、变更、转让或者许可他人使用自己的名称。

**第一千零一十四条** 任何组织或者个人不得以干涉、盗用、假冒等方式侵害他人的姓名权或者名称权。

**第一千零一十五条** 自然人应当随父姓或者母姓，但是有下列情形之一的，可以在父姓和母姓之外选取姓氏：

（一）选取其他直系长辈血亲的姓氏；

（二）因由法定扶养人以外的人扶养而选取扶养人姓氏；

（三）有不违背公序良俗的其他正当理由。

少数民族自然人的姓氏可以遵从本民族的文化传统和风俗习惯。

**第一千零一十六条** 自然人决定、变更姓名，或者法人、非法人组织决定、变更、转让名称的，应当依法向有关机关办理登记手续，但是法律另有规定的除外。

民事主体变更姓名、名称的，变更前实施的民事法律行为对其具有法律约束力。

**第一千零一十七条** 具有一定社会知名度，被他人使用足以造成公众混淆的笔名、艺名、网名、译名、字号、姓名和名称的简称等，参照适用姓名权和名称权保护的有关规定。

## 第四章 肖像权

**第一千零一十八条** 自然人享有肖像权，有权依法制作、使用、公开或者许可他人使用自己的肖像。

肖像是通过影像、雕塑、绘画等方式在一定载体上所反映的特定自然人可以被识别的外部形象。

**第一千零一十九条** 任何组织或者个人不得以丑化、污损，或者利用信息技术手段伪造等方式侵害他人的肖像权。未经肖像权人同意，不得制作、使用、公开肖像权人的肖像，但是法律另有规定的除外。

未经肖像权人同意，肖像作品权利人不得以发表、复制、发行、出租、展览等方式使用或者公开肖像权人的肖像。

**第一千零二十条** 合理实施下列行为的，可以不经肖像权人同意：

（一）为个人学习、艺术欣赏、课堂教学或者科学研究，在必要范围内使用肖像权人已经公开的肖像；

（二）为实施新闻报道，不可避免地制作、使用、公开肖像权人的肖像；

（三）为依法履行职责，国家机关在必要范围内制作、使用、公开肖像权人的肖像；

（四）为展示特定公共环境，不可避免地制作、使用、公开肖像权人的肖像；

（五）为维护公共利益或者肖像权人合法权益，制作、使用、公开肖像权人的肖像的其他行为。

**第一千零二十一条** 当事人对肖像许可使用合同中关于肖像使用条款的理解有争议的，应当作出有利于肖像权人的解释。

**第一千零二十二条** 当事人对肖像许可使用期限没有约定或者约定不明确的，任何一方当事人可以随时解除肖像许可使用合同，但是应当在合理期限之前通知对方。

当事人对肖像许可使用期限有明确约定，肖像权人有正当理由的，可以解除肖像许可使用合同，但是应当在合理期限之前通知对方。因解除合同造成对方损失的，除不可归责于肖像权人的事由外，应当赔偿损失。

**第一千零二十三条** 对姓名等的许可使用，参照适用肖像许可使用的有关规定。

对自然人声音的保护，参照适用肖像权保护的有关规定。

## 第五章 名誉权和荣誉权

**第一千零二十四条** 民事主体享有名誉权。任何组织或者个人不得以侮辱、诽谤等方式侵害他人的名誉权。

名誉是对民事主体的品德、声望、才能、信用等的社会评价。

**第一千零二十五条** 行为人为公共利益实施新闻报道、舆论监督等行为，影响他人名誉的，不承担民事责任，但是有下列情形之一的除外：

（一）捏造、歪曲事实；

（二）对他人提供的严重失实内容未尽到合理核实义务；

（三）使用侮辱性言辞等贬损他人名誉。

**第一千零二十六条** 认定行为人是否尽到前条第二项规定的合理核实义务，应当考虑下列因素：

（一）内容来源的可信度；

（二）对明显可能引发争议的内容是否进行了必要的调查；

（三）内容的时限性；

（四）内容与公序良俗的关联性；

（五）受害人名誉受贬损的可能性；

（六）核实能力和核实成本。

**第一千零二十七条** 行为人发表的文学、艺术作品以真人真事或者特定人为描述对象，含有侮辱、诽谤内容，侵害他人名誉权的，受害人有权依法请求该行为人承担民事责任。

行为人发表的文学、艺术作品不以特定人为描述对象，仅其中的情节与该特定人的情况相似的，不承担民事责任。

**第一千零二十八条** 民事主体有证据证明报刊、网络等媒体报道的内容失实，侵害其名誉权的，有权请求该媒体及时采取更正或者删除等必要措施。

**第一千零二十九条** 民事主体可以依法查询自己的信用评价；发现信用评价不当的，有权提出异议并请求采取更正、删除等必要措施。信用评价人应当及时核查，经核查属实的，应当及时采取必要措施。

**第一千零三十条** 民事主体与征信机构等信用信息处理者之间的关系，适用本编有关个人信息保护的规定和其他法律、行政法规的有关规定。

**第一千零三十一条** 民事主体享有荣誉权。任何组织或者个人不得非法剥夺他人的荣誉称号，不得诋毁、贬损他人的荣誉。

获得的荣誉称号应当记载而没有记载的，民事主体可以请求记载；获得的荣誉称号记载错误的，民事主体可以请求更正。

## 第六章 隐私权和个人信息保护

**第一千零三十二条** 自然人享有隐私权。任何组织或者个人不得以刺探、侵扰、泄露、公开等方式侵害他人的隐私权。

隐私是自然人的私人生活安宁和不愿为他人知晓的私密空间、私密活动、私密信息。

**第一千零三十三条** 除法律另有规定或者权利人明确同意外，任何组织或者个人不得实施下列行为：

（一）以电话、短信、即时通讯工具、电子邮件、传单等方式侵扰他人的私人生活安宁；

（二）进入、拍摄、窥视他人的住宅、宾馆房间等私密空间；

（三）拍摄、窥视、窃听、公开他人的私密活动；

（四）拍摄、窥视他人身体的私密部位；

（五）处理他人的私密信息；

（六）以其他方式侵害他人的隐私权。

**第一千零三十四条** 自然人的个人信息受法律保护。

个人信息是以电子或者其他方式记录的能够单独或者与其他信息结合识别特定自然人的各种信息，包括自然人的姓名、出生日期、身份证件号码、生物识别信息、住址、电话号码、电子邮箱、健康信息、行踪信息等。

个人信息中的私密信息，适用有关隐私权的规定；没有规定的，适用有关个人信息保护的规定。

**第一千零三十五条** 处理个人信息的，应当遵循合法、正当、必要原则，不得过度处理，并符合下列条件：

（一）征得该自然人或者其监护人同意，但是法律、行政法规另有规定的除外；

（二）公开处理信息的规则；

（三）明示处理信息的目的、方式和范围；

（四）不违反法律、行政法规的规定和双方的约定。

个人信息的处理包括个人信息的收集、存储、使用、加工、传输、提供、公开等。

**第一千零三十六条** 处理个人信息，有下列情形之一的，行为人不承担民事责任：

（一）在该自然人或者其监护人同意的范围内合理实施的行为；

（二）合理处理该自然人自行公开的或者其他已经合法公开的信息，但是该自然人明确拒绝或者处理该信息侵害其重大利益的除外；

（三）为维护公共利益或者该自然人合法权益，合理实施的其他行为。

**第一千零三十七条** 自然人可以依法向信息处理者查阅或者复制其个人信息；发现信息有错误的，有权提出异议并请求及时采取更正等必要措施。

自然人发现信息处理者违反法律、行政法规的规定或者双方的约定处理其个人信息的，有权请求信息处理者及时删除。

**第一千零三十八条** 信息处理者不得泄露或者篡改其收集、存储的个人信息；未经自然人同意，不得向他人非法提供其个人信息，但是经过加工无法识别特定个人且不能复原的除外。

信息处理者应当采取技术措施和其他必要措施，确保其收集、存储的个人信息安全，防止信息泄露、篡改、丢失；发生或者可能发生个人信息泄露、篡改、丢失的，应当及时采取补救措施，按照规定告知自然人并向有关主管部门报告。

**第一千零三十九条** 国家机关、承担行政职能的法定机构及其工作人员对于履行职责过程中知悉的自然人的隐私和个人信息，应当予以保密，不得泄露或者向他人非法提供。

# 第五编 婚姻家庭

## 第一章 一般规定

**第一千零四十一条** 婚姻家庭受国家保护。

实行婚姻自由、一夫一妻、男女平等的婚姻制度。

保护妇女、未成年人、老年人、残疾人的合法权益。

**第一千零四十二条** 禁止包办、买卖婚姻和其他干涉婚姻自由的行为。禁止借婚姻索取财物。

禁止重婚。禁止有配偶者与他人同居。

禁止家庭暴力。禁止家庭成员间的虐待和遗弃。

**第一千零四十三条** 家庭应当树立优良家风，弘扬家庭美德，重视家庭文明建设。

夫妻应当互相忠实，互相尊重，互相关爱；家庭成员应当敬老爱幼，互相帮助，维护平等、和睦、文明的婚姻家庭关系。

**第一千零四十四条** 收养应当遵循最有利于被收养人的原则，保障被收养人和收养人的合法权益。

禁止借收养名义买卖未成年人。

**第一千零四十五条** 亲属包括配偶、血亲和姻亲。

配偶、父母、子女、兄弟姐妹、祖父母、外祖父母、孙子女、外孙子女为近亲属。

配偶、父母、子女和其他共同生活的近亲属为家庭成员。

## 第三章　家庭关系

### 第二节　父母子女关系和其他近亲属关系

**第一千零六十七条**　父母不履行抚养义务的，未成年子女或者不能独立生活的成年子女，有要求父母给付抚养费的权利。

成年子女不履行赡养义务的，缺乏劳动能力或者生活困难的父母，有要求成年子女给付赡养费的权利。

**第一千零六十八条**　父母有教育、保护未成年子女的权利和义务。未成年子女造成他人损害的，父母应当依法承担民事责任。

**第一千零六十九条**　子女应当尊重父母的婚姻权利，不得干涉父母离婚、再婚以及婚后的生活。子女对父母的赡养义务，不因父母的婚姻关系变化而终止。

**第一千零七十条**　父母和子女有相互继承遗产的权利。

**第一千零七十一条**　非婚生子女享有与婚生子女同等的权利，任何组织或者个人不得加以危害和歧视。

不直接抚养非婚生子女的生父或者生母，应当负担未成年子女或者不能独立生活的成年子女的抚养费。

**第一千零七十二条**　继父母与继子女间，不得虐待或者歧视。

继父或者继母和受其抚养教育的继子女间的权利义务关系，适用本法关于父母子女关系的规定。

**第一千零七十三条**　对亲子关系有异议且有正当理由的，父或者母可以向人民法院提起诉讼，请求确认或者否认亲子关系。

对亲子关系有异议且有正当理由的，成年子女可以向人民法院提起诉讼，请求确认亲子关系。

**第一千零七十四条**　有负担能力的祖父母、外祖父母，对于父母已经死亡或者父母无力抚养的未成年孙子女、外孙子女，有抚养的义务。

有负担能力的孙子女、外孙子女，对于子女已经死亡或者子女无力赡养的祖父母、外祖父母，有赡养的义务。

**第一千零七十五条**　有负担能力的兄、姐，对于父母已经死亡或者父母无力抚养的未成年弟、妹，有扶养的义务。

由兄、姐扶养长大的有负担能力的弟、妹，对于缺乏劳动能力又缺乏生活来源的兄、姐，有扶养的义务。

# 第六编　继　　承

## 第一章　一般规定

**第一千一百二十条**　国家保护自然人的继承权。

**第一千一百二十一条**　继承从被继承人死亡时开始。

相互有继承关系的数人在同一事件中死亡，难以确定死亡时间的，推定没有其他继承人的人先死亡。都有其他继承人，辈份不同的，推定长辈先死亡；辈份相同的，推定同时死亡，相互不发生继承。

**第一千一百二十二条**　遗产是自然人死亡时遗留的个人合法财产。

依照法律规定或者根据其性质不得继承的遗产，不得继承。

**第一千一百二十三条**　继承开始后，按照法定继承办理；有遗嘱的，按照遗嘱继承或者遗赠办理；有遗赠扶养协议的，按照协议办理。

**第一千一百二十四条**　继承开始后，继承人放弃继承的，应当在遗产处理前，以书面形式作出放弃继承的表示；没有表示的，视为接受继承。

受遗赠人应当在知道受遗赠后六十日内，作出接受或者放弃受遗赠的表示；到期没有表示的，视为放弃受遗赠。

**第一千一百二十五条**　继承人有下列行为之一的，丧失继承权：

（一）故意杀害被继承人；

（二）为争夺遗产而杀害其他继承人；

（三）遗弃被继承人，或者虐待被继承人情节严重；

（四）伪造、篡改、隐匿或者销毁遗嘱，情节严重；

（五）以欺诈、胁迫手段迫使或者妨碍被继承人设立、变更或者撤回遗嘱，情节严重。

继承人有前款第三项至第五项行为，确有悔改表现，被继承人表示宽恕或者事后在遗嘱中将其列为继承人的，该继承人不丧失继承权。

受遗赠人有本条第一款规定行为的，丧失受遗赠权。

## 第二章 法定继承

**第一千一百二十六条** 继承权男女平等。

**第一千一百二十七条** 遗产按照下列顺序继承：

（一）第一顺序：配偶、子女、父母；

（二）第二顺序：兄弟姐妹、祖父母、外祖父母。

继承开始后，由第一顺序继承人继承，第二顺序继承人不继承；没有第一顺序继承人继承的，由第二顺序继承人继承。

本编所称子女，包括婚生子女、非婚生子女、养子女和有扶养关系的继子女。

本编所称父母，包括生父母、养父母和有扶养关系的继父母。

本编所称兄弟姐妹，包括同父母的兄弟姐妹、同父异母或者同母异父的兄弟姐妹、养兄弟姐妹、有扶养关系的继兄弟姐妹。

**第一千一百二十八条** 被继承人的子女先于被继承人死亡的，由被继承人的子女的直系晚辈血亲代位继承。

被继承人的兄弟姐妹先于被继承人死亡的，由被继承人的兄弟姐妹的子女代位继承。

代位继承人一般只能继承被代位继承人有权继承的遗产份额。

**第一千一百二十九条** 丧偶儿媳对公婆，丧偶女婿对岳父母，尽了主要赡养义务的，作为第一顺序继承人。

**第一千一百三十条** 同一顺序继承人继承遗产的份额，一般应当均等。

对生活有特殊困难又缺乏劳动能力的继承人，分配遗产时，应当予以照顾。

对被继承人尽了主要扶养义务或者与被继承人共同生活的继承人，分配遗产时，可以多分。

有扶养能力和有扶养条件的继承人，不尽扶养义务的，分配遗产时，应当不分或者少分。

继承人协商同意的，也可以不均等。

**第一千一百三十一条** 对继承人以外的依靠被继承人扶养的人，或者继承人以外的对被继承人扶养较多的人，可以分给适当的遗产。

**第一千一百三十二条** 继承人应当本着互谅互让、和睦团结的精神，协商处理继承问题。遗产分割的时间、办法和份额，由继承人协商确定；协商不成的，可以由人民调解委员会调解或者向人民法院提起诉讼。

# 第七编　侵权责任

## 第一章　一般规定

**第一千一百六十四条**　本编调整因侵害民事权益产生的民事关系。

**第一千一百六十五条**　行为人因过错侵害他人民事权益造成损害的，应当承担侵权责任。

依照法律规定推定行为人有过错，其不能证明自己没有过错的，应当承担侵权责任。

**第一千一百六十六条**　行为人造成他人民事权益损害，不论行为人有无过错，法律规定应当承担侵权责任的，依照其规定。

**第一千一百六十七条**　侵权行为危及他人人身、财产安全的，被侵权人有权请求侵权人承担停止侵害、排除妨碍、消除危险等侵权责任。

**第一千一百六十八条**　二人以上共同实施侵权行为，造成他人损害的，应当承担连带责任。

**第一千一百六十九条**　教唆、帮助他人实施侵权行为的，应当与行为人承担连带责任。

教唆、帮助无民事行为能力人、限制民事行为能力人实施侵权行为的，应当承担侵权责任；该无民事行为能力人、限制民事行为能力人的监护人未尽到监护职责的，应当承担相应的责任。

**第一千一百七十条**　二人以上实施危及他人人身、财产安全的行为，其中一人或者数人的行为造成他人损害，能够确定具体侵权人的，由侵权人承担责任；不能确定具体侵权人的，行为人承担连带责任。

**第一千一百七十一条**　二人以上分别实施侵权行为造成同一损害，每个人的侵权行为都足以造成全部损害的，行为人承担连带责任。

**第一千一百七十二条**　二人以上分别实施侵权行为造成同一损害，能够确定责任大小的，各自承担相应的责任；难以确定责任大小的，平均承担责任。

**第一千一百七十三条**　被侵权人对同一损害的发生或者扩大有过错的，可以减轻侵权人的责任。

**第一千一百七十四条** 损害是因受害人故意造成的，行为人不承担责任。

**第一千一百七十五条** 损害是因第三人造成的，第三人应当承担侵权责任。

**第一千一百七十六条** 自愿参加具有一定风险的文体活动，因其他参加者的行为受到损害的，受害人不得请求其他参加者承担侵权责任；但是，其他参加者对损害的发生有故意或者重大过失的除外。

活动组织者的责任适用本法第一千一百九十八条至第一千二百零一条的规定。

**第一千一百七十七条** 合法权益受到侵害，情况紧迫且不能及时获得国家机关保护，不立即采取措施将使其合法权益受到难以弥补的损害的，受害人可以在保护自己合法权益的必要范围内采取扣留侵权人的财物等合理措施；但是，应当立即请求有关国家机关处理。

受害人采取的措施不当造成他人损害的，应当承担侵权责任。

**第一千一百七十八条** 本法和其他法律对不承担责任或者减轻责任的情形另有规定的，依照其规定。

## 第二章　损害赔偿

**第一千一百七十九条** 侵害他人造成人身损害的，应当赔偿医疗费、护理费、交通费、营养费、住院伙食补助费等为治疗和康复支出的合理费用，以及因误工减少的收入。造成残疾的，还应当赔偿辅助器具费和残疾赔偿金；造成死亡的，还应当赔偿丧葬费和死亡赔偿金。

**第一千一百八十条** 因同一侵权行为造成多人死亡的，可以以相同数额确定死亡赔偿金。

**第一千一百八十一条** 被侵权人死亡的，其近亲属有权请求侵权人承担侵权责任。被侵权人为组织，该组织分立、合并的，承继权利的组织有权请求侵权人承担侵权责任。

被侵权人死亡的，支付被侵权人医疗费、丧葬费等合理费用的人有权请求侵权人赔偿费用，但是侵权人已经支付该费用的除外。

**第一千一百八十二条** 侵害他人人身权益造成财产损失的，按照被侵权人因此受到的损失或者侵权人因此获得的利益赔偿；被侵权人因此受到的损失以及侵权人因此获得的利益难以确定，被侵权人和侵权人就赔偿数额协商不一致，向人民法院提起诉讼的，由人民法院根据实际情况确定赔偿数额。

**第一千一百八十三条** 侵害自然人人身权益造成严重精神损害的，被侵权人有权请求精神损害赔偿。

因故意或者重大过失侵害自然人具有人身意义的特定物造成严重精神损害的，被侵权人有权请求精神损害赔偿。

**第一千一百八十四条** 侵害他人财产的，财产损失按照损失发生时的市场价格或者其他合理方式计算。

**第一千一百八十五条** 故意侵害他人知识产权，情节严重的，被侵权人有权请求相应的惩罚性赔偿。

**第一千一百八十六条** 受害人和行为人对损害的发生都没有过错的，依照法律的规定由双方分担损失。

**第一千一百八十七条** 损害发生后，当事人可以协商赔偿费用的支付方式。协商不一致的，赔偿费用应当一次性支付；一次性支付确有困难的，可以分期支付，但是被侵权人有权请求提供相应的担保。

## 第三章　责任主体的特殊规定

**第一千一百八十八条** 无民事行为能力人、限制民事行为能力人造成他人损害的，由监护人承担侵权责任。监护人尽到监护职责的，可以减轻其侵权责任。

有财产的无民事行为能力人、限制民事行为能力人造成他人损害的，从本人财产中支付赔偿费用；不足部分，由监护人赔偿。

**第一千一百八十九条** 无民事行为能力人、限制民事行为能力人造成他人损害，监护人将监护职责委托给他人的，监护人应当承担侵权责任；受托人有过错的，承担相应的责任。

**第一千一百九十条** 完全民事行为能力人对自己的行为暂时没有意识或者失去控制造成他人损害有过错的，应当承担侵权责任；没有过错的，根据行为人的经济状况对受害人适当补偿。

完全民事行为能力人因醉酒、滥用麻醉药品或者精神药品对自己的行为暂时没有意识或者失去控制造成他人损害的，应当承担侵权责任。

**第一千一百九十一条** 用人单位的工作人员因执行工作任务造成他人损害的，由用人单位承担侵权责任。用人单位承担侵权责任后，可以向有故意或者重大过失的工作人员追偿。

劳务派遣期间，被派遣的工作人员因执行工作任务造成他人损害的，由接受劳务派遣的用工单位承担侵权责任；劳务派遣单位有过错的，承担相应的责任。

**第一千一百九十二条** 个人之间形成劳务关系，提供劳务一方因劳务造成他人损害的，由接受劳务一方承担侵权责任。接受劳务一方承担侵权责任后，可以向有故意或者重大过失的提供劳务一方追偿。提供劳务一方因劳务受到损害的，根据双方各自的过错承担相应的责任。

提供劳务期间，因第三人的行为造成提供劳务一方损害的，提供劳务一方有权请求第三人承担侵权责任，也有权请求接受劳务一方给予补偿。接受劳务一方补偿后，可以向第三人追偿。

**第一千一百九十三条** 承揽人在完成工作过程中造成第三人损害或者自己损害的，定作人不承担侵权责任。但是，定作人对定作、指示或者选任有过错的，应当承担相应的责任。

**第一千一百九十四条** 网络用户、网络服务提供者利用网络侵害他人民事权益的，应当承担侵权责任。法律另有规定的，依照其规定。

**第一千一百九十五条** 网络用户利用网络服务实施侵权行为的，权利人有权通知网络服务提供者采取删除、屏蔽、断开链接等必要措施。通知应当包括构成侵权的初步证据及权利人的真实身份信息。

网络服务提供者接到通知后，应当及时将该通知转送相关网络用户，并根据构成侵权的初步证据和服务类型采取必要措施；未及时采取必要措施的，对损害的扩大部分与该网络用户承担连带责任。

权利人因错误通知造成网络用户或者网络服务提供者损害的，应当承担侵权责任。法律另有规定的，依照其规定。

**第一千一百九十六条** 网络用户接到转送的通知后，可以向网络服务提供者提交不存在侵权行为的声明。声明应当包括不存在侵权行为的初步证据及网络用户的真实身份信息。

网络服务提供者接到声明后，应当将该声明转送发出通知的权利人，并告知其可以向有关部门投诉或者向人民法院提起诉讼。网络服务提供者在转送声明到达权利人后的合理期限内，未收到权利人已经投诉或者提起诉讼通知的，应当及时终止所采取的措施。

**第一千一百九十七条** 网络服务提供者知道或者应当知道网络用户利用其网络服务侵害他人民事权益，未采取必要措施的，与该网络用户承担连带责任。

**第一千一百九十八条** 宾馆、商场、银行、车站、机场、体育场馆、娱乐场所等经营场所、公共场所的经营者、管理者或者群众性活动的组织者，未尽到安全保障义务，造成他人损害的，应当承担侵权责任。

因第三人的行为造成他人损害的，由第三人承担侵权责任；经营者、管理者或者组织者未尽到安全保障义务的，承担相应的补充责任。经营者、管理者或者组织者承担补充责任后，可以向第三人追偿。

**第一千一百九十九条** 无民事行为能力人在幼儿园、学校或者其他教育机构学习、生活期间受到人身损害的，幼儿园、学校或者其他教育机构应当承担侵权责任；但是，能够证明尽到教育、管理职责的，不承担侵权责任。

**第一千二百条** 限制民事行为能力人在学校或者其他教育机构学习、生活期间受到人身损害，学校或者其他教育机构未尽到教育、管理职责的，应当承担侵权责任。

**第一千二百零一条** 无民事行为能力人或者限制民事行为能力人在幼儿园、学校或者其他教育机构学习、生活期间，受到幼儿园、学校或者其他教育机构以外的第三人人身损害的，由第三人承担侵权责任；幼儿园、学校或者其他教育机构未尽到管理职责的，承担相应的补充责任。幼儿园、学校或者其他教育机构承担补充责任后，可以向第三人追偿。

## 第五章　机动车交通事故责任

**第一千二百零八条** 机动车发生交通事故造成损害的，依照道路交通安全法律和本法的有关规定承担赔偿责任。

**第一千二百零九条** 因租赁、借用等情形机动车所有人、管理人与使用人不是同一人时，发生交通事故造成损害，属于该机动车一方责任的，由机动车使用人承担赔偿责任；机动车所有人、管理人对损害的发生有过错的，承担相应的赔偿责任。

**第一千二百一十条** 当事人之间已经以买卖或者其他方式转让并交付机动

车但是未办理登记，发生交通事故造成损害，属于该机动车一方责任的，由受让人承担赔偿责任。

**第一千二百一十一条** 以挂靠形式从事道路运输经营活动的机动车，发生交通事故造成损害，属于该机动车一方责任的，由挂靠人和被挂靠人承担连带责任。

**第一千二百一十二条** 未经允许驾驶他人机动车，发生交通事故造成损害，属于该机动车一方责任的，由机动车使用人承担赔偿责任；机动车所有人、管理人对损害的发生有过错的，承担相应的赔偿责任，但是本章另有规定的除外。

**第一千二百一十三条** 机动车发生交通事故造成损害，属于该机动车一方责任的，先由承保机动车强制保险的保险人在强制保险责任限额范围内予以赔偿；不足部分，由承保机动车商业保险的保险人按照保险合同的约定予以赔偿；仍然不足或者没有投保机动车商业保险的，由侵权人赔偿。

**第一千二百一十四条** 以买卖或者其他方式转让拼装或者已经达到报废标准的机动车，发生交通事故造成损害的，由转让人和受让人承担连带责任。

**第一千二百一十五条** 盗窃、抢劫或者抢夺的机动车发生交通事故造成损害的，由盗窃人、抢劫人或者抢夺人承担赔偿责任。盗窃人、抢劫人或者抢夺人与机动车使用人不是同一人，发生交通事故造成损害，属于该机动车一方责任的，由盗窃人、抢劫人或者抢夺人与机动车使用人承担连带责任。

保险人在机动车强制保险责任限额范围内垫付抢救费用的，有权向交通事故责任人追偿。

**第一千二百一十六条** 机动车驾驶人发生交通事故后逃逸，该机动车参加强制保险的，由保险人在机动车强制保险责任限额范围内予以赔偿；机动车不明、该机动车未参加强制保险或者抢救费用超过机动车强制保险责任限额，需要支付被侵权人人身伤亡的抢救、丧葬等费用的，由道路交通事故社会救助基金垫付。道路交通事故社会救助基金垫付后，其管理机构有权向交通事故责任人追偿。

**第一千二百一十七条** 非营运机动车发生交通事故造成无偿搭乘人损害，属于该机动车一方责任的，应当减轻其赔偿责任，但是机动车使用人有故意或者重大过失的除外。

## 第九章 饲养动物损害责任

**第一千二百四十五条** 饲养的动物造成他人损害的，动物饲养人或者管理人应当承担侵权责任；但是，能够证明损害是因被侵权人故意或者重大过失造成的，可以不承担或者减轻责任。

**第一千二百四十六条** 违反管理规定，未对动物采取安全措施造成他人损害的，动物饲养人或者管理人应当承担侵权责任；但是，能够证明损害是因被侵权人故意造成的，可以减轻责任。

**第一千二百四十七条** 禁止饲养的烈性犬等危险动物造成他人损害的，动物饲养人或者管理人应当承担侵权责任。

**第一千二百四十八条** 动物园的动物造成他人损害的，动物园应当承担侵权责任；但是，能够证明尽到管理职责的，不承担侵权责任。

**第一千二百四十九条** 遗弃、逃逸的动物在遗弃、逃逸期间造成他人损害的，由动物原饲养人或者管理人承担侵权责任。

**第一千二百五十条** 因第三人的过错致使动物造成他人损害的，被侵权人可以向动物饲养人或者管理人请求赔偿，也可以向第三人请求赔偿。动物饲养人或者管理人赔偿后，有权向第三人追偿。

**第一千二百五十一条** 饲养动物应当遵守法律法规，尊重社会公德，不得妨碍他人生活。

## 第十章 建筑物和物件损害责任

**第一千二百五十二条** 建筑物、构筑物或者其他设施倒塌、塌陷造成他人损害的，由建设单位与施工单位承担连带责任，但是建设单位与施工单位能够证明不存在质量缺陷的除外。建设单位、施工单位赔偿后，有其他责任人的，有权向其他责任人追偿。

因所有人、管理人、使用人或者第三人的原因，建筑物、构筑物或者其他设施倒塌、塌陷造成他人损害的，由所有人、管理人、使用人或者第三人承担侵权责任。

**第一千二百五十三条** 建筑物、构筑物或者其他设施及其搁置物、悬挂物发生脱落、坠落造成他人损害，所有人、管理人或者使用人不能证明自己没有过错的，应当承担侵权责任。所有人、管理人或者使用人赔偿后，有其他责任人的，有权向其他责任人追偿。

**第一千二百五十四条** 禁止从建筑物中抛掷物品。从建筑物中抛掷物品或者从建筑物上坠落的物品造成他人损害的，由侵权人依法承担侵权责任；经调查难以确定具体侵权人的，除能够证明自己不是侵权人的外，由可能加害的建筑物使用人给予补偿。可能加害的建筑物使用人补偿后，有权向侵权人追偿。

物业服务企业等建筑物管理人应当采取必要的安全保障措施防止前款规定情形的发生；未采取必要的安全保障措施的，应当依法承担未履行安全保障义务的侵权责任。

发生本条第一款规定的情形的，公安等机关应当依法及时调查，查清责任人。

**第一千二百五十五条** 堆放物倒塌、滚落或者滑落造成他人损害，堆放人不能证明自己没有过错的，应当承担侵权责任。

## 附 则

**第一千二百五十九条** 民法所称的“以上”、“以下”、“以内”、“届满”，包括本数；所称的“不满”、“超过”、“以外”，不包括本数。

**第一千二百六十条** 本法自 2021 年 1 月 1 日起施行。《中华人民共和国婚姻法》、《中华人民共和国继承法》、《中华人民共和国民法通则》、《中华人民共和国收养法》、《中华人民共和国担保法》、《中华人民共和国合同法》、《中华人民共和国物权法》、《中华人民共和国侵权责任法》、《中华人民共和国民法总则》同时废止。

# 中华人民共和国家庭教育促进法（节录）

（2021 年 10 月 23 日第十三届全国人民代表大会常务委员会
第三十一次会议通过）

## 第一章　总　　则

**第一条**　为了发扬中华民族重视家庭教育的优良传统，引导全社会注重家庭、家教、家风，增进家庭幸福与社会和谐，培养德智体美劳全面发展的社会主义建设者和接班人，制定本法。

**第二条**　本法所称家庭教育，是指父母或者其他监护人为促进未成年人全面健康成长，对其实施的道德品质、身体素质、生活技能、文化修养、行为习惯等方面的培育、引导和影响。

**第三条**　家庭教育以立德树人为根本任务，培育和践行社会主义核心价值观，弘扬中华民族优秀传统文化、革命文化、社会主义先进文化，促进未成年人健康成长。

**第四条**　未成年人的父母或者其他监护人负责实施家庭教育。

国家和社会为家庭教育提供指导、支持和服务。

国家工作人员应当带头树立良好家风，履行家庭教育责任。

**第五条**　家庭教育应当符合以下要求：

（一）尊重未成年人身心发展规律和个体差异；

（二）尊重未成年人人格尊严，保护未成年人隐私权和个人信息，保障未成年人合法权益；

（三）遵循家庭教育特点，贯彻科学的家庭教育理念和方法；

（四）家庭教育、学校教育、社会教育紧密结合、协调一致；

（五）结合实际情况采取灵活多样的措施。

**第六条**　各级人民政府指导家庭教育工作，建立健全家庭学校社会协同育人机制。县级以上人民政府负责妇女儿童工作的机构，组织、协调、指导、督促有关部门做好家庭教育工作。

教育行政部门、妇女联合会统筹协调社会资源，协同推进覆盖城乡的家庭教育指导服务体系建设，并按照职责分工承担家庭教育工作的日常事务。

县级以上精神文明建设部门和县级以上人民政府公安、民政、司法行政、人力资源和社会保障、文化和旅游、卫生健康、市场监督管理、广播电视、体育、新闻出版、网信等有关部门在各自的职责范围内做好家庭教育工作。

**第七条** 县级以上人民政府应当制定家庭教育工作专项规划，将家庭教育指导服务纳入城乡公共服务体系和政府购买服务目录，将相关经费列入财政预算，鼓励和支持以政府购买服务的方式提供家庭教育指导。

**第八条** 人民法院、人民检察院发挥职能作用，配合同级人民政府及其有关部门建立家庭教育工作联动机制，共同做好家庭教育工作。

**第九条** 工会、共产主义青年团、残疾人联合会、科学技术协会、关心下一代工作委员会以及居民委员会、村民委员会等应当结合自身工作，积极开展家庭教育工作，为家庭教育提供社会支持。

**第十条** 国家鼓励和支持企业事业单位、社会组织及个人依法开展公益性家庭教育服务活动。

**第十一条** 国家鼓励开展家庭教育研究，鼓励高等学校开设家庭教育专业课程，支持师范院校和有条件的高等学校加强家庭教育学科建设，培养家庭教育服务专业人才，开展家庭教育服务人员培训。

**第十二条** 国家鼓励和支持自然人、法人和非法人组织为家庭教育事业进行捐赠或者提供志愿服务，对符合条件的，依法给予税收优惠。

国家对在家庭教育工作中做出突出贡献的组织和个人，按照有关规定给予表彰、奖励。

**第十三条** 每年 5 月 15 日国际家庭日所在周为全国家庭教育宣传周。

## 第二章 家庭责任

**第十四条** 父母或者其他监护人应当树立家庭是第一个课堂、家长是第一任老师的责任意识，承担对未成年人实施家庭教育的主体责任，用正确思想、方法和行为教育未成年人养成良好思想、品行和习惯。

共同生活的具有完全民事行为能力的其他家庭成员应当协助和配合未成年人的父母或者其他监护人实施家庭教育。

**第十五条** 未成年人的父母或者其他监护人及其他家庭成员应当注重家庭建设，培育积极健康的家庭文化，树立和传承优良家风，弘扬中华民族家庭美德，共同构建文明、和睦的家庭关系，为未成年人健康成长营造良好的家庭环境。

**第十六条** 未成年人的父母或者其他监护人应当针对不同年龄段未成年人的身心发展特点，以下列内容为指引，开展家庭教育：

（一）教育未成年人爱党、爱国、爱人民、爱集体、爱社会主义，树立维护国家统一的观念，铸牢中华民族共同体意识，培养家国情怀；

（二）教育未成年人崇德向善、尊老爱幼、热爱家庭、勤俭节约、团结互助、诚信友爱、遵纪守法，培养其良好社会公德、家庭美德、个人品德意识和法治意识；

（三）帮助未成年人树立正确的成才观，引导其培养广泛兴趣爱好、健康审美追求和良好学习习惯，增强科学探索精神、创新意识和能力；

（四）保证未成年人营养均衡、科学运动、睡眠充足、身心愉悦，引导其养成良好生活习惯和行为习惯，促进其身心健康发展；

（五）关注未成年人心理健康，教导其珍爱生命，对其进行交通出行、健康上网和防欺凌、防溺水、防诈骗、防拐卖、防性侵等方面的安全知识教育，帮助其掌握安全知识和技能，增强其自我保护的意识和能力；

（六）帮助未成年人树立正确的劳动观念，参加力所能及的劳动，提高生活自理能力和独立生活能力，养成吃苦耐劳的优秀品格和热爱劳动的良好习惯。

**第十七条** 未成年人的父母或者其他监护人实施家庭教育，应当关注未成年人的生理、心理、智力发展状况，尊重其参与相关家庭事务和发表意见的权利，合理运用以下方式方法：

（一）亲自养育，加强亲子陪伴；

（二）共同参与，发挥父母双方的作用；

（三）相机而教，寓教于日常生活之中；

（四）潜移默化，言传与身教相结合；

（五）严慈相济，关心爱护与严格要求并重；

（六）尊重差异，根据年龄和个性特点进行科学引导；

（七）平等交流，予以尊重、理解和鼓励；

（八）相互促进，父母与子女共同成长；

（九）其他有益于未成年人全面发展、健康成长的方式方法。

**第十八条** 未成年人的父母或者其他监护人应当树立正确的家庭教育理念，自觉学习家庭教育知识，在孕期和未成年人进入婴幼儿照护服务机构、幼儿园、中小学校等重要时段进行有针对性的学习，掌握科学的家庭教育方法，提高家庭教育的能力。

**第十九条** 未成年人的父母或者其他监护人应当与中小学校、幼儿园、婴幼儿照护服务机构、社区密切配合，积极参加其提供的公益性家庭教育指导和实践活动，共同促进未成年人健康成长。

**第二十条** 未成年人的父母分居或者离异的，应当相互配合履行家庭教育责任，任何一方不得拒绝或者怠于履行；除法律另有规定外，不得阻碍另一方实施家庭教育。

**第二十一条** 未成年人的父母或者其他监护人依法委托他人代为照护未成年人的，应当与被委托人、未成年人保持联系，定期了解未成年人学习、生活情况和心理状况，与被委托人共同履行家庭教育责任。

**第二十二条** 未成年人的父母或者其他监护人应当合理安排未成年人学习、休息、娱乐和体育锻炼的时间，避免加重未成年人学习负担，预防未成年人沉迷网络。

**第二十三条** 未成年人的父母或者其他监护人不得因性别、身体状况、智力等歧视未成年人，不得实施家庭暴力，不得胁迫、引诱、教唆、纵容、利用未成年人从事违反法律法规和社会公德的活动。

## 第五章 法律责任

**第四十八条** 未成年人住所地的居民委员会、村民委员会、妇女联合会，未成年人的父母或者其他监护人所在单位，以及中小学校、幼儿园等有关密切接触未成年人的单位，发现父母或者其他监护人拒绝、怠于履行家庭教育责任，或者非法阻碍其他监护人实施家庭教育的，应当予以批评教育、劝诫制止，必要时督促其接受家庭教育指导。

未成年人的父母或者其他监护人依法委托他人代为照护未成年人，有关单位发现被委托人不依法履行家庭教育责任的，适用前款规定。

**第四十九条** 公安机关、人民检察院、人民法院在办理案件过程中，发现未成年人存在严重不良行为或者实施犯罪行为，或者未成年人的父母或者其他监护人不正确实施家庭教育侵害未成年人合法权益的，根据情况对父母或者其他监护人予以训诫，并可以责令其接受家庭教育指导。

**第五十条** 负有家庭教育工作职责的政府部门、机构有下列情形之一的，由其上级机关或者主管单位责令限期改正；情节严重的，对直接负责的主管人员和其他直接责任人员依法予以处分：

（一）不履行家庭教育工作职责；

（二）截留、挤占、挪用或者虚报、冒领家庭教育工作经费；

（三）其他滥用职权、玩忽职守或者徇私舞弊的情形。

**第五十一条** 家庭教育指导机构、中小学校、幼儿园、婴幼儿照护服务机构、早期教育服务机构违反本法规定，不履行或者不正确履行家庭教育指导服务职责的，由主管部门责令限期改正；情节严重的，对直接负责的主管人员和其他直接责任人员依法予以处分。

**第五十二条** 家庭教育服务机构有下列情形之一的，由主管部门责令限期改正；拒不改正或者情节严重的，由主管部门责令停业整顿、吊销营业执照或者撤销登记：

（一）未依法办理设立手续；

（二）从事超出许可业务范围的行为或作虚假、引人误解宣传，产生不良后果；

（三）侵犯未成年人及其父母或者其他监护人合法权益。

**第五十三条** 未成年人的父母或者其他监护人在家庭教育过程中对未成年人实施家庭暴力的，依照《中华人民共和国未成年人保护法》、《中华人民共和国反家庭暴力法》等法律的规定追究法律责任。

**第五十四条** 违反本法规定，构成违反治安管理行为的，由公安机关依法予以治安管理处罚；构成犯罪的，依法追究刑事责任。

## 第六章 附　　则

**第五十五条** 本法自 2022 年 1 月 1 日起施行。

# 中华人民共和国反家庭暴力法

（2015 年 12 月 27 日第十二届全国人民代表大会常务委员会第十八次会议通过）

## 目录



## 第一章　总　　则

**第一条**　为了预防和制止家庭暴力，保护家庭成员的合法权益，维护平等、和睦、文明的家庭关系，促进家庭和谐、社会稳定，制定本法。

**第二条**　本法所称家庭暴力，是指家庭成员之间以殴打、捆绑、残害、限制人身自由以及经常性谩骂、恐吓等方式实施的身体、精神等侵害行为。

**第三条**　家庭成员之间应当互相帮助，互相关爱，和睦相处，履行家庭义务。

反家庭暴力是国家、社会和每个家庭的共同责任。

国家禁止任何形式的家庭暴力。

**第四条**　县级以上人民政府负责妇女儿童工作的机构，负责组织、协调、指导、督促有关部门做好反家庭暴力工作。

县级以上人民政府有关部门、司法机关、人民团体、社会组织、居民委员会、村民委员会、企业事业单位，应当依照本法和有关法律规定，做好反家庭暴力工作。

各级人民政府应当对反家庭暴力工作给予必要的经费保障。

**第五条** 反家庭暴力工作遵循预防为主，教育、矫治与惩处相结合原则。

反家庭暴力工作应当尊重受害人真实意愿，保护当事人隐私。

未成年人、老年人、残疾人、孕期和哺乳期的妇女、重病患者遭受家庭暴力的，应当给予特殊保护。

## 第二章 家庭暴力的预防

**第六条** 国家开展家庭美德宣传教育，普及反家庭暴力知识，增强公民反家庭暴力意识。

工会、共产主义青年团、妇女联合会、残疾人联合会应当在各自工作范围内，组织开展家庭美德和反家庭暴力宣传教育。

广播、电视、报刊、网络等应当开展家庭美德和反家庭暴力宣传。

学校、幼儿园应当开展家庭美德和反家庭暴力教育。

**第七条** 县级以上人民政府有关部门、司法机关、妇女联合会应当将预防和制止家庭暴力纳入业务培训和统计工作。

医疗机构应当做好家庭暴力受害人的诊疗记录。

**第八条** 乡镇人民政府、街道办事处应当组织开展家庭暴力预防工作，居民委员会、村民委员会、社会工作服务机构应当予以配合协助。

**第九条** 各级人民政府应当支持社会工作服务机构等社会组织开展心理健康咨询、家庭关系指导、家庭暴力预防知识教育等服务。

**第十条** 人民调解组织应当依法调解家庭纠纷，预防和减少家庭暴力的发生。

**第十一条** 用人单位发现本单位人员有家庭暴力情况的，应当给予批评教育，并做好家庭矛盾的调解、化解工作。

**第十二条** 未成年人的监护人应当以文明的方式进行家庭教育，依法履行监护和教育职责，不得实施家庭暴力。

## 第三章 家庭暴力的处置

**第十三条** 家庭暴力受害人及其法定代理人、近亲属可以向加害人或者受害人所在单位、居民委员会、村民委员会、妇女联合会等单位投诉、反映或者求助。有关单位接到家庭暴力投诉、反映或者求助后，应当给予帮助、处理。

家庭暴力受害人及其法定代理人、近亲属也可以向公安机关报案或者依法向人民法院起诉。

单位、个人发现正在发生的家庭暴力行为，有权及时劝阻。

**第十四条** 学校、幼儿园、医疗机构、居民委员会、村民委员会、社会工作服务机构、救助管理机构、福利机构及其工作人员在工作中发现无民事行为能力人、限制民事行为能力人遭受或者疑似遭受家庭暴力的，应当及时向公安机关报案。公安机关应当对报案人的信息予以保密。

**第十五条** 公安机关接到家庭暴力报案后应当及时出警，制止家庭暴力，按照有关规定调查取证，协助受害人就医、鉴定伤情。

无民事行为能力人、限制民事行为能力人因家庭暴力身体受到严重伤害、面临人身安全威胁或者处于无人照料等危险状态的，公安机关应当通知并协助民政部门将其安置到临时庇护场所、救助管理机构或者福利机构。

**第十六条** 家庭暴力情节较轻，依法不给予治安管理处罚的，由公安机关对加害人给予批评教育或者出具告诫书。

告诫书应当包括加害人的身份信息、家庭暴力的事实陈述、禁止加害人实施家庭暴力等内容。

**第十七条** 公安机关应当将告诫书送交加害人、受害人，并通知居民委员会、村民委员会。

居民委员会、村民委员会、公安派出所应当对收到告诫书的加害人、受害人进行查访，监督加害人不再实施家庭暴力。

**第十八条** 县级或者设区的市级人民政府可以单独或者依托救助管理机构设立临时庇护场所，为家庭暴力受害人提供临时生活帮助。

**第十九条** 法律援助机构应当依法为家庭暴力受害人提供法律援助。

人民法院应当依法对家庭暴力受害人缓收、减收或者免收诉讼费用。

**第二十条** 人民法院审理涉及家庭暴力的案件，可以根据公安机关出警记录、告诫书、伤情鉴定意见等证据，认定家庭暴力事实。

**第二十一条** 监护人实施家庭暴力严重侵害被监护人合法权益的，人民法院可以根据被监护人的近亲属、居民委员会、村民委员会、县级人民政府民政部门等有关人员或者单位的申请，依法撤销其监护人资格，另行指定监护人。

被撤销监护人资格的加害人，应当继续负担相应的赡养、扶养、抚养费用。

**第二十二条** 工会、共产主义青年团、妇女联合会、残疾人联合会、居民委员会、村民委员会等应当对实施家庭暴力的加害人进行法治教育，必要时可以对加害人、受害人进行心理辅导。

## 第四章 人身安全保护令

**第二十三条** 当事人因遭受家庭暴力或者面临家庭暴力的现实危险，向人民法院申请人身安全保护令的，人民法院应当受理。

当事人是无民事行为能力人、限制民事行为能力人，或者因受到强制、威吓等原因无法申请人身安全保护令的，其近亲属、公安机关、妇女联合会、居民委员会、村民委员会、救助管理机构可以代为申请。

**第二十四条** 申请人身安全保护令应当以书面方式提出；书面申请确有困难的，可以口头申请，由人民法院记入笔录。

**第二十五条** 人身安全保护令案件由申请人或者被申请人居住地、家庭暴力发生地的基层人民法院管辖。

**第二十六条** 人身安全保护令由人民法院以裁定形式作出。

**第二十七条** 作出人身安全保护令，应当具备下列条件：

（一）有明确的被申请人；

（二）有具体的请求；

（三）有遭受家庭暴力或者面临家庭暴力现实危险的情形。

**第二十八条** 人民法院受理申请后，应当在七十二小时内作出人身安全保护令或者驳回申请；情况紧急的，应当在二十四小时内作出。

**第二十九条** 人身安全保护令可以包括下列措施：

（一）禁止被申请人实施家庭暴力；

（二）禁止被申请人骚扰、跟踪、接触申请人及其相关近亲属；

（三）责令被申请人迁出申请人住所；

（四）保护申请人人身安全的其他措施。

**第三十条** 人身安全保护令的有效期不超过六个月，自作出之日起生效。人身安全保护令失效前，人民法院可以根据申请人的申请撤销、变更或者延长。

**第三十一条** 申请人对驳回申请不服或者被申请人对人身安全保护令不服的，可以自裁定生效之日起五日内向作出裁定的人民法院申请复议一次。人民法院依法作出人身安全保护令的，复议期间不停止人身安全保护令的执行。

**第三十二条** 人民法院作出人身安全保护令后，应当送达申请人、被申请人、公安机关以及居民委员会、村民委员会等有关组织。人身安全保护令由人民法院执行，公安机关以及居民委员会、村民委员会等应当协助执行。

## 第五章 法律责任

**第三十三条** 加害人实施家庭暴力，构成违反治安管理行为的，依法给予治安管理处罚；构成犯罪的，依法追究刑事责任。

**第三十四条** 被申请人违反人身安全保护令，构成犯罪的，依法追究刑事责任；尚不构成犯罪的，人民法院应当给予训诫，可以根据情节轻重处以一千元以下罚款、十五日以下拘留。

**第三十五条** 学校、幼儿园、医疗机构、居民委员会、村民委员会、社会工作服务机构、救助管理机构、福利机构及其工作人员未依照本法第十四条规定向公安机关报案，造成严重后果的，由上级主管部门或者本单位对直接负责的主管人员和其他直接责任人员依法给予处分。

**第三十六条** 负有反家庭暴力职责的国家工作人员玩忽职守、滥用职权、徇私舞弊的，依法给予处分；构成犯罪的，依法追究刑事责任。

## 第六章 附　　则

**第三十七条** 家庭成员以外共同生活的人之间实施的暴力行为，参照本法规定执行。

**第三十八条** 本法自 2016 年 3 月 1 日起施行。

# 民政部　全国妇联
# 关于做好家庭暴力受害人庇护救助工作的指导意见

（2015年9月24日　民发〔2015〕189号）

各省、自治区、直辖市民政厅（局）、妇联，新疆生产建设兵团民政局、妇联：

为加大反对家庭暴力工作力度，依法保护家庭暴力受害人，特别是遭受家庭暴力侵害的妇女、未成年人、老年人等弱势群体的人身安全和其他合法权益，根据《中华人民共和国妇女权益保障法》、《中华人民共和国未成年人保护法》、《中华人民共和国老年人权益保障法》、《社会救助暂行办法》等有关规定，现就民政部门和妇联组织做好家庭暴力受害人（以下简称受害人）庇护救助工作提出以下指导意见：

## 一、工作对象

家庭暴力受害人庇护救助工作对象是指常住人口及流动人口中，因遭受家庭暴力导致人身安全受到威胁，处于无处居住等暂时生活困境，需要进行庇护救助的未成年人和寻求庇护救助的成年受害人。寻求庇护救助的妇女可携带需要其照料的未成年子女同时申请庇护。

## 二、工作原则

（一）未成年人特殊、优先保护原则。为遭受家庭暴力侵害的未成年人提供特殊、优先保护，积极主动庇护救助未成年受害人。依法干预处置监护人侵害未成年人合法权益的行为，切实保护未成年人合法权益。

（二）依法庇护原则。依法为受害人提供临时庇护救助服务，充分尊重受害人合理意愿，严格保护其个人隐私。积极运用家庭暴力告诫书、人身安全保护裁定、调解诉讼等法治手段，保障受害人人身安全，维护其合法权益。

（三）专业化帮扶原则。积极购买社会工作、心理咨询等专业服务，鼓励受害人自主接受救助方案和帮扶方式，协助家庭暴力受害人克服心理阴影和行为障碍，协调解决婚姻、生活、学习、工作等方面的实际困难，帮助其顺利返回家庭、融入社会。

（四）社会共同参与原则。在充分发挥民政部门和妇联组织职能职责和工作优势的基础上，动员引导多方面社会力量参与受害人庇护救助服务和反对家庭暴力宣传等工作，形成多方参与、优势互补、共同协作的工作合力。

## 三、工作内容

（一）及时受理求助。妇联组织要及时接待受害人求助请求或相关人员的举报投诉，根据调查了解的情况向公安机关报告，请公安机关对家庭暴力行为进行调查处置。妇联组织、民政部门发现未成年人遭受虐待、暴力伤害等家庭暴力情形的，应当及时报请公安机关进行调查处置和干预保护。民政部门及救助管理机构应当及时接收公安机关、妇联等有关部门护送或主动寻求庇护救助的受害人，办理入站登记手续，根据性别、年龄实行分类分区救助，妥善安排食宿等临时救助服务并做好隐私保护工作。救助管理机构庇护救助成年受害人期限一般不超过 10 天，因特殊情况需要延长的，报主管民政部门备案。城乡社区服务机构可以为社区内遭受家庭暴力的居民提供应急庇护救助服务。

（二）按需提供转介服务。民政部门及救助管理机构和妇联组织可以通过与社会工作服务机构、心理咨询机构等专业力量合作方式对受害人进行安全评估和需求评估，根据受害人的身心状况和客观需求制定个案服务方案。要积极协调人民法院、司法行政、人力资源社会保障、卫生等部门、社会救助经办机构、医院和社会组织，为符合条件的受害人提供司法救助、法律援助、婚姻家庭纠纷调解、就业援助、医疗救助、心理康复等转介服务。对于实施家庭暴力的未成年人监护人，应通过家庭教育指导、监护监督等多种方式，督促监护人改善监护方式，提升监护能力；对于目睹家庭暴力的未成年人，要提供心理辅导和关爱服务。

（三）加强受害人人身安全保护。民政部门及救助管理机构或妇联组织可以根据需要协助受害人或代表未成年受害人向人民法院申请人身安全保护裁定，依法保护受害人的人身安全，避免其再次受到家庭暴力的侵害。成年受害人在庇护期间自愿离开救助管理机构的，应提出书面申请，说明离开原因，可自行离开、由受害人亲友接回或由当地村（居）民委员会、基层妇联组织护送回家。其他监护人、近亲属前来接领未成年受害人的，经公安机关或村（居）民委员会确认其身份后，救助管理机构可以将未成年受害人交由其照料，并与其办理书面交接手续。

（四）强化未成年受害人救助保护。民政部门和救助管理机构要按照《最高人民法院 最高人民检察院 公安部 民政部关于依法处理监护人侵害未成年人权益行为若干问题的意见》（法发〔2014〕24号）要求，做好未成年受害人临时监护、调查评估、多方会商等工作。救助管理机构要将遭受家庭暴力侵害的未成年受害人安排在专门区域进行救助保护。对于年幼的未成年受害人，要安排专业社会工作者或专人予以陪护和精心照料，待其情绪稳定后可根据需要安排到爱心家庭寄养。未成年受害人接受司法机关调查时，民政部门或救助管理机构要安排专职社会工作者或专人予以陪伴，必要时请妇联组织派员参加，避免其受到“二次伤害”。对于遭受严重家庭暴力侵害的未成年人，民政部门或救助管理机构、妇联组织可以向人民法院提出申请，要求撤销施暴人监护资格，依法另行指定监护人。

## 四、工作要求

（一）健全工作机制。民政部门和妇联组织要建立有效的信息沟通渠道，建立健全定期会商、联合作业、协同帮扶等联动协作机制，细化具体任务职责和合作流程，共同做好受害人的庇护救助和权益维护工作。民政部门及救助管理机构要为妇联组织、司法机关开展受害人维权服务、司法调查等工作提供设施场所、业务协作等便利。妇联组织要依法为受害人提供维权服务。

（二）加强能力建设。民政部门及救助管理机构和妇联组织要选派政治素质高、业务能力强的工作人员参与受害人庇护救助工作，加强对工作人员的业务指导和能力培训。救助管理机构应开辟专门服务区域设立家庭暴力庇护场所，实现与流浪乞讨人员救助服务区域的相对隔离，有条件的地方可充分利用现有设施设置生活居室、社会工作室、心理访谈室、探访会客室等，设施陈列和环境布置要温馨舒适。救助管理机构要加强家庭暴力庇护工作的管理服务制度建设，建立健全来访会谈、出入登记、隐私保护、信息查阅等制度。妇联组织要加强“12338”法律维权热线和维权队伍建设，为受害人主动求助、法律咨询和依法维权提供便利渠道和服务。

（三）动员社会参与。民政部门和救助管理机构可以通过购买服务、项目合作、志愿服务等多种方式，鼓励支持社会组织、社会工作服务机构、法律服务机构参与家庭暴力受害人庇护救助服务，提供法律政策咨询、心理疏导、婚姻家庭纠纷调解、家庭关系辅导、法律援助等服务，并加强对社会力量的统筹协调。妇联组织可以发挥政治优势、组织优势和群众工作优势，动员引导爱心企业、爱心家庭和志愿者等社会力量通过慈善捐赠、志愿服务等方式参与家庭暴力受害人庇护救助服务。

（四）强化宣传引导。各级妇联组织和民政部门要积极调动舆论资源，主动借助新兴媒体，切实运用各类传播阵地，公布家庭暴力救助维权热线电话，开设反对家庭暴力专题栏目，传播介绍反对家庭暴力的法律法规；加强依法处理家庭暴力典型事例（案例）的法律解读、政策释义和宣传报道，引导受害人及时保存证据，依法维护自身合法权益；城乡社区服务机构要积极开展反对家庭暴力宣传，提高社区居民参与反对家庭暴力工作的意识，鼓励社区居民主动发现和报告监护人虐待未成年人等家庭暴力线索。

# 最高人民法院<br>关于在涉及未成年子女的离婚案件中开展“关爱未成年人提示”工作的意见

（2024 年 4 月 10 日　法〔2024〕74 号）

为深入贯彻落实习近平法治思想，全面贯彻落实习近平总书记关于少年儿童工作重要指示批示精神，坚持依法能动履职，做深做实为人民司法，强化诉源治理，切实维护未成年人合法权益，根据《中华人民共和国民法典》、《中华人民共和国未成年人保护法》、《中华人民共和国预防未成年人犯罪法》、《中华人民共和国家庭教育促进法》等法律规定，结合人民法院工作实际，制定本意见。

## 一、充分认识“关爱未成年人提示”工作的重大意义

1. 融合贯通涉未成年人民事、行政、刑事审判职能，全面加强未成年人司法保护，是人民法院的重要职责。在涉及未成年子女的离婚案件中开展“关爱未成年人提示”工作，对影响未成年人身心健康行为进行早期预防，将防治未成年人犯罪工作关口前移，是人民法院认真贯彻落实习近平法治思想、深入践行以人民为中心发展思想的必然要求，是坚持能动履职、强化诉源治理、加强未成年人犯罪预防工作的重要举措。

2. 推动司法保护与家庭保护、学校保护、社会保护、网络保护和政府保护有机衔接，推动全社会形成关心关爱未成年人的良好氛围，是贯彻落实最有利于未成年人原则的必然要求。在涉及未成年子女的离婚案件中开展“关爱未成年人提示”工作，对于督导父母当好合格家长，避免离婚纠纷对未成年人产生不利影响，促进未成年人身心健康具有重要意义。

## 二、明确目标任务

3. 引导离婚案件当事人正确处理婚姻自由与维护家庭稳定的关系，关心、关爱未成年子女，关注未成年子女健康成长的精神和物质需求。

4. 引导离婚案件当事人提升责任意识，依法履行监护职责，充分保护未成年子女合法权益，在离婚案件中以保障未成年子女健康成长为目的，妥善处理抚养、探望、财产等相关事宜。

5. 预防未成年人犯罪，最大限度防止漠视甚至侵害未成年人合法权益、伤害未成年人身心健康情形的发生，消除引发未成年人违法犯罪的各种消极因素，防患于未然。

6. 促进未成年人身心健康，为未成年人健康成长创造良好、和睦、文明的家庭环境，推动形成关心关爱未成年人的良好社会氛围。

## 三、把握工作原则

7. 坚持最有利于未成年人原则。在每一起涉及未成年人的案件中，充分尊重未成年人的人格尊严，适应未成年人身心发展的规律和特点，将特殊、优先、全面保护理念贯穿在案件办理及案后延伸工作的全过程。

8. 坚持德法共治原则。在涉及未成年子女离婚案件中，牢固树立新时代社会主义司法理念，大力弘扬社会主义核心价值观，注重对未成年子女人格、情感、安全利益的保护，保障未成年子女健康成长。

9. 坚持问题导向原则。立足于预防和解决司法实践暴露出的部分离婚案件当事人怠于关心、关爱未成年子女，漠视、侵害未成年子女合法权益，导致未成年子女身心受到伤害或者违法犯罪等问题，认真部署、推进工作。

10. 坚持能动履职原则。强化诉源治理，深挖未成年人犯罪及未成年人权益被侵害案件成因，溯源而治，将预防和矫治工作向前延伸，推进司法保护与其他五大保护融合发力。

11. 坚持因案制宜原则。根据案件实际情况，以当事人听得懂、能接受的语言，以便捷的方式、方法，有针对性地开展工作，讲清楚法律、道理，讲明白利害、后果，实事求是，务求实效，推进案件政治效果、法律效果、社会效果相统一。

## 四、突出工作重点

12. 开展“关爱未成年人提示”工作，应当依据民法典和相关法律规定，依托真实案例向离婚案件当事人提示和强调下列内容：

（1）父母对未成年子女有法定的抚养、教育、保护的义务，应当依法履行监护职责，否则应当承担法律责任；

（2）缺失父母的关心关爱，未成年子女身心健康会受到影响，严重时可能遭受侵害或者走上违法犯罪道路；

（3）解除婚姻关系应当谨慎。即使解除婚姻关系，也应当关注未成年子女心理健康和情感需求，听取有表达意愿能力未成年子女的意见，妥善处理抚养、探望、财产等相关事宜；

（4）父母任何一方均不得违背最有利于未成年人原则，以抢夺、藏匿未成年子女等方式争夺抚养权，否则可能承担不利后果；情节严重的，人民法院可予以罚款、拘留，构成犯罪的，还将依法追究刑事责任；

（5）离婚后，父母对子女仍有抚养、教育、保护的权利和义务。父母双方均应全面履行生效法律文书确定的支付抚养费、配合对方行使探望权等义务，相互协商配合，切实维护未成年子女合法权益。未成年子女造成他人损害的，父母双方应当依照民法典相关规定共同承担侵权责任。

13. 所选案例既可以体现当事人妥善处理离婚事宜后对未成年子女健康成长的积极效果，也可以揭示离婚后家庭关爱缺失、教育不到位对未成年子女产生的消极后果，以及阐释当事人未履行抚养、教育、保护义务应承担的法律责任等。

## 五、灵活开展工作

14. 各地人民法院可以根据实际情况，确定“提示”内容。以线上、线下等多种途径，通过口头告知、现场提示阅读、播放视频、制发“提示卡”或“提示手册”等多种形式，在立案、诉前调解、审理、执行等各阶段开展“关爱未成年人提示”工作。必要时可以结合家庭教育指导工作进行。

15. 在抚养纠纷、探望权纠纷、监护权纠纷、同居关系纠纷等涉及未成年子女的案件中，也可以参照离婚案件，开展“关爱未成年人提示”工作。

16. 上级人民法院应当加强对下指导，强化沟通协调和工作宣传，推动辖区工作深入开展，确保将最有利于未成年人原则和关爱未成年人精神贯彻落实到相关工作中。

附件：“关爱未成年人提示”模板

**附件**

# “关爱未成年人提示”模板

父母是未成年子女的依靠。一方面，父母有抚养、教育、保护未成年子女的法定义务，不依法履行义务的，将承担法律责任；另一方面，父母是子女之源，舐犊情深，亲慈恩重。父母的抚育和关爱，直接关系到未成年子女的身心健康。

1. 父母因离婚产生纠纷，子女将面临心理上、生活上的巨大变化。夫妻之间一时产生矛盾，不等同于感情确已破裂。婚姻需要经营，感情可以修复，子女的健康成长是父母的期待，也是社会的希望！请三思而后行。

2. 即使要离婚，也请保持平静和理性。子女不应成为父母发泄、转移负面情绪的对象。在离婚过程中，请一定要关注子女的心理健康、情感需求，注重心理疏导，听取他们的意见，妥善处理抚养、探望、财产等相关事宜。

3. 如果父母不能给予足够的关心、关爱、陪护和疏导，未成年子女的身心健康会受到伤害，成长可能受到影响，严重时甚至走上违法犯罪道路或者遭受不法侵害。

4. 父母与子女间的关系，不因父母离婚而消除。离婚后，父母双方对于子女仍有抚养、教育、保护的权利和义务，直接抚养一方应当妥善抚养，不得作出不利于子女身心健康的行为，否则另一方有权请求变更抚养关系；不直接抚养的一方应当积极通过见面、书信、网络等方式关心子女的生活、学习、心理状况，并依法负担相应的抚养费，否则另一方有权申请人民法院强制执行。

5. 未成年子女需要父母的关爱，离婚后，双方应当妥善处理对子女的探望事宜。不直接抚养的一方应当依照协议、人民法院判决或者调解确定的时间和方式，在不影响未成年子女学习、生活的情况下探望未成年子女，另一方应当予以协助。

6. 父母任何一方均不得违背最有利于未成年人原则，以抢夺、藏匿未成年子女等方式争夺抚养权或者阻止对方探望，否则在确定、变更抚养关系等方面可能面临不利后果。任何一方拒不履行人民法院生效判决的，人民法院可以予以罚款、拘留，对构成犯罪的，还将依法追究刑事责任。

7. 父母应当依法履行对子女的监护职责，该职责不因离婚而免除。父母存在遗弃、虐待、家庭暴力等不履行监护职责或者侵害子女合法权益情形的，不仅可能承担被撤销监护人资格等民事责任，构成犯罪的，还将被依法追究刑事责任。未成年子女造成他人损害的，父母应当依照民法典相关规定共同承担侵权责任。

寸草春晖，血浓于水！父母应当肩负起对未成年子女抚养、教育、保护的法定义务。无论婚姻如何变化，都应当一如既往，尽心尽力，携手给未成年子女创造良好的生活成长环境，给予未成年子女最温暖的爱！

# 民政部　发展改革委　教育部<br>公安部　财政部　国家卫生健康委<br>应急管理部　共青团中央<br>全国妇联　中国残联<br>关于做好因突发事件影响造成监护缺失未成年人救助保护工作的意见

（2021年1月13日　民发〔2021〕5号）

各省、自治区、直辖市民政厅（局）、发展改革委、教育厅（教委）、公安厅（局）、财政厅（局）、卫生健康委、应急管理厅（局）、团委、妇联、残联，新疆生产建设兵团民政局、发展改革委、教育局、公安局、财政局、卫生健康委、应急管理局、团委、妇联、残联：

党中央、国务院高度重视未成年人权益保护工作，特别关注突发事件应对中未成年人的生命安全和身体健康。习近平总书记深刻指出儿童是祖国的未来和希望，关乎民族延续和事业传承，要重视少年儿童健康成长。在抗击新冠肺炎疫情的斗争中，习近平总书记多次强调要把人民群众的生命安全和身体健康放在首位，加快完善各方面体制机制，着力提高应对重大突发公共卫生事件的能力和水平。《中华人民共和国民法典》（以下简称《民法典》）、《中华人民共和国未成年人保护法》（以下简称《未成年人保护法》）对因突发事件影响导致未成年人的生活处于无人照料或监护缺失状态的情形做了相应规定。为贯彻落实习近平总书记重要指示精神和《民法典》、《未成年人保护法》有关规定，切实做好因突发事件影响造成监护缺失未成年人（以下简称监护缺失未成年人）的救助保护工作，提出如下意见：

## 一、明确工作对象

1. 本意见所指突发事件是指突然发生，造成或者可能造成严重社会危害，需要采取应急处置措施予以应对的自然灾害、事故灾难、公共卫生事件和社会安全事件。

2. 本意见所指监护缺失未成年人，主要是指父母或者其他监护人因突发事件影响导致下落不明、接受治疗、被隔离医学观察、被行政拘留或者被依法采取限制人身自由的刑事强制措施等情形，或因参与突发事件应对工作暂时不能履行监护职责的未成年人。

## 二、及时发现报告

3. 父母或者其他监护人因突发事件影响暂时不能履行监护职责且具备主动报告条件的，应当及时主动向未成年人住所地的民政部门报告。父母或者其他监护人因突发事件影响与未成年人失散且具备主动报告条件的，应当第一时间向失散地的公安机关报告。

4. 应急管理部门在突发事件救援过程中，要主动询问被救援对象未成年子女的监护状况，存在未成年子女监护缺失情形的，要及时向未成年人住所地的民政部门通报；存在与未成年子女失散情形的，要及时向失散地的公安机关通报。救援过程中发现未成年人存在监护缺失情形的，要及时向未成年人发现地的公安机关和民政部门通报。

5. 卫生健康部门、医疗卫生机构对在突发事件中需要治疗和集中隔离医学观察的对象，要询问其未成年子女的监护状况，对存在监护缺失情形的，要及时通过未成年人保护热线等方式向未成年人住所地的民政部门通报。

6. 公安机关在处置突发事件过程中，对于决定执行行政拘留的被处罚人或者采取刑事拘留、逮捕等限制人身自由刑事强制措施的犯罪嫌疑人，应当询问其是否有未成年子女存在监护缺失情形，对存在监护缺失情形的，要及时向未成年人住所地的民政部门通报。

7. 村（居）民委员会、学校、幼儿园、托育机构、儿童福利机构和未成年人救助保护机构在工作中发现未成年人存在监护缺失情形的，要及时向未成年人住所地的民政部门通报。

8. 各地要开通未成年人保护热线，扩大热线社会知晓度，充分发挥其对监护缺失未成年人的发现、报告和转介作用。鼓励个人或单位拨打热线电话，主动报告未成年人监护缺失情况。

9. 突发事件发生后，民政部门要指导乡镇人民政府（街道办事处）统筹工作力量，对相关村（社区）未成年人监护情况进行全面摸底，及时核实情况。对报告和摸排的监护缺失未成年人信息，相关部门间建立信息通报制度，相关数据交由民政部门统一汇总，建立台账，开展动态监测。

## 三、妥善安置和照护

10. 对监护缺失未成年人，由未成年人住所地民政部门依法进行临时监护。

11. 对父母或者其他监护人下落不明的未成年人，公安机关要密切配合民政部门及时核查未成年人身份，全力寻找其父母和其他监护人。对寻亲无着的未成年人，公安机关要采集其 DNA，录入数据库比对，并将结果反馈民政部门。

12. 对父母或者其他监护人下落不明的未成年人，在临时监护阶段，民政部门应当建档留存未成年人的基本信息、主要特征、随身衣服物品等，便于统计和寻亲比对。可制作身份信息卡和相关档案材料，便于未成年人在转移过程中随身携带。

13. 民政部门应当为监护缺失未成年人安排必要的生活照料措施。也可本着有利于未成年人生活的原则，由具备条件的未成年人住所地村（居）民委员会安排必要的生活照料措施。

14. 卫生健康部门应当指导医疗卫生机构做好监护缺失未成年人的救治工作，确保未成年人得到规范治疗。定点医疗卫生机构、临时治疗点或集中医学观察点应当设立专门区域，及时安置需要治疗或医学观察的未成年人，针对未成年人特殊需求配备专门的护理人员。

15. 教育部门和学校应当加强监护缺失适龄未成年人就学保障的指导和服务。

16. 父母或者其他监护人重新具备履行监护职责条件的，应当及时接回未成年人。

对与父母或者其他监护人失散的未成年人，其父母或者其他监护人提出认领的，能够确认监护关系且适龄未成年人能够辨认的，可由父母或者其他监护人领回。因未成年人年幼无法辨认父母或者监护人的，应当由公安机关采集

DNA，经鉴定为亲生父母或者其他血缘关系监护人方可领回未成年人。

父母或者其他监护人治愈出院、结束隔离等恢复监护能力的，应当在提供当地医疗卫生机构出具的出院证明或者相关健康医学证明的前提下，及时将未成年人接回。

## 四、强化救助帮扶

17. 监护缺失未成年人符合事实无人抚养儿童认定情形的，应当及时将其纳入事实无人抚养儿童保障范围；符合孤儿认定情形的，应当及时纳入孤儿保障范围。符合民政部门长期监护情形的，应当由民政部门长期监护。

18. 对因突发事件影响导致生活陷入困难的未成年人，符合条件的，要及时落实临时救助、最低生活保障等社会救助政策，确保其基本生活得到有效保障。

19. 相关部门在临时安置点设计管理、调拨救援物资等方面应当关注未成年人面临的风险因素，充分考虑未成年人的特殊需求。

## 五、引导社会力量参与

20. 各地要支持、鼓励和引导专业社会组织、社会工作机构等社会力量依法有序参与监护缺失未成年人的救助帮扶工作。

21. 各地要摸清监护缺失未成年人在救援物资、医疗康复、学业辅导、心理疏导、法律服务等方面的需求，有效对接相应的慈善资源和各类专业社会组织，提高帮扶的针对性和专业水平。

22. 社会力量在参与救助帮扶工作中，要充分考虑未成年人身心特点，充分保护未成年人权益，避免信息不当披露对未成年人造成再次心理伤害。

## 六、加强工作保障

23. 各地要把监护缺失未成年人救助保护工作纳入突发事件应对工作的总体部署，健全制度，完善方案，细化措施，加强组织保障。

24. 要建立面向监护缺失未成年人的强制报告、应急处置、评估帮扶、监护干预等在内的救助保护机制。未成年人救助保护机构要积极主动参与监护缺失未成年人的线索响应、临时照护、服务转介、个案跟踪、资源链接等服务。

25. 要强化落实地方主体责任，按现有突发事件应对工作资金渠道，妥善安排监护缺失未成年人救助保护工作开支。各级民政部门可按规定统筹使用困难群众救助资金、用于社会福利事业的彩票公益金等各类资金，多方筹措其他社会资金，加强监护缺失未成年人救助保护工作。

26. 儿童福利机构和未成年人救助保护机构、残疾儿童康复机构等未成年人关爱服务设施如需恢复重建，当地应根据工作实际将其纳入重建规划。

27. 要加强部门协作和配合，充分发挥妇联、残联和共青团等群团组织工作优势，为有需求的监护缺失未成年人提供关爱和帮扶，形成救助保护的合力。

28. 各地要加大跟踪检查力度，对因工作不到位发生极端问题的，要依法依规严肃追究相关责任。

因父母或者其他监护人自身客观原因导致监护缺失的未成年人救助保护工作，可参照本意见执行。

# 学校篇

# 中华人民共和国义务教育法（节录）

（1986年4月12日第六届全国人民代表大会第四次会议通过　2006年6月29日第十届全国人民代表大会常务委员会第二十二次会议修订　根据2015年4月24日第十二届全国人民代表大会常务委员会第十四次会议《关于修改〈中华人民共和国义务教育法〉等五部法律的决定》第一次修正　根据2018年12月29日第十三届全国人民代表大会常务委员会第七次会议《关于修改〈中华人民共和国产品质量法〉等五部法律的决定》第二次修正）

## 第一章　总　　则

**第一条**　为了保障适龄儿童、少年接受义务教育的权利，保证义务教育的实施，提高全民族素质，根据宪法和教育法，制定本法。

**第二条**　国家实行九年义务教育制度。

义务教育是国家统一实施的所有适龄儿童、少年必须接受的教育，是国家必须予以保障的公益性事业。

实施义务教育，不收学费、杂费。

国家建立义务教育经费保障机制，保证义务教育制度实施。

**第三条**　义务教育必须贯彻国家的教育方针，实施素质教育，提高教育质量，使适龄儿童、少年在品德、智力、体质等方面全面发展，为培养有理想、有道德、有文化、有纪律的社会主义建设者和接班人奠定基础。

**第四条**　凡具有中华人民共和国国籍的适龄儿童、少年，不分性别、民族、种族、家庭财产状况、宗教信仰等，依法享有平等接受义务教育的权利，并履行接受义务教育的义务。

**第五条**　各级人民政府及其有关部门应当履行本法规定的各项职责，保障适龄儿童、少年接受义务教育的权利。

适龄儿童、少年的父母或者其他法定监护人应当依法保证其按时入学接受并完成义务教育。

依法实施义务教育的学校应当按照规定标准完成教育教学任务，保证教育教学质量。

社会组织和个人应当为适龄儿童、少年接受义务教育创造良好的环境。

**第六条** 国务院和县级以上地方人民政府应当合理配置教育资源，促进义务教育均衡发展，改善薄弱学校的办学条件，并采取措施，保障农村地区、民族地区实施义务教育，保障家庭经济困难的和残疾的适龄儿童、少年接受义务教育。

国家组织和鼓励经济发达地区支援经济欠发达地区实施义务教育。

**第七条** 义务教育实行国务院领导，省、自治区、直辖市人民政府统筹规划实施，县级人民政府为主管理的体制。

县级以上人民政府教育行政部门具体负责义务教育实施工作；县级以上人民政府其他有关部门在各自的职责范围内负责义务教育实施工作。

**第八条** 人民政府教育督导机构对义务教育工作执行法律法规情况、教育教学质量以及义务教育均衡发展状况等进行督导，督导报告向社会公布。

**第九条** 任何社会组织或者个人有权对违反本法的行为向有关国家机关提出检举或者控告。

发生违反本法的重大事件，妨碍义务教育实施，造成重大社会影响的，负有领导责任的人民政府或者人民政府教育行政部门负责人应当引咎辞职。

**第十条** 对在义务教育实施工作中做出突出贡献的社会组织和个人，各级人民政府及其有关部门按照有关规定给予表彰、奖励。

## 第二章　学　　生

**第十一条** 凡年满六周岁的儿童，其父母或者其他法定监护人应当送其入学接受并完成义务教育；条件不具备的地区的儿童，可以推迟到七周岁。

适龄儿童、少年因身体状况需要延缓入学或者休学的，其父母或者其他法定监护人应当提出申请，由当地乡镇人民政府或者县级人民政府教育行政部门批准。

**第十二条** 适龄儿童、少年免试入学。地方各级人民政府应当保障适龄儿童、少年在户籍所在地学校就近入学。

父母或者其他法定监护人在非户籍所在地工作或者居住的适龄儿童、少年，在其父母或者其他法定监护人工作或者居住地接受义务教育的，当地人民政府应当为其提供平等接受义务教育的条件。具体办法由省、自治区、直辖市规定。

县级人民政府教育行政部门对本行政区域内的军人子女接受义务教育予以保障。

**第十三条** 县级人民政府教育行政部门和乡镇人民政府组织和督促适龄儿童、少年入学，帮助解决适龄儿童、少年接受义务教育的困难，采取措施防止适龄儿童、少年辍学。

居民委员会和村民委员会协助政府做好工作，督促适龄儿童、少年入学。

**第十四条** 禁止用人单位招用应当接受义务教育的适龄儿童、少年。

根据国家有关规定经批准招收适龄儿童、少年进行文艺、体育等专业训练的社会组织，应当保证所招收的适龄儿童、少年接受义务教育；自行实施义务教育的，应当经县级人民政府教育行政部门批准。

## 第三章 学 校

**第十五条** 县级以上地方人民政府根据本行政区域内居住的适龄儿童、少年的数量和分布状况等因素，按照国家有关规定，制定、调整学校设置规划。新建居民区需要设置学校的，应当与居民区的建设同步进行。

**第十六条** 学校建设，应当符合国家规定的办学标准，适应教育教学需要；应当符合国家规定的选址要求和建设标准，确保学生和教职工安全。

**第十七条** 县级人民政府根据需要设置寄宿制学校，保障居住分散的适龄儿童、少年入学接受义务教育。

**第十八条** 国务院教育行政部门和省、自治区、直辖市人民政府根据需要，在经济发达地区设置接收少数民族适龄儿童、少年的学校（班）。

**第十九条** 县级以上地方人民政府根据需要设置相应的实施特殊教育的学校（班），对视力残疾、听力语言残疾和智力残疾的适龄儿童、少年实施义务教育。特殊教育学校（班）应当具备适应残疾儿童、少年学习、康复、生活特点的场所和设施。

普通学校应当接收具有接受普通教育能力的残疾适龄儿童、少年随班就读，并为其学习、康复提供帮助。

**第二十条** 县级以上地方人民政府根据需要，为具有预防未成年人犯罪法规定的严重不良行为的适龄少年设置专门的学校实施义务教育。

**第二十一条** 对未完成义务教育的未成年犯和被采取强制性教育措施的未成年人应当进行义务教育，所需经费由人民政府予以保障。

**第二十二条** 县级以上人民政府及其教育行政部门应当促进学校均衡发展，缩小学校之间办学条件的差距，不得将学校分为重点学校和非重点学校。学校不得分设重点班和非重点班。

县级以上人民政府及其教育行政部门不得以任何名义改变或者变相改变公办学校的性质。

**第二十三条** 各级人民政府及其有关部门依法维护学校周边秩序，保护学生、教师、学校的合法权益，为学校提供安全保障。

**第二十四条** 学校应当建立、健全安全制度和应急机制，对学生进行安全教育，加强管理，及时消除隐患，预防发生事故。

县级以上地方人民政府定期对学校校舍安全进行检查；对需要维修、改造的，及时予以维修、改造。

学校不得聘用曾经因故意犯罪被依法剥夺政治权利或者其他不适合从事义务教育工作的人担任工作人员。

**第二十五条** 学校不得违反国家规定收取费用，不得以向学生推销或者变相推销商品、服务等方式谋取利益。

**第二十六条** 学校实行校长负责制。校长应当符合国家规定的任职条件。校长由县级人民政府教育行政部门依法聘任。

**第二十七条** 对违反学校管理制度的学生，学校应当予以批评教育，不得开除。

## 第七章 法律责任

**第五十一条** 国务院有关部门和地方各级人民政府违反本法第六章的规定，未履行对义务教育经费保障职责的，由国务院或者上级地方人民政府责令限期改正；情节严重的，对直接负责的主管人员和其他直接责任人员依法给予行政处分。

**第五十二条** 县级以上地方人民政府有下列情形之一的，由上级人民政府责令限期改正；情节严重的，对直接负责的主管人员和其他直接责任人员依法给予行政处分：

（一）未按照国家有关规定制定、调整学校的设置规划的；

（二）学校建设不符合国家规定的办学标准、选址要求和建设标准的；

（三）未定期对学校校舍安全进行检查，并及时维修、改造的；

（四）未依照本法规定均衡安排义务教育经费的。

**第五十三条** 县级以上人民政府或者其教育行政部门有下列情形之一的，由上级人民政府或者其教育行政部门责令限期改正、通报批评；情节严重的，对直接负责的主管人员和其他直接责任人员依法给予行政处分：

（一）将学校分为重点学校和非重点学校的；

（二）改变或者变相改变公办学校性质的。

县级人民政府教育行政部门或者乡镇人民政府未采取措施组织适龄儿童、少年入学或者防止辍学的，依照前款规定追究法律责任。

**第五十四条** 有下列情形之一的，由上级人民政府或者上级人民政府教育行政部门、财政部门、价格行政部门和审计机关根据职责分工责令限期改正；情节严重的，对直接负责的主管人员和其他直接责任人员依法给予处分：

（一）侵占、挪用义务教育经费的；

（二）向学校非法收取或者摊派费用的。

**第五十五条** 学校或者教师在义务教育工作中违反教育法、教师法规定的，依照教育法、教师法的有关规定处罚。

**第五十六条** 学校违反国家规定收取费用的，由县级人民政府教育行政部门责令退还所收费用；对直接负责的主管人员和其他直接责任人员依法给予处分。

学校以向学生推销或者变相推销商品、服务等方式谋取利益的，由县级人民政府教育行政部门给予通报批评；有违法所得的，没收违法所得；对直接负责的主管人员和其他直接责任人员依法给予处分。

国家机关工作人员和教科书审查人员参与或者变相参与教科书编写的，由县级以上人民政府或者其教育行政部门根据职责权限责令限期改正，依法给予行政处分；有违法所得的，没收违法所得。

**第五十七条** 学校有下列情形之一的，由县级人民政府教育行政部门责令限期改正；情节严重的，对直接负责的主管人员和其他直接责任人员依法给予处分：

（一）拒绝接收具有接受普通教育能力的残疾适龄儿童、少年随班就读的；

（二）分设重点班和非重点班的；

（三）违反本法规定开除学生的；

（四）选用未经审定的教科书的。

**第五十八条** 适龄儿童、少年的父母或者其他法定监护人无正当理由未依照本法规定送适龄儿童、少年入学接受义务教育的，由当地乡镇人民政府或者县级人民政府教育行政部门给予批评教育，责令限期改正。

**第五十九条** 有下列情形之一的，依照有关法律、行政法规的规定予以处罚：

（一）胁迫或者诱骗应当接受义务教育的适龄儿童、少年失学、辍学的；

（二）非法招用应当接受义务教育的适龄儿童、少年的；

（三）出版未经依法审定的教科书的。

**第六十条** 违反本法规定，构成犯罪的，依法追究刑事责任。

## 第八章 附 则

**第六十一条** 对接受义务教育的适龄儿童、少年不收杂费的实施步骤，由国务院规定。

**第六十二条** 社会组织或者个人依法举办的民办学校实施义务教育的，依照民办教育促进法有关规定执行；民办教育促进法未作规定的，适用本法。

**第六十三条** 本法自 2006 年 9 月 1 日起施行。

# 中华人民共和国教育法（节录）

（1995 年 3 月 18 日第八届全国人民代表大会第三次会议通过　根据 2009 年 8 月 27 日第十一届全国人民代表大会常务委员会第十次会议《关于修改部分法律的决定》第一次修正　根据 2015 年 12 月 27 日第十二届全国人民代表大会常务委员会第十八次会议《关于修改〈中华人民共和国教育法〉的决定》第二次修正　根据 2021 年 4 月 29 日第十三届全国人民代表大会常务委员会第二十八次会议《关于修改〈中华人民共和国教育法〉的决定》第三次修正）

## 第一章　总　　则

**第一条**　为了发展教育事业，提高全民族的素质，促进社会主义物质文明和精神文明建设，根据宪法，制定本法。

**第二条**　在中华人民共和国境内的各级各类教育，适用本法。

**第三条**　国家坚持中国共产党的领导，坚持以马克思列宁主义、毛泽东思想、邓小平理论、“三个代表”重要思想、科学发展观、习近平新时代中国特色社会主义思想为指导，遵循宪法确定的基本原则，发展社会主义的教育事业。

**第四条**　教育是社会主义现代化建设的基础，对提高人民综合素质、促进人的全面发展、增强中华民族创新创造活力、实现中华民族伟大复兴具有决定性意义，国家保障教育事业优先发展。

全社会应当关心和支持教育事业的发展。

全社会应当尊重教师。

**第五条**　教育必须为社会主义现代化建设服务、为人民服务，必须与生产劳动和社会实践相结合，培养德智体美劳全面发展的社会主义建设者和接班人。

**第六条**　教育应当坚持立德树人，对受教育者加强社会主义核心价值观教育，增强受教育者的社会责任感、创新精神和实践能力。

国家在受教育者中进行爱国主义、集体主义、中国特色社会主义的教育，进行理想、道德、纪律、法治、国防和民族团结的教育。

**第七条** 教育应当继承和弘扬中华优秀传统文化、革命文化、社会主义先进文化，吸收人类文明发展的一切优秀成果。

**第八条** 教育活动必须符合国家和社会公共利益。

国家实行教育与宗教相分离。任何组织和个人不得利用宗教进行妨碍国家教育制度的活动。

**第九条** 中华人民共和国公民有受教育的权利和义务。

公民不分民族、种族、性别、职业、财产状况、宗教信仰等，依法享有平等的受教育机会。

**第十条** 国家根据各少数民族的特点和需要，帮助各少数民族地区发展教育事业。

国家扶持边远贫困地区发展教育事业。

国家扶持和发展残疾人教育事业。

**第十一条** 国家适应社会主义市场经济发展和社会进步的需要，推进教育改革，推动各级各类教育协调发展、衔接融通，完善现代国民教育体系，健全终身教育体系，提高教育现代化水平。

国家采取措施促进教育公平，推动教育均衡发展。

国家支持、鼓励和组织教育科学研究，推广教育科学研究成果，促进教育质量提高。

**第十二条** 国家通用语言文字为学校及其他教育机构的基本教育教学语言文字，学校及其他教育机构应当使用国家通用语言文字进行教育教学。

民族自治地方以少数民族学生为主的学校及其他教育机构，从实际出发，使用国家通用语言文字和本民族或者当地民族通用的语言文字实施双语教育。

国家采取措施，为少数民族学生为主的学校及其他教育机构实施双语教育提供条件和支持。

**第十三条** 国家对发展教育事业做出突出贡献的组织和个人，给予奖励。

**第十四条** 国务院和地方各级人民政府根据分级管理、分工负责的原则，领导和管理教育工作。

中等及中等以下教育在国务院领导下，由地方人民政府管理。

高等教育由国务院和省、自治区、直辖市人民政府管理。

**第十五条** 国务院教育行政部门主管全国教育工作，统筹规划、协调管理全国的教育事业。

县级以上地方各级人民政府教育行政部门主管本行政区域内的教育工作。

县级以上各级人民政府其他有关部门在各自的职责范围内，负责有关的教育工作。

**第十六条** 国务院和县级以上地方各级人民政府应当向本级人民代表大会或者其常务委员会报告教育工作和教育经费预算、决算情况，接受监督。

## 第二章 教育基本制度

**第十七条** 国家实行学前教育、初等教育、中等教育、高等教育的学校教育制度。

国家建立科学的学制系统。学制系统内的学校和其他教育机构的设置、教育形式、修业年限、招生对象、培养目标等，由国务院或者由国务院授权教育行政部门规定。

**第十八条** 国家制定学前教育标准，加快普及学前教育，构建覆盖城乡，特别是农村的学前教育公共服务体系。

各级人民政府应当采取措施，为适龄儿童接受学前教育提供条件和支持。

**第十九条** 国家实行九年制义务教育制度。

各级人民政府采取各种措施保障适龄儿童、少年就学。

适龄儿童、少年的父母或者其他监护人以及有关社会组织和个人有义务使适龄儿童、少年接受并完成规定年限的义务教育。

**第二十条** 国家实行职业教育制度和继续教育制度。

各级人民政府、有关行政部门和行业组织以及企业事业组织应当采取措施，发展并保障公民接受职业学校教育或者各种形式的职业培训。

国家鼓励发展多种形式的继续教育，使公民接受适当形式的政治、经济、文化、科学、技术、业务等方面的教育，促进不同类型学习成果的互认和衔接，推动全民终身学习。

**第二十一条** 国家实行国家教育考试制度。

国家教育考试由国务院教育行政部门确定种类，并由国家批准的实施教育考试的机构承办。

**第二十二条** 国家实行学业证书制度。

经国家批准设立或者认可的学校及其他教育机构按照国家有关规定，颁发学历证书或者其他学业证书。

**第二十三条** 国家实行学位制度。

学位授予单位依法对达到一定学术水平或者专业技术水平的人员授予相应的学位，颁发学位证书。

**第二十四条** 各级人民政府、基层群众性自治组织和企业事业组织应当采取各种措施，开展扫除文盲的教育工作。

按照国家规定具有接受扫除文盲教育能力的公民，应当接受扫除文盲的教育。

**第二十五条** 国家实行教育督导制度和学校及其他教育机构教育评估制度。

## 第三章　学校及其他教育机构

**第二十六条** 国家制定教育发展规划，并举办学校及其他教育机构。

国家鼓励企业事业组织、社会团体、其他社会组织及公民个人依法举办学校及其他教育机构。

国家举办学校及其他教育机构，应当坚持勤俭节约的原则。

以财政性经费、捐赠资产举办或者参与举办的学校及其他教育机构不得设立为营利性组织。

**第二十七条** 设立学校及其他教育机构，必须具备下列基本条件：

（一）有组织机构和章程；

（二）有合格的教师；

（三）有符合规定标准的教学场所及设施、设备等；

（四）有必备的办学资金和稳定的经费来源。

**第二十八条** 学校及其他教育机构的设立、变更和终止，应当按照国家有关规定办理审核、批准、注册或者备案手续。

**第二十九条** 学校及其他教育机构行使下列权利：

（一）按照章程自主管理；

（二）组织实施教育教学活动；

（三）招收学生或者其他受教育者；

（四）对受教育者进行学籍管理，实施奖励或者处分；

（五）对受教育者颁发相应的学业证书；

（六）聘任教师及其他职工，实施奖励或者处分；

（七）管理、使用本单位的设施和经费；

（八）拒绝任何组织和个人对教育教学活动的非法干涉；

（九）法律、法规规定的其他权利。

国家保护学校及其他教育机构的合法权益不受侵犯。

**第三十条** 学校及其他教育机构应当履行下列义务：

（一）遵守法律、法规；

（二）贯彻国家的教育方针，执行国家教育教学标准，保证教育教学质量；

（三）维护受教育者、教师及其他职工的合法权益；

（四）以适当方式为受教育者及其监护人了解受教育者的学业成绩及其他有关情况提供便利；

（五）遵照国家有关规定收取费用并公开收费项目；

（六）依法接受监督。

**第三十一条** 学校及其他教育机构的举办者按照国家有关规定，确定其所举办的学校或者其他教育机构的管理体制。

学校及其他教育机构的校长或者主要行政负责人必须由具有中华人民共和国国籍、在中国境内定居、并具备国家规定任职条件的公民担任，其任免按照国家有关规定办理。学校的教学及其他行政管理，由校长负责。

学校及其他教育机构应当按照国家有关规定，通过以教师为主体的教职工代表大会等组织形式，保障教职工参与民主管理和监督。

**第三十二条** 学校及其他教育机构具备法人条件的，自批准设立或者登记注册之日起取得法人资格。

学校及其他教育机构在民事活动中依法享有民事权利，承担民事责任。

学校及其他教育机构中的国有资产属于国家所有。

学校及其他教育机构兴办的校办产业独立承担民事责任。

## 第五章　受教育者

**第三十七条**　受教育者在入学、升学、就业等方面依法享有平等权利。

学校和有关行政部门应当按照国家有关规定，保障女子在入学、升学、就业、授予学位、派出留学等方面享有同男子平等的权利。

**第三十八条**　国家、社会对符合入学条件、家庭经济困难的儿童、少年、青年，提供各种形式的资助。

**第三十九条**　国家、社会、学校及其他教育机构应当根据残疾人身心特性和需要实施教育，并为其提供帮助和便利。

**第四十条**　国家、社会、家庭、学校及其他教育机构应当为有违法犯罪行为的未成年人接受教育创造条件。

**第四十一条**　从业人员有依法接受职业培训和继续教育的权利和义务。

国家机关、企业事业组织和其他社会组织，应当为本单位职工的学习和培训提供条件和便利。

**第四十二条**　国家鼓励学校及其他教育机构、社会组织采取措施，为公民接受终身教育创造条件。

**第四十三条**　受教育者享有下列权利：

（一）参加教育教学计划安排的各种活动，使用教育教学设施、设备、图书资料；

（二）按照国家有关规定获得奖学金、贷学金、助学金；

（三）在学业成绩和品行上获得公正评价，完成规定的学业后获得相应的学业证书、学位证书；

（四）对学校给予的处分不服向有关部门提出申诉，对学校、教师侵犯其人身权、财产权等合法权益，提出申诉或者依法提起诉讼；

（五）法律、法规规定的其他权利。

**第四十四条**　受教育者应当履行下列义务：

（一）遵守法律、法规；

（二）遵守学生行为规范，尊敬师长，养成良好的思想品德和行为习惯；

（三）努力学习，完成规定的学习任务；

（四）遵守所在学校或者其他教育机构的管理制度。

**第四十五条**　教育、体育、卫生行政部门和学校及其他教育机构应当完善体育、卫生保健设施，保护学生的身心健康。

## 第六章　教育与社会

**第五十条**　未成年人的父母或者其他监护人应当为其未成年子女或者其他被监护人受教育提供必要条件。

未成年人的父母或者其他监护人应当配合学校及其他教育机构，对其未成年子女或者其他被监护人进行教育。

学校、教师可以对学生家长提供家庭教育指导。

**第五十一条**　图书馆、博物馆、科技馆、文化馆、美术馆、体育馆（场）等社会公共文化体育设施，以及历史文化古迹和革命纪念馆（地），应当对教师、学生实行优待，为受教育者接受教育提供便利。

广播、电视台（站）应当开设教育节目，促进受教育者思想品德、文化和科学技术素质的提高。

**第五十二条**　国家、社会建立和发展对未成年人进行校外教育的设施。

学校及其他教育机构应当同基层群众性自治组织、企业事业组织、社会团体相互配合，加强对未成年人的校外教育工作。

**第五十三条**　国家鼓励社会团体、社会文化机构及其他社会组织和个人开展有益于受教育者身心健康的社会文化教育活动。

## 第九章　法律责任

**第七十一条**　违反国家有关规定，不按照预算核拨教育经费的，由同级人民政府限期核拨；情节严重的，对直接负责的主管人员和其他直接责任人员，依法给予处分。

违反国家财政制度、财务制度，挪用、克扣教育经费的，由上级机关责令限期归还被挪用、克扣的经费，并对直接负责的主管人员和其他直接责任人员，依法给予处分；构成犯罪的，依法追究刑事责任。

**第七十二条**　结伙斗殴、寻衅滋事，扰乱学校及其他教育机构教育教学秩序或者破坏校舍、场地及其他财产的，由公安机关给予治安管理处罚；构成犯罪的，依法追究刑事责任。

侵占学校及其他教育机构的校舍、场地及其他财产的，依法承担民事责任。

**第七十三条** 明知校舍或者教育教学设施有危险，而不采取措施，造成人员伤亡或者重大财产损失的，对直接负责的主管人员和其他直接责任人员，依法追究刑事责任。

**第七十四条** 违反国家有关规定，向学校或者其他教育机构收取费用的，由政府责令退还所收费用；对直接负责的主管人员和其他直接责任人员，依法给予处分。

**第七十五条** 违反国家有关规定，举办学校或者其他教育机构的，由教育行政部门或者其他有关行政部门予以撤销；有违法所得的，没收违法所得；对直接负责的主管人员和其他直接责任人员，依法给予处分。

**第七十六条** 学校或者其他教育机构违反国家有关规定招收学生的，由教育行政部门或者其他有关行政部门责令退回招收的学生，退还所收费用；对学校、其他教育机构给予警告，可以处违法所得五倍以下罚款；情节严重的，责令停止相关招生资格一年以上三年以下，直至撤销招生资格、吊销办学许可证；对直接负责的主管人员和其他直接责任人员，依法给予处分；构成犯罪的，依法追究刑事责任。

**第七十七条** 在招收学生工作中滥用职权、玩忽职守、徇私舞弊的，由教育行政部门或者其他有关行政部门责令退回招收的不符合入学条件的人员；对直接负责的主管人员和其他直接责任人员，依法给予处分；构成犯罪的，依法追究刑事责任。

盗用、冒用他人身份，顶替他人取得的入学资格的，由教育行政部门或者其他有关行政部门责令撤销入学资格，并责令停止参加相关国家教育考试二年以上五年以下；已经取得学位证书、学历证书或者其他学业证书的，由颁发机构撤销相关证书；已经成为公职人员的，依法给予开除处分；构成违反治安管理行为的，由公安机关依法给予治安管理处罚；构成犯罪的，依法追究刑事责任。

与他人串通，允许他人冒用本人身份，顶替本人取得的入学资格的，由教育行政部门或者其他有关行政部门责令停止参加相关国家教育考试一年以上三年以下；有违法所得的，没收违法所得；已经成为公职人员的，依法给予处分；构成违反治安管理行为的，由公安机关依法给予治安管理处罚；构成犯罪的，依法追究刑事责任。

组织、指使盗用或者冒用他人身份，顶替他人取得的入学资格的，有违法所得的，没收违法所得；属于公职人员的，依法给予处分；构成违反治安管理行为的，由公安机关依法给予治安管理处罚；构成犯罪的，依法追究刑事责任。

入学资格被顶替权利受到侵害的，可以请求恢复其入学资格。

**第七十八条** 学校及其他教育机构违反国家有关规定向受教育者收取费用的，由教育行政部门或者其他有关行政部门责令退还所收费用；对直接负责的主管人员和其他直接责任人员，依法给予处分。

**第七十九条** 考生在国家教育考试中有下列行为之一的，由组织考试的教育考试机构工作人员在考试现场采取必要措施予以制止并终止其继续参加考试；组织考试的教育考试机构可以取消其相关考试资格或者考试成绩；情节严重的，由教育行政部门责令停止参加相关国家教育考试一年以上三年以下；构成违反治安管理行为的，由公安机关依法给予治安管理处罚；构成犯罪的，依法追究刑事责任：

（一）非法获取考试试题或者答案的；

（二）携带或者使用考试作弊器材、资料的；

（三）抄袭他人答案的；

（四）让他人代替自己参加考试的；

（五）其他以不正当手段获得考试成绩的作弊行为。

**第八十条** 任何组织或者个人在国家教育考试中有下列行为之一，有违法所得的，由公安机关没收违法所得，并处违法所得一倍以上五倍以下罚款；情节严重的，处五日以上十五日以下拘留；构成犯罪的，依法追究刑事责任；属于国家机关工作人员的，还应当依法给予处分：

（一）组织作弊的；

（二）通过提供考试作弊器材等方式为作弊提供帮助或者便利的；

（三）代替他人参加考试的；

（四）在考试结束前泄露、传播考试试题或者答案的；

（五）其他扰乱考试秩序的行为。

**第八十一条** 举办国家教育考试，教育行政部门、教育考试机构疏于管理，造成考场秩序混乱、作弊情况严重的，对直接负责的主管人员和其他直接责任人员，依法给予处分；构成犯罪的，依法追究刑事责任。

**第八十二条** 学校或者其他教育机构违反本法规定，颁发学位证书、学历证书或者其他学业证书的，由教育行政部门或者其他有关行政部门宣布证书无效，责令收回或者予以没收；有违法所得的，没收违法所得；情节严重的，责令停止相关招生资格一年以上三年以下，直至撤销招生资格、颁发证书资格；对直接负责的主管人员和其他直接责任人员，依法给予处分。

前款规定以外的任何组织或者个人制造、销售、颁发假冒学位证书、学历证书或者其他学业证书，构成违反治安管理行为的，由公安机关依法给予治安管理处罚；构成犯罪的，依法追究刑事责任。

以作弊、剽窃、抄袭等欺诈行为或者其他不正当手段获得学位证书、学历证书或者其他学业证书的，由颁发机构撤销相关证书。购买、使用假冒学位证书、学历证书或者其他学业证书，构成违反治安管理行为的，由公安机关依法给予治安管理处罚。

**第八十三条** 违反本法规定，侵犯教师、受教育者、学校或者其他教育机构的合法权益，造成损失、损害的，应当依法承担民事责任。

## 第十章 附 则

**第八十六条** 本法自 1995 年 9 月 1 日起施行。

# 教育部
# 未成年人学校保护规定

（2021 年 6 月 1 日 教育部令第 50 号）

## 第一章 总 则

**第一条** 为了落实学校保护职责，保障未成年人合法权益，促进未成年人德智体美劳全面发展、健康成长，根据《中华人民共和国教育法》、《中华人民共和国未成年人保护法》等法律法规，制定本规定。

**第二条** 普通中小学、中等职业学校（以下简称学校）对本校未成年人（以下统称学生）在校学习、生活期间合法权益的保护，适用本规定。

**第三条** 学校应当全面贯彻国家教育方针，落实立德树人根本任务，弘扬社会主义核心价值观，依法办学、依法治校，履行学生权益保护法定职责，健全保护制度，完善保护机制。

**第四条** 学校学生保护工作应当坚持最有利于未成年人的原则，注重保护和教育相结合，适应学生身心健康发展的规律和特点；关心爱护每个学生，尊重学生权利，听取学生意见。

**第五条** 教育行政部门应当落实工作职责，会同有关部门健全学校学生保护的支持措施、服务体系，加强对学校学生保护工作的支持、指导、监督和评价。

## 第二章 一般保护

**第六条** 学校应当平等对待每个学生，不得因学生及其父母或者其他监护人（以下统称家长）的民族、种族、性别、户籍、职业、宗教信仰、教育程度、家庭状况、身心健康情况等歧视学生或者对学生进行区别对待。

**第七条** 学校应当落实安全管理职责，保护学生在校期间人身安全。学校不得组织、安排学生从事抢险救灾、参与危险性工作，不得安排学生参加商业性活动及其他不宜学生参加的活动。

学生在校内或者本校组织的校外活动中发生人身伤害事故的，学校应当依据有关规定妥善处理，及时通知学生家长；情形严重的，应当按规定向有关部门报告。

**第八条** 学校不得设置侵犯学生人身自由的管理措施，不得对学生在课间及其他非教学时间的正当交流、游戏、出教室活动等言行自由设置不必要的约束。

**第九条** 学校应当尊重和保护学生的人格尊严，尊重学生名誉，保护和培育学生的荣誉感、责任感，表彰、奖励学生做到公开、公平、公正；在教育、管理中不得使用任何贬损、侮辱学生及其家长或者所属特定群体的言行、方式。

**第十条** 学校采集学生个人信息，应当告知学生及其家长，并对所获得的学生及其家庭信息负有管理、保密义务，不得毁弃以及非法删除、泄露、公开、买卖。

学校在奖励、资助、申请贫困救助等工作中，不得泄露学生个人及其家庭隐私；学生的考试成绩、名次等学业信息，学校应当便利学生本人和家长知晓，但不得公开，不得宣传升学情况；除因法定事由，不得查阅学生的信件、日记、电子邮件或者其他网络通讯内容。

**第十一条** 学校应当尊重和保护学生的受教育权利，保障学生平等使用教育教学设施设备、参加教育教学计划安排的各种活动，并在学业成绩和品行上获得公正评价。

对身心有障碍的学生，应当提供合理便利，实施融合教育，给予特别支持；对学习困难、行为异常的学生，应当以适当方式教育、帮助，必要时，可以通过安排教师或者专业人员课后辅导等方式给予帮助或者支持。

学校应当建立留守学生、困境学生档案，配合政府有关部门做好关爱帮扶工作，避免学生因家庭因素失学、辍学。

**第十二条** 义务教育学校不得开除或者变相开除学生，不得以长期停课、劝退等方式，剥夺学生在校接受并完成义务教育的权利；对转入专门学校的学生，应当保留学籍，原决定机关决定转回的学生，不得拒绝接收。

义务教育学校应当落实学籍管理制度，健全辍学或者休学、长期请假学生的报告备案制度，对辍学学生应当及时进行劝返，劝返无效的，应当报告有关主管部门。

**第十三条** 学校应当按规定科学合理安排学生在校作息时间，保证学生有休息、参加文娱活动和体育锻炼的机会和时间，不得统一要求学生在规定的上课时间前到校参加课程教学活动。

义务教育学校不得占用国家法定节假日、休息日及寒暑假，组织学生集体补课；不得以集体补课等形式侵占学生休息时间。

**第十四条** 学校不得采用毁坏财物的方式对学生进行教育管理，对学生携带进入校园的违法违规物品，按规定予以暂扣的，应当统一管理，并依照有关规定予以处理。

学校不得违反规定向学生收费，不得强制要求或者设置条件要求学生及家长捐款捐物、购买商品或者服务，或者要求家长提供物质帮助、需支付费用的服务等。

**第十五条** 学校以发布、汇编、出版等方式使用学生作品，对外宣传或者公开使用学生个体肖像的，应当取得学生及其家长许可，并依法保护学生的权利。

**第十六条** 学校应当尊重学生的参与权和表达权，指导、支持学生参与学校章程、校规校纪、班级公约的制定，处理与学生权益相关的事务时，应当以适当方式听取学生意见。

**第十七条** 学校对学生实施教育惩戒或者处分学生的，应当依据有关规定，听取学生的陈述、申辩，遵循审慎、公平、公正的原则作出决定。

除开除学籍处分以外，处分学生应当设置期限，对受到处分的学生应当跟踪观察、有针对性地实施教育，确有改正的，到期应当予以解除。解除处分后，学生获得表彰、奖励及其他权益，不再受原处分影响。

## 第三章 专项保护

**第十八条** 学校应当落实法律规定建立学生欺凌防控和预防性侵害、性骚扰等专项制度，建立对学生欺凌、性侵害、性骚扰行为的零容忍处理机制和受伤害学生的关爱、帮扶机制。

**第十九条** 学校应当成立由校内相关人员、法治副校长、法律顾问、有关专家、家长代表、学生代表等参与的学生欺凌治理组织，负责学生欺凌行为的预防和宣传教育、组织认定、实施矫治、提供援助等。

学校应当定期针对全体学生开展防治欺凌专项调查，对学校是否存在欺凌等情形进行评估。

**第二十条** 学校应当教育、引导学生建立平等、友善、互助的同学关系，组织教职工学习预防、处理学生欺凌的相关政策、措施和方法，对学生开展相应的专题教育，并且应当根据情况给予相关学生家长必要的家庭教育指导。

**第二十一条** 教职工发现学生实施下列行为的，应当及时制止：

（一）殴打、脚踢、掌掴、抓咬、推撞、拉扯等侵犯他人身体或者恐吓威胁他人；

（二）以辱骂、讥讽、嘲弄、挖苦、起侮辱性绰号等方式侵犯他人人格尊严；

（三）抢夺、强拿硬要或者故意毁坏他人财物；

（四）恶意排斥、孤立他人，影响他人参加学校活动或者社会交往；

（五）通过网络或者其他信息传播方式捏造事实诽谤他人、散布谣言或者错误信息诋毁他人、恶意传播他人隐私。

学生之间，在年龄、身体或者人数等方面占优势的一方蓄意或者恶意对另一方实施前款行为，或者以其他方式欺压、侮辱另一方，造成人身伤害、财产损失或者精神损害的，可以认定为构成欺凌。

**第二十二条** 教职工应当关注因身体条件、家庭背景或者学习成绩等可能处于弱势或者特殊地位的学生，发现学生存在被孤立、排挤等情形的，应当及时干预。

教职工发现学生有明显的情绪反常、身体损伤等情形，应当及时沟通了解情况，可能存在被欺凌情形的，应当及时向学校报告。

学校应当教育、支持学生主动、及时报告所发现的欺凌情形，保护自身和他人的合法权益。

**第二十三条** 学校接到关于学生欺凌报告的，应当立即开展调查，认为可能构成欺凌的，应当及时提交学生欺凌治理组织认定和处置，并通知相关学生的家长参与欺凌行为的认定和处理。认定构成欺凌的，应当对实施或者参与欺凌行为的学生作出教育惩戒或者纪律处分，并对其家长提出加强管教的要求，必要时，可以由法治副校长、辅导员对学生及其家长进行训导、教育。

对违反治安管理或者涉嫌犯罪等严重欺凌行为，学校不得隐瞒，应当及时向公安机关、教育行政部门报告，并配合相关部门依法处理。

不同学校学生之间发生的学生欺凌事件，应当在主管教育行政部门的指导下建立联合调查机制，进行认定和处理。

**第二十四条** 学校应当建立健全教职工与学生交往行为准则、学生宿舍安全管理规定、视频监控管理规定等制度，建立预防、报告、处置性侵害、性骚扰工作机制。

学校应当采取必要措施预防并制止教职工以及其他进入校园的人员实施以下行为：

（一）与学生发生恋爱关系、性关系；

（二）抚摸、故意触碰学生身体特定部位等猥亵行为；

（三）对学生作出调戏、挑逗或者具有性暗示的言行；

（四）向学生展示传播包含色情、淫秽内容的信息、书刊、影片、音像、图片或者其他淫秽物品；

（五）持有包含淫秽、色情内容的视听、图文资料；

（六）其他构成性骚扰、性侵害的违法犯罪行为。

## 第四章　管理要求

**第二十五条**　学校应当制定规范教职工、学生行为的校规校纪。校规校纪应当内容合法、合理，制定程序完备，向学生及其家长公开，并按照要求报学校主管部门备案。

**第二十六条**　学校应当严格执行国家课程方案，按照要求开齐开足课程、选用教材和教学辅助资料。学校开发的校本课程或者引进的课程应当经过科学论证，并报主管教育行政部门备案。

学校不得与校外培训机构合作向学生提供有偿的课程或者课程辅导。

**第二十七条**　学校应当加强作业管理，指导和监督教师按照规定科学适度布置家庭作业，不得超出规定增加作业量，加重学生学习负担。

**第二十八条**　学校应当按照规定设置图书馆、班级图书角，配备适合学生认知特点、内容积极向上的课外读物，营造良好阅读环境，培养学生阅读习惯，提升阅读质量。

学校应当加强读物和校园文化环境管理，禁止含有淫秽、色情、暴力、邪教、迷信、赌博、恐怖主义、分裂主义、极端主义等危害未成年人身心健康内容的读物、图片、视听作品等，以及商业广告、有悖于社会主义核心价值观的文化现象进入校园。

**第二十九条**　学校应当建立健全安全风险防控体系，按照有关规定完善安全、卫生、食品等管理制度，提供符合标准的教育教学设施、设备等，制定自然灾害、突发事件、极端天气和意外伤害应急预案，配备相应设施并定期组织必要的演练。

学生在校期间学校应当对校园实行封闭管理，禁止无关人员进入校园。

**第三十条**　学校应当以适当方式教育、提醒学生及家长，避免学生使用兴奋剂或者镇静催眠药、镇痛剂等成瘾性药物；发现学生使用的，应当予以制止、向主管部门或者公安机关报告，并应当及时通知家长，但学生因治疗需要并经执业医师诊断同意使用的除外。

**第三十一条** 学校应当建立学生体质监测制度，发现学生出现营养不良、近视、肥胖、龋齿等倾向或者有导致体质下降的不良行为习惯，应当进行必要的管理、干预，并通知家长，督促、指导家长实施矫治。

学校应当完善管理制度，保障学生在课间、课后使用学校的体育运动场地、设施开展体育锻炼；在周末和节假日期间，按规定向学生和周边未成年人免费或者优惠开放。

**第三十二条** 学校应当建立学生心理健康教育管理制度，建立学生心理健康问题的早期发现和及时干预机制，按照规定配备专职或者兼职心理健康教育教师、建设心理辅导室，或者通过购买专业社工服务等多种方式为学生提供专业化、个性化的指导和服务。

有条件的学校，可以定期组织教职工进行心理健康状况测评，指导、帮助教职工以积极、乐观的心态对待学生。

**第三十三条** 学校可以禁止学生携带手机等智能终端产品进入学校或者在校园内使用；对经允许带入的，应当统一管理，除教学需要外，禁止带入课堂。

**第三十四条** 学校应当将科学、文明、安全、合理使用网络纳入课程内容，对学生进行网络安全、网络文明和防止沉迷网络的教育，预防和干预学生过度使用网络。

学校为学生提供的上网设施，应当安装未成年人上网保护软件或者采取其他安全保护技术措施，避免学生接触不适宜未成年人接触的信息；发现网络产品、服务、信息有危害学生身心健康内容的，或者学生利用网络实施违法活动的，应当立即采取措施并向有关主管部门报告。

**第三十五条** 任何人不得在校园内吸烟、饮酒。学校应当设置明显的禁止吸烟、饮酒的标识，并不得以烟草制品、酒精饮料的品牌冠名学校、教学楼、设施设备及各类教学、竞赛活动。

**第三十六条** 学校应当严格执行入职报告和准入查询制度，不得聘用有下列情形的人员：

（一）受到剥夺政治权利或者因故意犯罪受到有期徒刑以上刑事处罚的；

（二）因卖淫、嫖娼、吸毒、赌博等违法行为受到治安管理处罚的；

（三）因虐待、性骚扰、体罚或者侮辱学生等情形而被开除或者解聘的；

（四）实施其他被纳入教育领域从业禁止范围的行为的。

学校在聘用教职工或引入志愿者、社工等校外人员时，应当要求相关人员提交承诺书；对在聘人员应当按照规定定期开展核查，发现存在前款规定情形的人员应当及时解聘。

**第三十七条** 学校发现拟聘人员或者在职教职工存在下列情形的，应当对有关人员是否符合相应岗位要求进行评估，必要时可以安排有专业资质的第三方机构进行评估，并将相关结论作为是否聘用或者调整工作岗位、解聘的依据：

（一）有精神病史的；

（二）有严重酗酒、滥用精神类药物史的；

（三）有其他可能危害未成年人身心健康或者可能造成不良影响的身心疾病的。

**第三十八条** 学校应当加强对教职工的管理，预防和制止教职工实施法律、法规、规章以及师德规范禁止的行为。学校及教职工不得实施下列行为：

（一）利用管理学生的职务便利或者招生考试、评奖评优、推荐评价等机会，以任何形式向学生及其家长索取、收受财物或者接受宴请、其他利益；

（二）以牟取利益为目的，向学生推销或者要求、指定学生购买特定辅导书、练习册等教辅材料或者其他商品、服务；

（三）组织、要求学生参加校外有偿补课，或者与校外机构、个人合作向学生提供其他有偿服务；

（四）诱导、组织或者要求学生及其家长登录特定经营性网站，参与视频直播、网络购物、网络投票、刷票等活动；

（五）非法提供、泄露学生信息或者利用所掌握的学生信息牟取利益；

（六）其他利用管理学生的职权牟取不正当利益的行为。

**第三十九条** 学校根据《校车安全管理条例》配备、使用校车的，应当依法建立健全校车安全管理制度，向学生讲解校车安全乘坐知识，培养学生校车安全事故应急处理技能。

**第四十条** 学校应当定期巡查校园及周边环境，发现存在法律禁止在学校周边设立的营业场所、销售网点的，应当及时采取应对措施，并报告主管教育部门或者其他有关主管部门。

学校及其教职工不得安排或者诱导、组织学生进入营业性娱乐场所、互联网上网服务营业场所、电子游戏场所、酒吧等不适宜未成年人活动的场所；发现学生进入上述场所的，应当及时予以制止、教育，并向上述场所的主管部门反映。

## 第五章　保护机制

**第四十一条**　校长是学生学校保护的第一责任人。学校应当指定一名校领导直接负责学生保护工作，并明确具体的工作机构，有条件的，可以设立学生保护专员开展学生保护工作。学校应当为从事学生保护工作的人员接受相关法律、理论和技能的培训提供条件和支持，对教职工开展未成年人保护专项培训。

有条件的学校可以整合欺凌防治、纪律处分等组织、工作机制，组建学生保护委员会，统筹负责学生权益保护及相关制度建设。

**第四十二条**　学校要树立以生命关怀为核心的教育理念，利用安全教育、心理健康教育、环境保护教育、健康教育、禁毒和预防艾滋病教育等专题教育，引导学生热爱生命、尊重生命；要有针对性地开展青春期教育、性教育，使学生了解生理健康知识，提高防范性侵害、性骚扰的自我保护意识和能力。

**第四十三条**　学校应当结合相关课程要求，根据学生的身心特点和成长需求开展以宪法教育为核心、以权利与义务教育为重点的法治教育，培养学生树立正确的权利观念，并开展有针对性的预防犯罪教育。

**第四十四条**　学校可以根据实际组成由学校相关负责人、教师、法治副校长（辅导员）、司法和心理等方面专业人员参加的专业辅导工作机制，对有不良行为的学生进行矫治和帮扶；对有严重不良行为的学生，学校应当配合有关部门进行管教，无力管教或者管教无效的，可以依法向教育行政部门提出申请送专门学校接受专门教育。

**第四十五条**　学校在作出与学生权益有关的决定前，应当告知学生及其家长，听取意见并酌情采纳。

学校应当发挥学生会、少代会、共青团等学生组织的作用，指导、支持学生参与权益保护，对于情节轻微的学生纠纷或者其他侵害学生权益的情形，可以安排学生代表参与调解。

**第四十六条**　学校应当建立与家长有效联系机制，利用家访、家长课堂、家长会等多种方式与学生家长建立日常沟通。

学校应当建立学生重大生理、心理疾病报告制度，向家长及时告知学生身体及心理健康状况；学校发现学生身体状况或者情绪反应明显异常、突发疾病或者受到伤害的，应当及时通知学生家长。

**第四十七条** 学校和教职工发现学生遭受或疑似遭受家庭暴力、虐待、遗弃、长期无人照料、失踪等不法侵害以及面临不法侵害危险的，应当依照规定及时向公安、民政、教育等有关部门报告。学校应当积极参与、配合有关部门做好侵害学生权利案件的调查处理工作。

**第四十八条** 教职员工发现学生权益受到侵害，属于本职工作范围的，应当及时处理；不属于本职工作范围或者不能处理的，应当及时报告班主任或学校负责人；必要时可以直接向主管教育行政部门或者公安机关报告。

**第四十九条** 学生因遭受遗弃、虐待向学校请求保护的，学校不得拒绝、推诿，需要采取救助措施的，应当先行救助。

学校应当关心爱护学生，为身体或者心理受到伤害的学生提供相应的心理健康辅导、帮扶教育。对因欺凌造成身体或者心理伤害，无法在原班级就读的学生，学生家长提出调整班级请求，学校经评估认为有必要的，应当予以支持。

## 第六章 支持与监督

**第五十条** 教育行政部门应当积极探索与人民检察院、人民法院、公安、司法、民政、应急管理等部门以及从事未成年人保护工作的相关群团组织的协同机制，加强对学校学生保护工作的指导与监督。

**第五十一条** 教育行政部门应当会同有关部门健全教职工从业禁止人员名单和查询机制，指导、监督学校健全准入和定期查询制度。

**第五十二条** 教育行政部门可以通过政府购买服务的方式，组织具有相应资质的社会组织、专业机构及其他社会力量，为学校提供法律咨询、心理辅导、行为矫正等专业服务，为预防和处理学生权益受侵害的案件提供支持。

教育行政部门、学校在与有关部门、机构、社会组织及个人合作进行学生保护专业服务与支持过程中，应当与相关人员签订保密协议，保护学生个人及家庭隐私。

**第五十三条** 教育行政部门应当指定专门机构或者人员承担学生保护的监

督职责，有条件的，可以设立学生保护专兼职监察员负责学生保护工作，处理或者指导处理学生欺凌、性侵害、性骚扰以及其他侵害学生权益的事件，会同有关部门落实学校安全区域制度，健全依法处理涉校纠纷的工作机制。

负责学生保护职责的人员应当接受专门业务培训，具备学生保护的必要知识与能力。

**第五十四条** 教育行政部门应当通过建立投诉举报电话、邮箱或其他途径，受理对学校或者教职工违反本规定或者其他法律法规、侵害学生权利的投诉、举报；处理过程中发现有关人员行为涉嫌违法犯罪的，应当及时向公安机关报案或者移送司法机关。

**第五十五条** 县级教育行政部门应当会同民政部门，推动设立未成年人保护社会组织，协助受理涉及学生权益的投诉举报、开展侵害学生权益案件的调查和处理，指导、支持学校、教职工、家长开展学生保护工作。

**第五十六条** 地方教育行政部门应当建立学生保护工作评估制度，定期组织或者委托第三方对管辖区域内学校履行保护学生法定职责情况进行评估，评估结果作为学校管理水平评价、校长考评考核的依据。

各级教育督导机构应当将学校学生保护工作情况纳入政府履行教育职责评价和学校督导评估的内容。

## 第七章　责任与处理

**第五十七条** 学校未履行未成年人保护法规定的职责，违反本规定侵犯学生合法权利的，主管教育行政部门应当责令改正，并视情节和后果，依照有关规定和权限分别对学校的主要负责人、直接责任人或者其他责任人员进行诫勉谈话、通报批评、给予处分或者责令学校给予处分；同时，可以给予学校 1 至 3 年不得参与相应评奖评优，不得获评各类示范、标兵单位等荣誉的处理。

**第五十八条** 学校未履行对教职工的管理、监督责任，致使发生教职工严重侵害学生身心健康的违法犯罪行为，或者有包庇、隐瞒不报，威胁、阻拦报案，妨碍调查、对学生打击报复等行为的，主管教育部门应当对主要负责人和直接责任人给予处分或者责令学校给予处分；情节严重的，应当移送有关部门查处，构成违法犯罪的，依法追究相应法律责任。因监管不力、造成严重后果而承担领导责任的校长，5 年内不得再担任校长职务。

**第五十九条** 学校未按本规定建立学生权利保护机制，或者制定的校规违反法律法规和本规定，由主管教育部门责令限期改正、给予通报批评；情节严重、影响较大或者逾期不改正的，可以对学校主要负责人和直接负责人给予处分或者责令学校给予处分。

**第六十条** 教职工违反本规定的，由学校或者主管教育部门依照事业单位工作人员管理、中小学教师管理的规定予以处理。

教职工实施第二十四条第二款禁止行为的，应当依法予以开除或者解聘；有教师资格的，由主管教育行政部门撤销教师资格，纳入从业禁止人员名单；涉嫌犯罪的，移送有关部门依法追究责任。

教职工违反第三十八条规定牟取不当利益的，应当责令退还所收费用或者所获利益，给学生造成经济损失的，应当依法予以赔偿，并视情节给予处分，涉嫌违法犯罪的移送有关部门依法追究责任。

学校应当根据实际，建立健全校内其他工作人员聘用和管理制度，对其他人员违反本规定的，根据情节轻重予以校内纪律处分直至予以解聘，涉嫌违反治安管理或者犯罪的，移送有关部门依法追究责任。

**第六十一条** 教育行政部门未履行对学校的指导、监督职责，管辖区域内学校出现严重侵害学生权益情形的，由上级教育行政部门、教育督导机构责令改正、予以通报批评，情节严重的依法追究主要负责人或者直接责任人的责任。

## 第八章 附 则

**第六十二条** 幼儿园、特殊教育学校应当根据未成年人身心特点，依据本规定有针对性地加强在园、在校未成年人合法权益的保护，并参照本规定、结合实际建立保护制度。

幼儿园、特殊教育学校及其教职工违反保护职责，侵害在园、在校未成年人合法权益的，应当适用本规定从重处理。

**第六十三条** 本规定自 2021 年 9 月 1 日起施行。

# 教育部
# 中小学教育惩戒规则（试行）

（2020 年 12 月 23 日　教育部令第 49 号）

**第一条**　为落实立德树人根本任务，保障和规范学校、教师依法履行教育教学和管理职责，保护学生合法权益，促进学生健康成长、全面发展，根据教育法、教师法、未成年人保护法、预防未成年人犯罪法等法律法规和国家有关规定，制定本规则。

**第二条**　普通中小学校、中等职业学校（以下称学校）及其教师在教育教学和管理过程中对学生实施教育惩戒，适用本规则。

本规则所称教育惩戒，是指学校、教师基于教育目的，对违规违纪学生进行管理、训导或者以规定方式予以矫治，促使学生引以为戒、认识和改正错误的教育行为。

**第三条**　学校、教师应当遵循教育规律，依法履行职责，通过积极管教和教育惩戒的实施，及时纠正学生错误言行，培养学生的规则意识、责任意识。

教育行政部门应当支持、指导、监督学校及其教师依法依规实施教育惩戒。

**第四条**　实施教育惩戒应当符合教育规律，注重育人效果；遵循法治原则，做到客观公正；选择适当措施，与学生过错程度相适应。

**第五条**　学校应当结合本校学生特点，依法制定、完善校规校纪，明确学生行为规范，健全实施教育惩戒的具体情形和规则。

学校制定校规校纪，应当广泛征求教职工、学生和学生父母或者其他监护人（以下称家长）的意见；有条件的，可以组织有学生、家长及有关方面代表参加的听证。校规校纪应当提交家长委员会、教职工代表大会讨论，经校长办公会议审议通过后施行，并报主管教育部门备案。

教师可以组织学生、家长以民主讨论形式共同制定班规或者班级公约，报学校备案后施行。

**第六条** 学校应当利用入学教育、班会以及其他适当方式，向学生和家长宣传讲解校规校纪。未经公布的校规校纪不得施行。

学校可以根据情况建立校规校纪执行委员会等组织机构，吸收教师、学生及家长、社会有关方面代表参加，负责确定可适用的教育惩戒措施，监督教育惩戒的实施，开展相关宣传教育等。

**第七条** 学生有下列情形之一，学校及其教师应当予以制止并进行批评教育，确有必要的，可以实施教育惩戒：

（一）故意不完成教学任务要求或者不服从教育、管理的；

（二）扰乱课堂秩序、学校教育教学秩序的；

（三）吸烟、饮酒，或者言行失范违反学生守则的；

（四）实施有害自己或者他人身心健康的危险行为的；

（五）打骂同学、老师，欺凌同学或者侵害他人合法权益的；

（六）其他违反校规校纪的行为。

学生实施属于预防未成年人犯罪法规定的不良行为或者严重不良行为的，学校、教师应当予以制止并实施教育惩戒，加强管教；构成违法犯罪的，依法移送公安机关处理。

**第八条** 教师在课堂教学、日常管理中，对违规违纪情节较为轻微的学生，可以当场实施以下教育惩戒：

（一）点名批评；

（二）责令赔礼道歉、做口头或者书面检讨；

（三）适当增加额外的教学或者班级公益服务任务；

（四）一节课堂教学时间内的教室内站立；

（五）课后教导；

（六）学校校规校纪或者班规、班级公约规定的其他适当措施。

教师对学生实施前款措施后，可以以适当方式告知学生家长。

**第九条** 学生违反校规校纪，情节较重或者经当场教育惩戒拒不改正的，学校可以实施以下教育惩戒，并应当及时告知家长：

（一）由学校德育工作负责人予以训导；

（二）承担校内公益服务任务；

（三）安排接受专门的校规校纪、行为规则教育；

（四）暂停或者限制学生参加游览、校外集体活动以及其他外出集体活动；

（五）学校校规校纪规定的其他适当措施。

**第十条** 小学高年级、初中和高中阶段的学生违规违纪情节严重或者影响恶劣的，学校可以实施以下教育惩戒，并应当事先告知家长：

（一）给予不超过一周的停课或者停学，要求家长在家进行教育、管教；

（二）由法治副校长或者法治辅导员予以训诫；

（三）安排专门的课程或者教育场所，由社会工作者或者其他专业人员进行心理辅导、行为干预。

对违规违纪情节严重，或者经多次教育惩戒仍不改正的学生，学校可以给予警告、严重警告、记过或者留校察看的纪律处分。对高中阶段学生，还可以给予开除学籍的纪律处分。

对有严重不良行为的学生，学校可以按照法定程序，配合家长、有关部门将其转入专门学校教育矫治。

**第十一条** 学生扰乱课堂或者教育教学秩序，影响他人或者可能对自己及他人造成伤害的，教师可以采取必要措施，将学生带离教室或者教学现场，并予以教育管理。

教师、学校发现学生携带、使用违规物品或者行为具有危险性的，应当采取必要措施予以制止；发现学生藏匿违法、危险物品的，应当责令学生交出并可以对可能藏匿物品的课桌、储物柜等进行检查。

教师、学校对学生的违规物品可以予以暂扣并妥善保管，在适当时候交还学生家长；属于违法、危险物品的，应当及时报告公安机关、应急管理部门等有关部门依法处理。

**第十二条** 教师在教育教学管理、实施教育惩戒过程中，不得有下列行为：

（一）以击打、刺扎等方式直接造成身体痛苦的体罚；

（二）超过正常限度的罚站、反复抄写，强制做不适的动作或者姿势，以及刻意孤立等间接伤害身体、心理的变相体罚；

（三）辱骂或者以歧视性、侮辱性的言行侵犯学生人格尊严；

（四）因个人或者少数人违规违纪行为而惩罚全体学生；

（五）因学业成绩而教育惩戒学生；

（六）因个人情绪、好恶实施或者选择性实施教育惩戒；

（七）指派学生对其他学生实施教育惩戒；

（八）其他侵害学生权利的。

**第十三条** 教师对学生实施教育惩戒后，应当注重与学生的沟通和帮扶，对改正错误的学生及时予以表扬、鼓励。

学校可以根据实际和需要，建立学生教育保护辅导工作机制，由学校分管负责人、德育工作机构负责人、教师以及法治副校长（辅导员）、法律以及心理、社会工作等方面的专业人员组成辅导小组，对有需要的学生进行专门的心理辅导、行为矫治。

**第十四条** 学校拟对学生实施本规则第十条所列教育惩戒和纪律处分的，应当听取学生的陈述和申辩。学生或者家长申请听证的，学校应当组织听证。

学生受到教育惩戒或者纪律处分后，能够诚恳认错、积极改正的，可以提前解除教育惩戒或者纪律处分。

**第十五条** 学校应当支持、监督教师正当履行职务。教师因实施教育惩戒与学生及其家长发生纠纷，学校应当及时进行处理，教师无过错的，不得因教师实施教育惩戒而给予其处分或者其他不利处理。

教师违反本规则第十二条，情节轻微的，学校应当予以批评教育；情节严重的，应当暂停履行职责或者依法依规给予处分；给学生身心造成伤害，构成违法犯罪的，由公安机关依法处理。

**第十六条** 学校、教师应当重视家校协作，积极与家长沟通，使家长理解、支持和配合实施教育惩戒，形成合力。家长应当履行对子女的教育职责，尊重教师的教育权利，配合教师、学校对违规违纪学生进行管教。

家长对教师实施的教育惩戒有异议或者认为教师行为违反本规则第十二条规定的，可以向学校或者主管教育行政部门投诉、举报。学校、教育行政部门应当按照师德师风建设管理的有关要求，及时予以调查、处理。家长威胁、侮辱、伤害教师的，学校、教育行政部门应当依法保护教师人身安全、维护教师合法权益；情形严重的，应当及时向公安机关报告并配合公安机关、司法机关追究责任。

**第十七条** 学生及其家长对学校依据本规则第十条实施的教育惩戒或者给予的纪律处分不服的，可以在教育惩戒或者纪律处分作出后15个工作日内向学校提起申诉。

学校应当成立由学校相关负责人、教师、学生以及家长、法治副校长等校外有关方面代表组成的学生申诉委员会，受理申诉申请，组织复查。学校应当明确学生申诉委员会的人员构成、受理范围及处理程序等并向学生及家长公布。

学生申诉委员会应当对学生申诉的事实、理由等进行全面审查，作出维持、变更或者撤销原教育惩戒或者纪律处分的决定。

**第十八条** 学生或者家长对学生申诉处理决定不服的，可以向学校主管教育部门申请复核；对复核决定不服的，可以依法提起行政复议或者行政诉讼。

**第十九条** 学校应当有针对性地加强对教师的培训，促进教师更新教育理念、改进教育方式方法，提高教师正确履行职责的意识与能力。

每学期末，学校应当将学生受到本规则第十条所列教育惩戒和纪律处分的信息报主管教育行政部门备案。

**第二十条** 本规则自2021年3月1日起施行。

各地可以结合本地实际，制定本地方实施细则或者指导学校制定实施细则。

# 教育部<br>学生伤害事故处理办法

（2002年6月25日 教育部令第12号公布 根据2010年12月13日教育部令第30号公布的《教育部关于修改和废止部分规章的决定》修正）

## 第一章 总 则

**第一条** 为积极预防、妥善处理在校学生伤害事故，保护学生、学校的合法权益，根据《中华人民共和国教育法》、《中华人民共和国未成年人保护法》和其他相关法律、行政法规及有关规定，制定本办法。

**第二条** 在学校实施的教育教学活动或者学校组织的校外活动中，以及在学校负有管理责任的校舍、场地、其他教育教学设施、生活设施内发生的，造成在校学生人身损害后果的事故的处理，适用本办法。

**第三条** 学生伤害事故应当遵循依法、客观公正、合理适当的原则，及时、妥善地处理。

**第四条** 学校的举办者应当提供符合安全标准的校舍、场地、其他教育教学设施和生活设施。

教育行政部门应当加强学校安全工作，指导学校落实预防学生伤害事故的措施，指导、协助学校妥善处理学生伤害事故，维护学校正常的教育教学秩序。

**第五条** 学校应当对在校学生进行必要的安全教育和自护自救教育；应当按照规定，建立健全安全制度，采取相应的管理措施，预防和消除教育教学环境中存在的安全隐患；当发生伤害事故时，应当及时采取措施救助受伤害学生。

学校对学生进行安全教育、管理和保护，应当针对学生年龄、认知能力和法律行为能力的不同，采用相应的内容和预防措施。

**第六条** 学生应当遵守学校的规章制度和纪律；在不同的受教育阶段，应当根据自身的年龄、认知能力和法律行为能力，避免和消除相应的危险。

**第七条** 未成年学生的父母或者其他监护人（以下称为监护人）应当依法履行监护职责，配合学校对学生进行安全教育、管理和保护工作。

学校对未成年学生不承担监护职责，但法律有规定的或者学校依法接受委托承担相应监护职责的情形除外。

## 第二章 事故与责任

**第八条** 发生学生伤害事故，造成学生人身损害的，学校应当按照《中华人民共和国侵权责任法》及相关法律、法规的规定，承担相应的事故责任。

**第九条** 因下列情形之一造成的学生伤害事故，学校应当依法承担相应的责任：

（一）学校的校舍、场地、其他公共设施，以及学校提供给学生使用的学具、教育教学和生活设施、设备不符合国家规定的标准，或者有明显不安全因素的；

（二）学校的安全保卫、消防、设施设备管理等安全管理制度有明显疏漏，或者管理混乱，存在重大安全隐患，而未及时采取措施的；

（三）学校向学生提供的药品、食品、饮用水等不符合国家或者行业的有关标准、要求的；

（四）学校组织学生参加教育教学活动或者校外活动，未对学生进行相应的安全教育，并未在可预见的范围内采取必要的安全措施的；

（五）学校知道教师或者其他工作人员患有不适宜担任教育教学工作的疾病，但未采取必要措施的；

（六）学校违反有关规定，组织或者安排未成年学生从事不宜未成年人参加的劳动、体育运动或者其他活动的；

（七）学生有特异体质或者特定疾病，不宜参加某种教育教学活动，学校知道或者应当知道，但未予以必要的注意的；

（八）学生在校期间突发疾病或者受到伤害，学校发现，但未根据实际情况及时采取相应措施，导致不良后果加重的；

（九）学校教师或者其他工作人员体罚或者变相体罚学生，或者在履行职责过程中违反工作要求、操作规程、职业道德或者其他有关规定的；

（十）学校教师或者其他工作人员在负有组织、管理未成年学生的职责期间，发现学生行为具有危险性，但未进行必要的管理、告诫或者制止的；

（十一）对未成年学生擅自离校等与学生人身安全直接相关的信息，学校发现或者知道，但未及时告知未成年学生的监护人，导致未成年学生因脱离监护人的保护而发生伤害的；

（十二）学校有未依法履行职责的其他情形的。

**第十条** 学生或者未成年学生监护人由于过错，有下列情形之一，造成学生伤害事故，应当依法承担相应的责任：

（一）学生违反法律法规的规定，违反社会公共行为准则、学校的规章制度或者纪律，实施按其年龄和认知能力应当知道具有危险或者可能危及他人的行为的；

（二）学生行为具有危险性，学校、教师已经告诫、纠正，但学生不听劝阻、拒不改正的；

（三）学生或者其监护人知道学生有特异体质，或者患有特定疾病，但未告知学校的；

（四）未成年学生的身体状况、行为、情绪等有异常情况，监护人知道或者已被学校告知，但未履行相应监护职责的；

（五）学生或者未成年学生监护人有其他过错的。

**第十一条** 学校安排学生参加活动，因提供场地、设备、交通工具、食品及其他消费与服务的经营者，或者学校以外的活动组织者的过错造成的学生伤害事故，有过错的当事人应当依法承担相应的责任。

**第十二条** 因下列情形之一造成的学生伤害事故，学校已履行了相应职责，行为并无不当的，无法律责任：

（一）地震、雷击、台风、洪水等不可抗的自然因素造成的；

（二）来自学校外部的突发性、偶发性侵害造成的；

（三）学生有特异体质、特定疾病或者异常心理状态，学校不知道或者难于知道的；

（四）学生自杀、自伤的；

（五）在对抗性或者具有风险性的体育竞赛活动中发生意外伤害的；

（六）其他意外因素造成的。

**第十三条** 下列情形下发生的造成学生人身损害后果的事故，学校行为并无不当的，不承担事故责任；事故责任应当按有关法律法规或者其他有关规定认定：

（一）在学生自行上学、放学、返校、离校途中发生的；

（二）在学生自行外出或者擅自离校期间发生的；

（三）在放学后、节假日或者假期等学校工作时间以外，学生自行滞留学校或者自行到校发生的；

（四）其他在学校管理职责范围外发生的。

**第十四条** 因学校教师或者其他工作人员与其职务无关的个人行为，或者因学生、教师及其他个人故意实施的违法犯罪行为，造成学生人身损害的，由致害人依法承担相应的责任。

## 第三章 事故处理程序

**第十五条** 发生学生伤害事故，学校应当及时救助受伤害学生，并应当及时告知未成年学生的监护人；有条件的，应当采取紧急救援等方式救助。

**第十六条** 发生学生伤害事故，情形严重的，学校应当及时向主管教育行政部门及有关部门报告；属于重大伤亡事故的，教育行政部门应当按照有关规定及时向同级人民政府和上一级教育行政部门报告。

**第十七条** 学校的主管教育行政部门应学校要求或者认为必要，可以指导、协助学校进行事故的处理工作，尽快恢复学校正常的教育教学秩序。

**第十八条** 发生学生伤害事故，学校与受伤害学生或者学生家长可以通过协商方式解决；双方自愿，可以书面请求主管教育行政部门进行调解。

成年学生或者未成年学生的监护人也可以依法直接提起诉讼。

**第十九条** 教育行政部门收到调解申请，认为必要的，可以指定专门人员进行调解，并应当在受理申请之日起 60 日内完成调解。

**第二十条** 经教育行政部门调解，双方就事故处理达成一致意见的，应当在调解人员的见证下签订调解协议，结束调解；在调解期限内，双方不能达成一致意见，或者调解过程中一方提起诉讼，人民法院已经受理的，应当终止调解。

调解结束或者终止，教育行政部门应当书面通知当事人。

**第二十一条** 对经调解达成的协议，一方当事人不履行或者反悔的，双方可以依法提起诉讼。

**第二十二条** 事故处理结束，学校应当将事故处理结果书面报告主管的教育行政部门；重大伤亡事故的处理结果，学校主管的教育行政部门应当向同级人民政府和上一级教育行政部门报告。

## 第四章 事故损害的赔偿

**第二十三条** 对发生学生伤害事故负有责任的组织或者个人，应当按照法律法规的有关规定，承担相应的损害赔偿责任。

**第二十四条** 学生伤害事故赔偿的范围与标准，按照有关行政法规、地方性法规或者最高人民法院司法解释中的有关规定确定。

教育行政部门进行调解时，认为学校有责任的，可以依照有关法律法规及国家有关规定，提出相应的调解方案。

**第二十五条** 对受伤害学生的伤残程度存在争议的，可以委托当地具有相应鉴定资格的医院或者有关机构，依据国家规定的人体伤残标准进行鉴定。

**第二十六条** 学校对学生伤害事故负有责任的，根据责任大小，适当予以经济赔偿，但不承担解决户口、住房、就业等与救助受伤害学生、赔偿相应经济损失无直接关系的其他事项。

学校无责任的，如果有条件，可以根据实际情况，本着自愿和可能的原则，对受伤害学生给予适当的帮助。

**第二十七条** 因学校教师或者其他工作人员在履行职务中的故意或者重大过失造成的学生伤害事故，学校予以赔偿后，可以向有关责任人员追偿。

**第二十八条** 未成年学生对学生伤害事故负有责任的，由其监护人依法承担相应的赔偿责任。

学生的行为侵害学校教师及其他工作人员以及其他组织、个人的合法权益，造成损失的，成年学生或者未成年学生的监护人应当依法予以赔偿。

**第二十九条** 根据双方达成的协议、经调解形成的协议或者人民法院的生效判决，应当由学校负担的赔偿金，学校应当负责筹措；学校无力完全筹措的，由学校的主管部门或者举办者协助筹措。

**第三十条** 县级以上人民政府教育行政部门或者学校举办者有条件的，可以通过设立学生伤害赔偿准备金等多种形式，依法筹措伤害赔偿金。

**第三十一条** 学校有条件的，应当依据保险法的有关规定，参加学校责任保险。

教育行政部门可以根据实际情况，鼓励中小学参加学校责任保险。

提倡学生自愿参加意外伤害保险。在尊重学生意愿的前提下，学校可以为学生参加意外伤害保险创造便利条件，但不得从中收取任何费用。

## 第五章 事故责任者的处理

**第三十二条** 发生学生伤害事故，学校负有责任且情节严重的，教育行政部门应当根据有关规定，对学校的直接负责的主管人员和其他直接责任人员，分别给予相应的行政处分；有关责任人的行为触犯刑律的，应当移送司法机关依法追究刑事责任。

**第三十三条** 学校管理混乱，存在重大安全隐患的，主管的教育行政部门或者其他有关部门应当责令其限期整顿；对情节严重或者拒不改正的，应当依据法律法规的有关规定，给予相应的行政处罚。

**第三十四条** 教育行政部门未履行相应职责，对学生伤害事故的发生负有责任的，由有关部门对直接负责的主管人员和其他直接责任人员分别给予相应的行政处分；有关责任人的行为触犯刑律的，应当移送司法机关依法追究刑事责任。

**第三十五条** 违反学校纪律，对造成学生伤害事故负有责任的学生，学校可以给予相应的处分；触犯刑律的，由司法机关依法追究刑事责任。

**第三十六条** 受伤害学生的监护人、亲属或者其他有关人员，在事故处理过程中无理取闹，扰乱学校正常教育教学秩序，或者侵犯学校、学校教师或者其他工作人员的合法权益的，学校应当报告公安机关依法处理；造成损失的，可以依法要求赔偿。

## 第六章　附　　则

**第三十七条**　本办法所称学校，是指国家或者社会力量举办的全日制的中小学（含特殊教育学校）、各类中等职业学校、高等学校。

本办法所称学生是指在上述学校中全日制就读的受教育者。

**第三十八条**　幼儿园发生的幼儿伤害事故，应当根据幼儿为完全无行为能力人的特点，参照本办法处理。

**第三十九条**　其他教育机构发生的学生伤害事故，参照本办法处理。

在学校注册的其他受教育者在学校管理范围内发生的伤害事故，参照本办法处理。

**第四十条**　本办法自2002年9月1日起实施，原国家教委、教育部颁布的与学生人身安全事故处理有关的规定，与本办法不符的，以本办法为准。

在本办法实施之前已处理完毕的学生伤害事故不再重新处理。

# 教育部<br>中小学法治副校长聘任与管理办法

（2021年12月27日　教育部令第52号）

**第一条**　为了完善中小学治理体系，健全学生权益保护机制，进一步规范中小学法治副校长聘任与管理，促进未成年人健康成长，根据教育法、未成年人保护法、预防未成年人犯罪法等法律法规，制定本办法。

**第二条**　普通中小学、中等职业学校、特殊教育学校、专门学校（以下统称学校）法治副校长的聘任与管理，适用本办法。

**第三条**　本办法所称法治副校长，是指由人民法院、人民检察院、公安机关、司法行政部门推荐或者委派，经教育行政部门或者学校聘任，在学校兼任副校长职务，协助开展法治教育、学生保护、安全管理、预防犯罪、依法治理等工作的人员。

**第四条** 国务院教育行政部门会同最高人民法院、最高人民检察院、公安部、司法部制定学校法治副校长聘任与管理的宏观政策，统筹指导地方开展法治副校长的推荐、聘任、培训、考核、评价、奖励等工作。

县级以上地方人民政府教育行政部门会同人民法院、人民检察院、公安机关、司法行政部门负责本地区学校法治副校长聘任与管理工作。

有条件的地方，可以建立由教育行政部门、人民法院、人民检察院、公安机关、司法行政部门参加的学校法治副校长工作联席会议制度，统筹推进本地区学校法治副校长聘任与管理工作。

**第五条** 法治副校长履职期间协助开展以下工作：

（一）开展法治教育。推动习近平法治思想的学习宣传，参与制订学校法治教育工作计划，协助学校创新法治教育内容和形式，每年在任职学校承担或者组织落实不少于4课时的、以法治实践教育为主的法治教育任务，提高法治教育的针对性和实效性。面向教职工开展法治宣传，指导、帮助道德与法治等课程教师开展法治教育。

（二）保护学生权益。参与学校学生权益保护制度的制定、执行，参加学生保护委员会、学生欺凌治理等组织，指导、监督学校落实未成年人保护职责，依法保护学生权益。

（三）预防未成年人犯罪。指导学校对未成年学生进行有针对性的预防犯罪教育，对有不良行为的学生加强管理和教育。

（四）参与安全管理。指导学校完善安全管理制度，协调推动建立学校安全区域制度，协助学校健全安全事故预防与处置机制，主持或者参与学校安全事故的调解协商，指导学校依法处理安全事故纠纷，制止侵害学校和师生合法权益的行为。

（五）实施或者指导实施教育惩戒。协助学校、公安机关、司法行政部门按照法律和相关规定对有不良行为、严重不良行为的学生予以训诫或者矫治教育。根据学校实际和需要，参与建立学生教育保护辅导工作机制，对有需要的学生进行专门的辅导、矫治。

（六）指导依法治理。协助学校建立健全校规校纪、完善各类规章制度，参与校规校纪的审核，协助处理学校涉法涉诉案件，进入申诉委员会，参与处理师生申诉，协助加强与社区、家庭及社会有关方面的沟通联系。

（七）指导、协助学校履行法律法规规章规定的其他职责。

**第六条** 人民法院、人民检察院、公安机关和司法行政部门（以下称派出机关）应当遴选、推荐符合以下条件的在职工作人员担任法治副校长：

（一）政治素质好，品德优秀，作风正派，责任心强；

（二）有较丰富的法律专业知识与法治实践经历，从事法治工作三年以上；

（三）身心健康，热心教育工作，了解教育教学规律和学生的身心特点，关心学生健康成长；

（四）具有较强的语言表达能力、沟通交流能力和组织协调能力。

符合上述条件，年龄不超过65周岁的退休人员也可以经推荐担任一个任期的法治副校长。

**第七条** 教育行政部门应当商有关部门制定法治副校长聘任计划，会同派出机关综合考虑学校需求和工作便利，协商确定、统筹安排法治副校长人选，优先为偏远地区、农村地区学校和城市薄弱学校配备法治副校长。

**第八条** 每所学校应当配备至少1名法治副校长，师生人数多、有需求的学校，可以聘任2名以上5名以下法治副校长。

根据工作需要，1人可以同时担任2所学校的法治副校长。

**第九条** 县级或者设区的市级人民政府教育行政部门可以商有关部门组建由不同派出机关人员组成的法治副校长工作团队，服务区域内学校。

**第十条** 教育行政部门会同派出机关建立法治副校长人员库，推荐符合条件的人员入库并动态调整。

教育行政部门组织学校根据工作需要，参照就近就便的原则，从人员库中自主或者根据统一安排选聘法治副校长，经各方协商一致，确定聘任人选。

**第十一条** 法治副校长由所聘学校颁发聘书。聘期一般为三年，期满后可以续聘。

学校已聘任的法治副校长因派出机关工作变动或其他原因不宜或者不能继续履职的，应当及时报告，由教育主管部门会同派出机关在30日内重新推荐或者委派。

**第十二条** 教育行政部门应当会同派出机关制定法治副校长培训方案和规划，并纳入教师、校长培训规划，安排经费对法治副校长开展培训。培训应当包括政治理论、未成年人保护、教育法律政策、心理健康教育、学校安全管理等方面的内容。

法治副校长任职前，应当接受不少于 8 学时的培训。任职期间，根据实际安排参加相应的培训。

**第十三条** 派出机关应当采取必要措施，保障所派出的法治副校长在任职学校有必要的工作时间和条件，鼓励、支持其履职尽责。

法治副校长应当按照本办法主动参与学校工作，积极参加培训，定期到校开展工作。鼓励法治副校长利用信息化手段，参与学校工作。

**第十四条** 学校应当将支持法治副校长履职纳入整体工作规划，主动向法治副校长介绍学校有关情况，定期收集教职工、学生及学生家长的法律服务需求并及时向法治副校长反馈，配合法治副校长做好相关工作。涉及到法治副校长履职的会议、活动，应当事先与法治副校长沟通，并通知其参加。

学校应当结合实际为法治副校长履职提供必要的便利条件。

法治副校长的基本情况和工作职责等应当以适当方式在学校公示。

**第十五条** 派出机关、教育行政部门可以根据有关规定，为在偏远农村地区、交通不便地区学校任职的法治副校长给予食宿、交通等补助。

**第十六条** 学校应当建立法治副校长工作评价制度，按年度对法治副校长工作情况作出评价。

学校对法治副校长进行评价时，应当听取教职工、学生及学生家长意见，形成客观、公正的评价结果，并将结果报送教育主管部门，由教育主管部门反馈派出机关。

**第十七条** 派出机关应当将担任法治副校长工作纳入相关工作人员的工作量，明确为考核内容，学校作出的工作评价以及法治副校长的述职报告等应当一并作为考核其工作、晋职、晋级和立功受奖的重要依据。

**第十八条** 地方教育行政部门应当定期对本区域内法治副校长的履职情况进行考评，对工作成绩突出的法治副校长，应当予以表彰、奖励或者会同派出机关联合予以表彰、奖励。

司法行政部门应当将派出机关法治副校长履职情况作为落实“谁执法谁普法”普法责任制的重要方面，纳入普法工作考核内容。对推荐、聘任法治副校长工作成绩突出的派出机关、学校，应当作为普法工作评先评优的重要参考。

各级教育行政部门应当会同派出机关对组织开展中小学法治副校长工作有

显著成绩的组织和个人，按照有关规定给予表彰、奖励。

**第十九条** 学校从其他执法机关、法学教育和法律服务机构等单位聘任校外法治辅导员的，参照本办法执行。

幼儿园聘任法治副园长的，聘任与管理参照本办法执行。

**第二十条** 本办法自 2022 年 5 月 1 日起施行。

## 国务院
# 校车安全管理条例（节录）

（2012 年 4 月 5 日　国务院令第 617 号）

## 第一章　总　　则

**第一条** 为了加强校车安全管理，保障乘坐校车学生的人身安全，制定本条例。

**第二条** 本条例所称校车，是指依照本条例取得使用许可，用于接送接受义务教育的学生上下学的 7 座以上的载客汽车。

接送小学生的校车应当是按照专用校车国家标准设计和制造的小学生专用校车。

**第三条** 县级以上地方人民政府应当根据本行政区域的学生数量和分布状况等因素，依法制定、调整学校设置规划，保障学生就近入学或者在寄宿制学校入学，减少学生上下学的交通风险。实施义务教育的学校及其教学点的设置、调整，应当充分听取学生家长等有关方面的意见。

县级以上地方人民政府应当采取措施，发展城市和农村的公共交通，合理规划、设置公共交通线路和站点，为需要乘车上下学的学生提供方便。

对确实难以保障就近入学，并且公共交通不能满足学生上下学需要的农村地区，县级以上地方人民政府应当采取措施，保障接受义务教育的学生获得校车服务。

国家建立多渠道筹措校车经费的机制，并通过财政资助、税收优惠、鼓励社会捐赠等多种方式，按照规定支持使用校车接送学生的服务。支持校车服务所需的财政资金由中央财政和地方财政分担，具体办法由国务院财政部门制定。支持校车服务的税收优惠办法，依照法律、行政法规规定的税收管理权限制定。

**第四条** 国务院教育、公安、交通运输以及工业和信息化、质量监督检验检疫、安全生产监督管理等部门依照法律、行政法规和国务院的规定，负责校车安全管理的有关工作。国务院教育、公安部门会同国务院有关部门建立校车安全管理工作协调机制，统筹协调校车安全管理工作中的重大事项，共同做好校车安全管理工作。

**第五条** 县级以上地方人民政府对本行政区域的校车安全管理工作负总责，组织有关部门制定并实施与当地经济发展水平和校车服务需求相适应的校车服务方案，统一领导、组织、协调有关部门履行校车安全管理职责。

县级以上地方人民政府教育、公安、交通运输、安全生产监督管理等有关部门依照本条例以及本级人民政府的规定，履行校车安全管理的相关职责。有关部门应当建立健全校车安全管理信息共享机制。

**第六条** 国务院标准化主管部门会同国务院工业和信息化、公安、交通运输等部门，按照保障安全、经济适用的要求，制定并及时修订校车安全国家标准。

生产校车的企业应当建立健全产品质量保证体系，保证所生产（包括改装，下同）的校车符合校车安全国家标准；不符合标准的，不得出厂、销售。

**第七条** 保障学生上下学交通安全是政府、学校、社会和家庭的共同责任。社会各方面应当为校车通行提供便利，协助保障校车通行安全。

**第八条** 县级和设区的市级人民政府教育、公安、交通运输、安全生产监督管理部门应当设立并公布举报电话、举报网络平台，方便群众举报违反校车安全管理规定的行为。

接到举报的部门应当及时依法处理；对不属于本部门管理职责的举报，应当及时移送有关部门处理。

## 第二章　学校和校车服务提供者

**第九条** 学校可以配备校车。依法设立的道路旅客运输经营企业、城市公共交通企业，以及根据县级以上地方人民政府规定设立的校车运营单位，可以提供校车服务。

县级以上地方人民政府根据本地区实际情况，可以制定管理办法，组织依法取得道路旅客运输经营许可的个体经营者提供校车服务。

**第十条** 配备校车的学校和校车服务提供者应当建立健全校车安全管理制度，配备安全管理人员，加强校车的安全维护，定期对校车驾驶人进行安全教育，组织校车驾驶人学习道路交通安全法律法规以及安全防范、应急处置和应急救援知识，保障学生乘坐校车安全。

**第十一条** 由校车服务提供者提供校车服务的，学校应当与校车服务提供者签订校车安全管理责任书，明确各自的安全管理责任，落实校车运行安全管理措施。

学校应当将校车安全管理责任书报县级或者设区的市级人民政府教育行政部门备案。

**第十二条** 学校应当对教师、学生及其监护人进行交通安全教育，向学生讲解校车安全乘坐知识和校车安全事故应急处理技能，并定期组织校车安全事故应急处理演练。

学生的监护人应当履行监护义务，配合学校或者校车服务提供者的校车安全管理工作。学生的监护人应当拒绝使用不符合安全要求的车辆接送学生上下学。

**第十三条** 县级以上地方人民政府教育行政部门应当指导、监督学校建立健全校车安全管理制度，落实校车安全管理责任，组织学校开展交通安全教育。公安机关交通管理部门应当配合教育行政部门组织学校开展交通安全教育。

## 第五章 校车通行安全

**第二十八条** 校车行驶线路应当尽量避开急弯、陡坡、临崖、临水的危险路段；确实无法避开的，道路或者交通设施的管理、养护单位应当按照标准对上述危险路段设置安全防护设施、限速标志、警告标牌。

**第二十九条** 校车经过的道路出现不符合安全通行条件的状况或者存在交通安全隐患的，当地人民政府应当组织有关部门及时改善道路安全通行条件、消除安全隐患。

**第三十条** 校车运载学生，应当按照国务院公安部门规定的位置放置校车标牌，开启校车标志灯。

校车运载学生，应当按照经审核确定的线路行驶，遇有交通管制、道路施工以及自然灾害、恶劣气象条件或者重大交通事故等影响道路通行情形的除外。

**第三十一条** 公安机关交通管理部门应当加强对校车行驶线路的道路交通秩序管理。遇交通拥堵的，交通警察应当指挥疏导运载学生的校车优先通行。

校车运载学生，可以在公共交通专用车道以及其他禁止社会车辆通行但允许公共交通车辆通行的路段行驶。

**第三十二条** 校车上下学生，应当在校车停靠站点停靠；未设校车停靠站点的路段可以在公共交通站台停靠。

道路或者交通设施的管理、养护单位应当按照标准设置校车停靠站点预告标识和校车停靠站点标牌，施划校车停靠站点标线。

**第三十三条** 校车在道路上停车上下学生，应当靠道路右侧停靠，开启危险报警闪光灯，打开停车指示标志。校车在同方向只有一条机动车道的道路上停靠时，后方车辆应当停车等待，不得超越。校车在同方向有两条以上机动车道的道路上停靠时，校车停靠车道后方和相邻机动车道上的机动车应当停车等待，其他机动车道上的机动车应当减速通过。校车后方停车等待的机动车不得鸣喇叭或者使用灯光催促校车。

**第三十四条** 校车载人不得超过核定的人数，不得以任何理由超员。

学校和校车服务提供者不得要求校车驾驶人超员、超速驾驶校车。

**第三十五条** 载有学生的校车在高速公路上行驶的最高时速不得超过 80 公里，在其他道路上行驶的最高时速不得超过 60 公里。

道路交通安全法律法规规定或者道路上限速标志、标线标明的最高时速低于前款规定的，从其规定。

载有学生的校车在急弯、陡坡、窄路、窄桥以及冰雪、泥泞的道路上行驶，或者遇有雾、雨、雪、沙尘、冰雹等低能见度气象条件时，最高时速不得超过 20 公里。

**第三十六条** 交通警察对违反道路交通安全法律法规的校车，可以在消除违法行为的前提下先予放行，待校车完成接送学生任务后再对校车驾驶人进行处罚。

**第三十七条** 公安机关交通管理部门应当加强对校车运行情况的监督检查，依法查处校车道路交通安全违法行为，定期将校车驾驶人的道路交通安全违法行为和交通事故信息抄送其所属单位和教育行政部门。

## 第六章 校车乘车安全

**第三十八条** 配备校车的学校、校车服务提供者应当指派照管人员随校车全程照管乘车学生。校车服务提供者为学校提供校车服务的，双方可以约定由学校指派随车照管人员。

学校和校车服务提供者应当定期对随车照管人员进行安全教育，组织随车照管人员学习道路交通安全法律法规、应急处置和应急救援知识。

**第三十九条** 随车照管人员应当履行下列职责：

（一）学生上下车时，在车下引导、指挥，维护上下车秩序；

（二）发现驾驶人无校车驾驶资格，饮酒、醉酒后驾驶，或者身体严重不适以及校车超员等明显妨碍行车安全情形的，制止校车开行；

（三）清点乘车学生人数，帮助、指导学生安全落座、系好安全带，确认车门关闭后示意驾驶人启动校车；

（四）制止学生在校车行驶过程中离开座位等危险行为；

（五）核实学生下车人数，确认乘车学生已经全部离车后本人方可离车。

**第四十条** 校车的副驾驶座位不得安排学生乘坐。

校车运载学生过程中，禁止除驾驶人、随车照管人员以外的人员乘坐。

**第四十一条** 校车驾驶人驾驶校车上道路行驶前，应当对校车的制动、转向、外部照明、轮胎、安全门、座椅、安全带等车况是否符合安全技术要求进行检查，不得驾驶存在安全隐患的校车上道路行驶。

校车驾驶人不得在校车载有学生时给车辆加油，不得在校车发动机引擎熄灭前离开驾驶座位。

**第四十二条** 校车发生交通事故，驾驶人、随车照管人员应当立即报警，设置警示标志。乘车学生继续留在校车内有危险的，随车照管人员应当将学生撤离到安全区域，并及时与学校、校车服务提供者、学生的监护人联系处理后续事宜。

## 第七章　法律责任

**第四十三条**　生产、销售不符合校车安全国家标准的校车的，依照道路交通安全、产品质量管理的法律、行政法规的规定处罚。

**第四十四条**　使用拼装或者达到报废标准的机动车接送学生的，由公安机关交通管理部门收缴并强制报废机动车；对驾驶人处2000元以上5000元以下的罚款，吊销其机动车驾驶证；对车辆所有人处8万元以上10万元以下的罚款，有违法所得的予以没收。

**第四十五条**　使用未取得校车标牌的车辆提供校车服务，或者使用未取得校车驾驶资格的人员驾驶校车的，由公安机关交通管理部门扣留该机动车，处1万元以上2万元以下的罚款，有违法所得的予以没收。

取得道路运输经营许可的企业或者个体经营者有前款规定的违法行为，除依照前款规定处罚外，情节严重的，由交通运输主管部门吊销其经营许可证件。

伪造、变造或者使用伪造、变造的校车标牌的，由公安机关交通管理部门收缴伪造、变造的校车标牌，扣留该机动车，处2000元以上5000元以下的罚款。

**第四十六条**　不按照规定为校车配备安全设备，或者不按照规定对校车进行安全维护的，由公安机关交通管理部门责令改正，处1000元以上3000元以下的罚款。

**第四十七条**　机动车驾驶人未取得校车驾驶资格驾驶校车的，由公安机关交通管理部门处1000元以上3000元以下的罚款，情节严重的，可以并处吊销机动车驾驶证。

**第四十八条**　校车驾驶人有下列情形之一的，由公安机关交通管理部门责令改正，可以处200元罚款：

（一）驾驶校车运载学生，不按照规定放置校车标牌、开启校车标志灯，或者不按照经审核确定的线路行驶；

（二）校车上下学生，不按照规定在校车停靠站点停靠；

（三）校车未运载学生上道路行驶，使用校车标牌、校车标志灯和停车指示标志；

（四）驾驶校车上道路行驶前，未对校车车况是否符合安全技术要求进行检查，或者驾驶存在安全隐患的校车上道路行驶；

（五）在校车载有学生时给车辆加油，或者在校车发动机引擎熄灭前离开驾驶座位。

校车驾驶人违反道路交通安全法律法规关于道路通行规定的，由公安机关交通管理部门依法从重处罚。

**第四十九条** 校车驾驶人违反道路交通安全法律法规被依法处罚或者发生道路交通事故，不再符合本条例规定的校车驾驶人条件的，由公安机关交通管理部门取消校车驾驶资格，并在机动车驾驶证上签注。

**第五十条** 校车载人超过核定人数的，由公安机关交通管理部门扣留车辆至违法状态消除，并依照道路交通安全法律法规的规定从重处罚。

**第五十一条** 公安机关交通管理部门查处校车道路交通安全违法行为，依法扣留车辆的，应当通知相关学校或者校车服务提供者转运学生，并在违法状态消除后立即发还被扣留车辆。

**第五十二条** 机动车驾驶人违反本条例规定，不避让校车的，由公安机关交通管理部门处200元罚款。

**第五十三条** 未依照本条例规定指派照管人员随校车全程照管乘车学生的，由公安机关责令改正，可以处500元罚款。

随车照管人员未履行本条例规定的职责的，由学校或者校车服务提供者责令改正；拒不改正的，给予处分或者予以解聘。

**第五十四条** 取得校车使用许可的学校、校车服务提供者违反本条例规定，情节严重的，原作出许可决定的地方人民政府可以吊销其校车使用许可，由公安机关交通管理部门收回校车标牌。

**第五十五条** 学校违反本条例规定的，除依照本条例有关规定予以处罚外，由教育行政部门给予通报批评；导致发生学生伤亡事故的，对政府举办的学校的负有责任的领导人员和直接责任人员依法给予处分；对民办学校由审批机关责令暂停招生，情节严重的，吊销其办学许可证，并由教育行政部门责令负有责任的领导人员和直接责任人员5年内不得从事学校管理事务。

**第五十六条** 县级以上地方人民政府不依法履行校车安全管理职责，致使本行政区域发生校车安全重大事故的，对负有责任的领导人员和直接责任人员依法给予处分。

**第五十七条** 教育、公安、交通运输、工业和信息化、质量监督检验检疫、安全生产监督管理等有关部门及其工作人员不依法履行校车安全管理职责的，对负有责任的领导人员和直接责任人员依法给予处分。

**第五十八条** 违反本条例的规定，构成违反治安管理行为的，由公安机关依法给予治安管理处罚；构成犯罪的，依法追究刑事责任。

**第五十九条** 发生校车安全事故，造成人身伤亡或者财产损失的，依法承担赔偿责任。

## 第八章　附　　则

**第六十条** 县级以上地方人民政府应当合理规划幼儿园布局，方便幼儿就近入园。

入园幼儿应当由监护人或者其委托的成年人接送。对确因特殊情况不能由监护人或者其委托的成年人接送，需要使用车辆集中接送的，应当使用按照专用校车国家标准设计和制造的幼儿专用校车，遵守本条例校车安全管理的规定。

**第六十一条** 省、自治区、直辖市人民政府应当结合本地区实际情况，制定本条例的实施办法。

**第六十二条** 本条例自公布之日起施行。

本条例施行前已经配备校车的学校和校车服务提供者及其聘用的校车驾驶人应当自本条例施行之日起 90 日内，依照本条例的规定申请取得校车使用许可、校车驾驶资格。

本条例施行后，用于接送小学生、幼儿的专用校车不能满足需求的，在省、自治区、直辖市人民政府规定的过渡期限内可以使用取得校车标牌的其他载客汽车。

# 教育部
# 防范中小学生欺凌专项治理行动工作方案

（2021 年 1 月 20 日　教基厅函〔2021〕5 号）

为进一步防范和遏制中小学生欺凌事件发生，切实保护中小学生身心健康，努力把校园打造成最安全、最阳光的地方，现就深入开展防范中小学生欺凌专项治理行动，制定如下工作方案。

## 一、工作目标

通过深入开展防范中小学生欺凌专项治理行动，切实加强中小学生思想品德教育、法治教育和心理健康教育，集中查处通报一批情节恶劣、社会影响大的恶性事件，指导各地进一步摸排工作死角，织牢联动网络，健全长效机制，建设平安校园、和谐校园，促进学生健康快乐成长。

## 二、工作任务

（一）全面排查欺凌事件。各地教育部门要围绕学生欺凌防治工作机制、制度措施、队伍建设、责任落实、宣传引导、教育惩戒、条件保障等方面，对行政区域内所有中小学校开展全面排查，确保全覆盖、无遗漏。学校要对全校学生开展全面梳理排查，与家长进行深入沟通交流，了解掌握学生心理状况、思想情绪和同学关系状况，及时查找发生欺凌事件的苗头迹象或隐患点，对可能发生的欺凌行为做到早发现、早预防、早控制。

（二）及时消除隐患问题。对排查发现的苗头迹象或隐患点，学校要及时向上级教育主管部门报告，与家长进行沟通，调查了解原因，采取必要的干预措施，做好疏导化解工作，并举一反三，及时完善有关规章制度、加强日常管理、压实工作责任、完善工作流程、细化工作举措、防控化解风险、营造良好氛围，切实防止学生欺凌事件发生。要对近年来发生过学生欺凌事件的学校和地区，进行“回头看”，确保整改落实到位。

（三）依法依规严肃处置。各地教育部门要依据相关政策法规和《中小学教育惩戒规则（试行）》有关要求，指导学校进一步完善校规校纪，健全教育惩戒工作机制。对实施欺凌的学生，情节轻微的，学校和家长要进行严肃的批评教育和警示谈话。情节较重的，学校可给予纪律处分，并邀请公安机关参与警示教育或予以训诫。对实施暴力、情节严重、屡教不改的，应将其表现记入学生综合素质评价，必要时依法转入专门学校就读。涉嫌违法犯罪的，由公安机关、人民法院、人民检察院依法处置。对遭受欺凌的学生，学校要给予相应的心理辅导。

（四）规范欺凌报告制度。各地教育部门和学校要建立健全学生欺凌报告制度。学校全体教师、员工要进一步增强责任感，一旦发现学生遭受欺凌，都应主动予以制止，并及时向学校报告；学校和家长要相互通知，及时进行调查处理。对情节严重的欺凌事件，要向上级教育主管部门报告，并迅速联络公安机关介入处置，配合相关部门依法处理。对舆论高度关注、社会影响广泛的欺凌事件，要及时报送教育部业务主管部门。报告的主要内容包括事件基本情况（时间、地点、起因、过程、涉及人员等）和已采取的措施等。报告内容要准确、客观、详实，不得迟报、谎报、瞒报和漏报。事件情况发生变化后，要及时续报。

（五）切实加强教育引导。各地教育部门和学校要结合学生身心发展规律和思想状况，加强新修订的《中华人民共和国未成年人保护法》《中华人民共和国预防未成年人犯罪法》等法律宣传解读，深入开展思想道德教育、法治教育、心理健康教育，引导学生养成良好思想品德和行为习惯。要将防治学生欺凌专题培训纳入教育行政干部和校长、教师在职培训内容，提高防治学生欺凌的意识和能力。要进一步加大家庭教育力度，密切家校沟通交流，引导学生家长掌握科学家庭教育理念，依法落实监护责任。要教育引导学生正确使用网络，自觉抵制不良网络信息、影视节目、网络游戏等侵蚀影响。

（六）健全长效工作机制。发生学生欺凌事件的地方，要认真反思，深入总结经验教训，全面提高防治工作水平。其他地区要引以为鉴，警钟长鸣，防患未然。各地都要进一步健全责任机制，制订学生欺凌防治工作责任清单，明确省市县各级各部门职责，压实学校校长、班主任、学科教师和教职工各岗位责任。进一步强化预防机制，制订学校或年（班）级反欺凌公约，建立师生联系、同学互助、紧急求救制度，积极探索在班级设置学生安全员，发挥法治副校长作用。进一步完善考评机制，将学生欺凌防治情况纳入教育质量评价和教育行政、学校校长、班主任、学科教师及相关岗位教职工工作考评，作为评优评先先决条件。进一步健全问责机制，对学生欺凌问题突出的地区和单位进行督导检查、通报约谈，并向社会公开通报恶性欺凌事件处置情况。对失职渎职的，严肃追责问责。

## 三、组织实施

专项治理行动分三个阶段进行。

第一阶段，部署摸底。各地进行全面部署，集中开展排查摸底工作，摸清当前学生欺凌防治工作中存在的问题，建立台账，明确整改措施。2021 年 3 月底前完成。

第二阶段，集中整治。针对摸排结果，对发现的问题开展集中治理，依法依规做好欺凌事件的调查处置工作，健全完善防治工作机制和制度措施。2021 年 6 月底前完成。

第三阶段，督导检查。国务院教育督导委员会办公室对各地治理行动开展情况进行抽查，及时向社会通报有关情况。2021 年 7 月底前完成。

## 四、工作要求

（一）加强组织，周密部署。各地要把做好学生欺凌防治工作作为建设高质量教育体系的重要内容，作为学生成长成才的底线要求，作为学校教育教学工作的重要任务，切实予以高度重视，加强组织领导，细化工作方案，明确工作要求，压实工作责任，确保治理行动取得实效。

（二）部门联动，强化协作。各地要在属地党委和政府领导下，与法院、检察、公安、民政、司法等部门和共青团、妇联等群团组织加强协同配合，健全部门联动机制，明确任务分工，强化工作职责，完善防治办法，积极构建综合防治体系，切实形成工作合力。

（三）深入宣传，营造氛围。各地要及时向社会公布专项治理的重要举措、工作进展，深入总结本地治理情况和典型工作经验，对工作不力的，予以通报曝光。要引导媒体加强正面宣传，做好舆情引导，防止过度渲染细节，保护受害学生隐私，营造良好治理氛围。

（四）开展督查，确保落实。各地教育督导机构要将学生欺凌防治工作纳入责任督学挂牌督导范围。要会同检察、公安等相关部门对区域和学校专项治理行动开展情况进行联合检查，指导学校不断改进防治措施，确保各项工作落实到位。

# 社会篇

# 国务院
# 禁止使用童工规定

（2002 年 10 月 1 日　国务院令第 364 号）

**第一条**　为保护未成年人的身心健康，促进义务教育制度的实施，维护未成年人的合法权益，根据宪法和劳动法、未成年人保护法，制定本规定。

**第二条**　国家机关、社会团体 、企业事业单位、民办非企业单位或者个体工商户（以下统称用人单位）均不得招用不满 16 周岁的未成年人（招用不满 16 周岁的未成年人，以下统称使用童工）。

禁止任何单位或者个人为不满 16 周岁的未成年人介绍就业。

禁止不满 16 周岁的未成年人开业从事个体经营活动。

**第三条**　不满 16 周岁的未成年人的父母或者其他监护人应当保护其身心健康，保障其接受义务教育的权利，不得允许其被用人单位非法招用。

不满 16 周岁的未成年人的父母或者其他监护人允许其被用人单位非法招用的，所在地的乡（镇）人民政府、城市街道办事处以及村民委员会、居民委员会应当给予批评教育。

**第四条**　用人单位招用人员时，必须核查被招用人员的身份证；对不满 16 周岁的未成年人，一律不得录用。用人单位录用人员的录用登记、核查材料应当妥善保管。

**第五条**　县级以上各级人民政府劳动保障行政部门负责本规定执行情况的监督检查。

县级以上各级人民政府公安、工商行政管理、教育、卫生等行政部门在各自职责范围内对本规定的执行情况进行监督检查，并对劳动保障行政部门的监督检查给予配合。

工会、共青团、妇联等群众组织应当依法维护未成年人的合法权益。

任何单位或者个人发现使用童工的，均有权向县级以上人民政府劳动保障行政部门举报。

**第六条** 用人单位使用童工的，由劳动保障行政部门按照每使用一名童工每月处5000元罚款的标准给予处罚；在使用有毒物品的作业场所使用童工的，按照《使用有毒物品作业场所劳动保护条例》规定的罚款幅度，或者按照每使用一名童工每月处5000元罚款的标准，从重处罚。劳动保障行政部门并应当责令用人单位限期将童工送回原居住地交其父母或者其他监护人，所需交通和食宿费用全部由用人单位承担。

用人单位经劳动保障行政部门依照前款规定责令限期改正，逾期仍不将童工送交其父母或者其他监护人的，从责令限期改正之日起，由劳动保障行政部门按照每使用一名童工每月处1万元罚款的标准处罚，并由工商行政管理部门吊销其营业执照或者由民政部门撤销民办非企业单位登记；用人单位是国家机关、事业单位的，由有关单位依法对直接负责的主管人员和其他直接责任人员给予降级或者撤职的行政处分或者纪律处分。

**第七条** 单位或者个人为不满16周岁的未成年人介绍就业的，由劳动保障行政部门按照每介绍一人处5000元罚款的标准给予处罚；职业中介机构为不满16周岁的未成年人介绍就业的，并由劳动保障行政部门吊销其职业介绍许可证。

**第八条** 用人单位未按照本规定第四条的规定保存录用登记材料，或者伪造录用登记材料的，由劳动保障行政部门处1万元的罚款。

**第九条** 无营业执照、被依法吊销营业执照的单位以及未依法登记、备案的单位使用童工或者介绍童工就业的，依照本规定第六条、第七条、第八条规定的标准加一倍罚款，该非法单位由有关的行政主管部门予以取缔。

**第十条** 童工患病或者受伤的，用人单位应当负责送到医疗机构治疗，并负担治疗期间的全部医疗和生活费用。

童工伤残或者死亡的，用人单位由工商行政管理部门吊销营业执照或者由民政部门撤销民办非企业单位登记；用人单位是国家机关、事业单位的，由有关单位依法对直接负责的主管人员和其他直接责任人员给予降级或者撤职的行政处分或者纪律处分；用人单位还应当一次性地对伤残的童工、死亡童工的直系亲属给予赔偿，赔偿金额按照国家工伤保险的有关规定计算。

**第十一条** 拐骗童工，强迫童工劳动，使用童工从事高空、井下、放射性、高毒、易燃易爆以及国家规定的第四级体力劳动强度的劳动，使用不满14周岁的童工，或者造成童工死亡或者严重伤残的，依照刑法关于拐卖儿童罪、强迫劳动罪或者其他罪的规定，依法追究刑事责任。

**第十二条** 国家行政机关工作人员有下列行为之一的，依法给予记大过或者降级的行政处分；情节严重的，依法给予撤职或者开除的行政处分；构成犯罪的，依照刑法关于滥用职权罪、玩忽职守罪或者其他罪的规定，依法追究刑事责任：

（一）劳动保障等有关部门工作人员在禁止使用童工的监督检查工作中发现使用童工的情况，不予制止、纠正、查处的；

（二）公安机关的人民警察违反规定发放身份证或者在身份证上登录虚假出生年月的；

（三）工商行政管理部门工作人员发现申请人是不满16周岁的未成年人，仍然为其从事个体经营发放营业执照的。

**第十三条** 文艺、体育单位经未成年人的父母或者其他监护人同意，可以招用不满16周岁的专业文艺工作者、运动员。用人单位应当保障被招用的不满16周岁的未成年人的身心健康，保障其接受义务教育的权利。文艺、体育单位招用不满16周岁的专业文艺工作者、运动员的办法，由国务院劳动保障行政部门会同国务院文化、体育行政部门制定。

学校、其他教育机构以及职业培训机构按照国家有关规定组织不满16周岁的未成年人进行不影响其人身安全和身心健康的教育实践劳动、职业技能培训劳动，不属于使用童工。

**第十四条** 本规定自2002年12月1日起施行。1991年4月15日国务院发布的《禁止使用童工规定》同时废止。

## 劳动部
# 未成年工特殊保护规定

（1994年12月9日　劳部发〔1994〕498号）

**第一条** 为维护未成年工的合法权益，保护其在生产劳动中的健康，根据

《中华人民共和国劳动法》的有关规定，制定本规定。

**第二条** 未成年工是指年满十六周岁，未满十八周岁的劳动者。

未成年工的特殊保护是针对未成年工处于生长发育期的特点，以及接受义务教育的需要，采取的特殊劳动保护措施。

**第三条** 用人单位不得安排未成年工从事以下范围的劳动：

（一）《生产性粉尘作业危害程度分级》国家标准中第一级以上的接尘作业；

（二）《有毒作业分级》国家标准中第一级以上的有毒作业；

（三）《高处作业分级》国家标准中第二级以上的高处作业；

（四）《冷水作业分级》国家标准中第二级以上的冷水作业；

（五）《高温作业分级》国家标准中第三级以上的高温作业；

（六）《低温作业分级》国家标准中第三级以上的低温作业；

（七）《体力劳动强度分级》国家标准中第四级体力劳动强度的作业；

（八）矿山井下及矿山地面采石作业；

（九）森林业中的伐木、流放及守林作业；

（十）工作场所接触放射性物质的作业；

（十一）有易燃易爆、化学性烧伤和热烧伤等危险性大的作业；

（十二）地质勘探和资源勘探的野外作业；

（十三）潜水、涵洞、涵道作业和海拔三千米以上的高原作业（不包括世居高原者）；

（十四）连续负重每小时在六次以上并每次超过二十公斤，间断负重每次超过二十五公斤的作业；

（十五）使用凿岩机、捣固机、气镐、气铲、铆钉机、电锤的作业；

（十六）工作中需要长时间保持低头、弯腰、上举、下蹲等强迫体位和动作频率每分钟在于五十次的流水线作业；

（十七）锅炉司炉。

**第四条** 未成年工患有某种疾病或具有某些生理缺陷（非残疾型）时，用人单位不得安排其从事以下范围的劳动：

（一）《高处作业分级》国家标准中第一级以上的高处作业；

（二）《低温作业分级》国家标准中第二级以上的低温作业；

（三）《高温作业分级》国家标准中第二级以上的高温作业；

（四）《体力劳动强度分级》国家标准中第三级以上体力劳动强度的作业；

（五）接触铅、苯、汞、甲醛、二硫化碳等易引起过敏反应的作业。

**第五条** 患有某种疾病或具有某些生理缺陷（非残疾型）的未成年工，是指有以下一种或一种以上情况者：

（一）心血管系统

1. 先天性心脏病；

2. 克山病；

3. 收缩期或舒张期二级以上心脏杂音。

（二）呼吸系统

1. 中度以上气管炎或支气管哮喘；

2. 呼吸音明显减弱；

3. 各类结核病；

4. 体弱儿，呼吸道反复感染者。

（三）消化系统

1. 各类肝炎；

2. 肝、脾肿大；

3. 胃、十二指肠溃疡；

4. 各种消化道疝。

（四）泌尿系统

1. 急、慢性肾炎；

2. 泌尿系感染。

（五）内分泌系统

1. 甲状腺机能亢进；

2. 中度以上糖尿病。

（六）精神神经系统

1. 智力明显低下；

2. 精神忧郁或狂暴。

（七）肌肉、骨骼运动系统

1. 身高和体重低于同龄人标准；

2. 一个及一个以上肢体存在明显功能障碍；

3. 躯干四分之一以上部位活动受限，包括强直或不能旋转。

（八）其它

1. 结核性胸膜炎；

2. 各类重度关节炎；

3. 血吸虫病；

4. 严重贫血，其血色素每升低于九十五克（< 9.5 g/dL）。

**第六条** 用人单位应按下列要求对未成年工定期进行健康检查：

（一）安排工作岗位之前；

（二）工作满一年；

（三）年满十八周岁，距前一次的体检时间已超过半年。

**第七条** 未成年工的健康检查，应按本规定所附《未成年工健康检查表》列出的项目进行。

**第八条** 用人单位应根据未成年工的健康检查结果安排其从事适合的劳动，对不能胜任原劳动岗位的，应根据医务部门的证明，予以减轻劳动量或安排其他劳动。

**第九条** 对未成年工的使用和特殊保护实行登记制度。

（一）用人单位招收使用未成年工，除符合一般用工要求外，还须向所在地的县级以上劳动行政部门办理登记。劳动行政部门根据《未成年工健康检查表》、《未成年工登记表》，核发《未成年工登记证》。

（二）各级劳动行政部门须按本规定第三、四、五、七条的有关规定，审核体检情况和拟安排的劳动范围。

（三）未成年工须持《未成年工登记证》上岗。

（四）《未成年工登记证》由国务院劳动行政部门统一印制。

**第十条** 未成年工上岗前用人单位应对其进行有关的职业安全卫生教育、培训；未成年工体检和登记，由用人单位统一办理和承担费用。

**第十一条** 县级以上劳动行政部门对用人单位执行本规定的情况进行监督检查，对违犯本规定的行为依照有关法规进行处罚。

各级工会组织对本规定的执行情况进行监督。

**第十二条** 省、自治区、直辖市劳动行政部门可以根据本规定制定实施办法。

**第十三条** 本规定自一九九五年一月一日起施行。

# 国家广播电视总局
# 未成年人节目管理规定（节录）

（2019 年 3 月 29 日　国家广播电视总局令第 3 号公布　根据 2021 年 10 月 8 日国家广播电视总局令第 9 号公布的《国家广播电视总局关于第三批修改的部门规章的决定》修订）

## 第一章　总　　则

**第一条**　为了规范未成年人节目，保护未成年人身心健康，保障未成年人合法权益，教育引导未成年人，培育和弘扬社会主义核心价值观，根据《中华人民共和国未成年人保护法》、《广播电视管理条例》等法律、行政法规，制定本规定。

**第二条**　从事未成年人节目的制作、传播活动，适用本规定。

本规定所称未成年人节目，包括未成年人作为主要参与者或者以未成年人为主要接收对象的广播电视节目和网络视听节目。

**第三条**　从事未成年人节目制作、传播活动，应当以培养能够担当民族复兴大任的时代新人为着眼点，以培育和弘扬社会主义核心价值观为根本任务，弘扬中华优秀传统文化、革命文化和社会主义先进文化，坚持创新发展，增强原创能力，自觉保护未成年人合法权益，尊重未成年人发展和成长规律，促进未成年人健康成长。

**第四条**　未成年人节目管理工作应当坚持正确导向，注重保护尊重未成年人的隐私和人格尊严等合法权益，坚持教育保护并重，实行社会共治，防止未成年人节目出现商业化、成人化和过度娱乐化倾向。

**第五条**　国务院广播电视主管部门负责全国未成年人节目的监督管理工作。

县级以上地方人民政府广播电视主管部门负责本行政区域内未成年人节目

的监督管理工作。

**第六条** 广播电视和网络视听行业组织应当结合行业特点，依法制定未成年人节目行业自律规范，加强职业道德教育，切实履行社会责任，促进业务交流，维护成员合法权益。

**第七条** 广播电视主管部门对在培育和弘扬社会主义核心价值观、强化正面教育、贴近现实生活、创新内容形式、产生良好社会效果等方面表现突出的未成年人节目，以及在未成年人节目制作、传播活动中做出突出贡献的组织、个人，按照有关规定予以表彰、奖励。

## 第二章 节目规范

**第八条** 国家支持、鼓励含有下列内容的未成年人节目的制作、传播：

（一）培育和弘扬社会主义核心价值观；

（二）弘扬中华优秀传统文化、革命文化和社会主义先进文化；

（三）引导树立正确的世界观、人生观、价值观；

（四）发扬中华民族传统家庭美德，树立优良家风；

（五）符合未成年人身心发展规律和特点；

（六）保护未成年人合法权益和情感，体现人文关怀；

（七）反映未成年人健康生活和积极向上的精神面貌；

（八）普及自然和社会科学知识；

（九）其他符合国家支持、鼓励政策的内容。

**第九条** 未成年人节目不得含有下列内容：

（一）渲染暴力、血腥、恐怖，教唆犯罪或者传授犯罪方法；

（二）除健康、科学的性教育之外的涉性话题、画面；

（三）肯定、赞许未成年人早恋；

（四）诋毁、歪曲或者以不当方式表现中华优秀传统文化、革命文化、社会主义先进文化；

（五）歪曲民族历史或者民族历史人物，歪曲、丑化、亵渎、否定英雄烈士事迹和精神；

（六）宣扬、美化、崇拜曾经对我国发动侵略战争和实施殖民统治的国家、事件、人物；

（七）宣扬邪教、迷信或者消极颓废的思想观念；

（八）宣扬或者肯定不良的家庭观、婚恋观、利益观；

（九）过分强调或者过度表现财富、家庭背景、社会地位；

（十）介绍或者展示自杀、自残和其他易被未成年人模仿的危险行为及游戏项目等；

（十一）表现吸毒、滥用麻醉药品、精神药品和其他违禁药物；

（十二）表现吸烟、售烟和酗酒；

（十三）表现违反社会公共道德、扰乱社会秩序等不良举止行为；

（十四）渲染帮会、黑社会组织的各类仪式；

（十五）宣传、介绍不利于未成年人身心健康的网络游戏；

（十六）法律、行政法规禁止的其他内容。

以科普、教育、警示为目的，制作、传播的节目中确有必要出现上述内容的，应当根据节目内容采取明显图像或者声音等方式予以提示，在显著位置设置明确提醒，并对相应画面、声音进行技术处理，避免过分展示。

**第十条** 不得制作、传播利用未成年人或者未成年人角色进行商业宣传的非广告类节目。

制作、传播未成年人参与的歌唱类选拔节目、真人秀节目、访谈脱口秀节目应当符合国务院广播电视主管部门的要求。

**第十一条** 广播电视播出机构、网络视听节目服务机构、节目制作机构应当根据不同年龄段未成年人身心发展状况，制作、传播相应的未成年人节目，并采取明显图像或者声音等方式予以提示。

**第十二条** 邀请未成年人参与节目制作，应当事先经其法定监护人同意。不得以恐吓、诱骗或者收买等方式迫使、引诱未成年人参与节目制作。

制作未成年人节目应当保障参与制作的未成年人人身和财产安全，以及充足的学习和休息时间。

**第十三条** 未成年人节目制作过程中，不得泄露或者质问、引诱未成年人泄露个人及其近亲属的隐私信息，不得要求未成年人表达超过其判断能力的观点。

对确需报道的未成年人违法犯罪案件，不得披露犯罪案件中未成年人当事人的姓名、住所、照片、图像等个人信息，以及可能推断出未成年人当事人身份的资料。对于不可避免含有上述内容的画面和声音，应当采取技术处理，达到不可识别的标准。

**第十四条** 邀请未成年人参与节目制作，其服饰、表演应当符合未成年人年龄特征和时代特点，不得诱导未成年人谈论名利、情爱等话题。

未成年人节目不得宣扬童星效应或者包装、炒作明星子女。

**第十五条** 未成年人节目应当严格控制设置竞赛排名，不得设置过高物质奖励，不得诱导未成年人现场拉票或者询问未成年人失败退出的感受。

情感故事类、矛盾调解类等节目应当尊重和保护未成年人情感，不得就家庭矛盾纠纷采访未成年人，不得要求未成年人参与节目录制和现场调解，避免未成年人亲眼目睹家庭矛盾冲突和情感纠纷。

未成年人节目不得以任何方式对未成年人进行品行、道德方面的测试，放大不良现象和非理性情绪。

**第十六条** 未成年人节目的主持人应当依法取得职业资格，言行妆容不得引起未成年人心理不适，并在节目中切实履行引导把控职责。

未成年人节目设置嘉宾，应当按照国务院广播电视主管部门的规定，将道德品行作为首要标准，严格遴选、加强培训，不得选用因丑闻劣迹、违法犯罪等行为造成不良社会影响的人员，并提高基层群众作为节目嘉宾的比重。

**第十七条** 国产原创未成年人节目应当积极体现中华文化元素，使用外国的人名、地名、服装、形象、背景等应当符合剧情需要。

未成年人节目中的用语用字应当符合有关通用语言文字的法律规定。

**第十八条** 未成年人节目前后播出广告或者播出过程中插播广告，应当遵守下列规定：

（一）未成年人专门频率、频道、专区、链接、页面不得播出医疗、药品、保健食品、医疗器械、化妆品、酒类、美容广告、不利于未成年人身心健康的网络游戏广告，以及其他不适宜未成年人观看的广告，其他未成年人节目前后不得播出上述广告；

（二）针对不满十四周岁的未成年人的商品或者服务的广告，不得含有劝诱其要求家长购买广告商品或者服务、可能引发其模仿不安全行为的内容；

（三）不得利用不满十周岁的未成年人作为广告代言人；

（四）未成年人广播电视节目每小时播放广告不得超过 12 分钟；

（五）未成年人网络视听节目播出或者暂停播出过程中，不得插播、展示广告，内容切换过程中的广告时长不得超过 30 秒。

## 第五章　法律责任

**第三十二条**　违反本规定，制作、传播含有本规定第九条第一款禁止内容的未成年人节目的，或者在以科普、教育、警示为目的制作的节目中，包含本规定第九条第一款禁止内容但未设置明确提醒、进行技术处理的，或者制作、传播本规定第十条禁止的未成年人节目类型的，依照《广播电视管理条例》第四十九条的规定予以处罚。

**第三十三条**　违反本规定，播放、播出广告的时间超过规定或者播出国产动画片和引进动画片的比例不符合国务院广播电视主管部门规定的，依照《广播电视管理条例》第五十条的规定予以处罚。

**第三十四条**　违反本规定第十一条至第十七条、第十九条至第二十二条、第二十三条第一款和第二款、第二十四条至第二十八条的规定，由县级以上人民政府广播电视主管部门责令限期改正，给予警告，可以并处三万元以下的罚款。

违反第十八条第一项至第三项的规定，由有关部门依法予以处罚。

**第三十五条**　广播电视节目制作经营机构、广播电视播出机构、网络视听节目服务机构违反本规定，其主管部门或者有权处理单位，应当依法对负有责任的主管人员或者直接责任人员给予处分、处理；造成严重社会影响的，广播电视主管部门可以向被处罚单位的主管部门或者有权处理单位通报情况，提出对负有责任的主管人员或者直接责任人员的处分、处理建议，并可函询后续处分、处理结果。

**第三十六条**　广播电视主管部门工作人员滥用职权、玩忽职守、徇私舞弊或者未依照本规定履行职责的，对负有责任的主管人员和直接责任人员依法给予处分。

## 第六章　附　　则

**第三十七条**　本规定所称网络视听节目服务机构，是指互联网视听节目服务机构和专网及定向传播视听节目服务机构。

本规定所称学校寒暑假是指广播电视播出机构所在地、网络视听节目服务机构注册地教育行政部门规定的时间段。

**第三十八条** 未构成本规定所称未成年人节目，但节目中含有未成年人形象、信息等内容，有关内容规范和法律责任参照本规定执行。

**第三十九条** 本规定自2019年4月30日起施行。

## 国务院未成年人保护工作领导小组
## 未成年人文身治理工作办法

（2022年6月6日 国未保办发〔2022〕6号）

**第一条** 为深入贯彻落实《中华人民共和国民法典》和《中华人民共和国未成年人保护法》，坚持最有利于未成年人的原则，全面加强未成年人文身治理，保护未成年人合法权益，促进未成年人健康成长，制定本办法。

**第二条** 国家、社会、学校和家庭应当教育和帮助未成年人树立和践行社会主义核心价值观，充分认识文身可能产生的危害，增强自我保护的意识和能力，理性拒绝文身。

**第三条** 未成年人的父母或者其他监护人应当依法履行监护职责，教育引导未成年人进行有益身心健康的活动，对未成年人产生文身动机和行为的，应当及时劝阻，不得放任未成年人文身。

**第四条** 任何企业、组织和个人不得向未成年人提供文身服务，不得胁迫、引诱、教唆未成年人文身。

**第五条** 文身服务提供者应当在显著位置标明不向未成年人提供文身服务。对难以判明是否是未成年人的，应当要求其出示身份证件。

本办法所称文身服务提供者，主要是指专业文身机构、提供文身服务的医疗卫生机构（含医疗美容机构）和美容美发机构等各类主体，也包括提供文身服务的社会组织。

**第六条** 各相关部门应当按照“谁审批、谁监管，谁主管、谁监管”的原则，健全工作机制，强化源头管控。

卫生健康部门不得审批同意医疗卫生机构（含医疗美容机构）开展未成年

人文身服务项目。加大指导监管力度，指导医疗卫生机构（含医疗美容机构）不向未成年人开展文身服务，并对有意愿“去除文身”的未成年人提供规范医疗美容服务。

市场监管部门在办理市场主体登记注册时，对于经营范围中包含文身服务活动的市场主体，应当在其营业执照相关经营范围后明确标注“除面向未成年人”，并指导其自觉依规经营。

商务部门应当配合相关部门，指导行业协会督促美容经营者不得向未成年人提供文身服务。

民政部门应当加强社会组织登记管理，不得审批同意社会组织开展未成年人文身服务，指导从事文身服务的社会组织不向未成年人提供文身服务。

**第七条** 各相关部门应当履行部门职责，发挥部门优势，加强对未成年人文身治理的支持和配合，形成整体合力。

人民法院对向未成年人提供文身服务或者胁迫、引诱、教唆未成年人文身，侵害未成年人合法权益的案件，应当依法审理。

人民检察院对因文身导致未成年人合法权益受到侵犯，相关组织和个人未代为提起诉讼的，可以督促、支持其提起诉讼；涉及公共利益的，有权提起公益诉讼。

教育部门应当将未成年人文身危害相关知识纳入学校教育内容，组织开展警示教育，加强文明礼仪教育，提高在校学生对文身危害性的认识。

公安机关应当依法调查处理因胁迫、引诱、教唆未成年人文身引发的违反治安管理行为或者涉嫌犯罪案件。

司法行政部门应当加强未成年人文身法治宣传教育，支持和指导有关部门开展行政执法，完善有关投诉举报制度。

共青团组织应当加强青少年思想道德引领，组织针对性的教育引导和心理辅导，让未成年人认识到文身可能造成的伤害和不良影响。

妇联组织应当将未成年人文身危害纳入家庭教育重要内容，指导和支持未成年人父母或者其他监护人切实履行责任。

宣传、网信、广播电视主管部门应当加强未成年人文身危害宣传和舆论监督。

各级未成年人保护工作领导小组（委员会）应当做好统筹、协调、督促和指导工作。

**第八条** 任何企业、组织和个人出版、发布、传播的图书、报刊、电影、广播电视节目、舞台艺术作品、音像制品、电子出版物或者网络信息，不得含有诱导未成年人文身的内容。

**第九条** 任何企业、组织和个人不得刊登、播放、张贴或者散发含有诱导未成年人文身、危害未成年人身心健康内容的广告；不得在学校、幼儿园播放、张贴或者散发文身商业广告。

**第十条** 任何企业、组织和个人发现向未成年人提供文身服务的，可以向民政、商务、卫生健康、市场监管等部门报告，接到报告的有关部门应当及时受理、处置。

**第十一条** 各地各相关部门要加强监督检查，加大查处力度。文身服务提供者违反规定向未成年人提供文身服务的，有关部门依照有关规定予以处理。其他市场主体未依法取得营业执照向未成年人提供文身服务的，依照《无证无照经营查处办法》等规定进行查处。个人违反规定擅自向未成年人提供文身服务的，依法追究其法律责任。

**第十二条** 各地各相关部门可依据本办法，结合工作实际制定具体措施。

**第十三条** 本办法自印发之日起施行。

# 国务院未成年人保护工作领导小组<br>关于加强未成年人保护工作的意见

（2021 年 6 月 6 日　国未保组〔2021〕1 号）

未成年人保护工作关系国家未来和民族振兴。党中央始终高度重视未成年人工作，关心未成年人成长。习近平总书记多次指出，少年儿童是祖国的未来，是中华民族的希望，强调培养好少年儿童是一项战略任务，事关长远。为深入学习贯彻习近平总书记重要指示批示精神，贯彻落实党中央、国务院关于加强未成年人保护工作决策部署，推动《中华人民共和国未成年人保护法》等法律法规落地落细，现就加强未成年人保护工作提出如下意见：

## 一、总体要求

（一）指导思想。

以习近平新时代中国特色社会主义思想为指导，深入学习贯彻习近平总书记关于未成年人保护工作重要指示批示精神，全面贯彻落实党的十九大、十九届二中、三中、四中、五中全会精神和党中央、国务院关于未成年人保护工作决策部署，立足新发展阶段、贯彻新发展理念、构建新发展格局，以满足人民日益增长的美好生活需要为根本目的，进一步加强组织领导、完善运行机制、强化制度建设、健全服务体系，切实保护未成年人身心健康、保障未成年人合法权益。

（二）基本原则。

——坚持党对未成年人保护工作的领导。把党的领导贯穿未成年人保护工作全过程各方面，紧紧围绕统筹推进“五位一体”总体布局和协调推进“四个全面”战略布局，坚持思想道德教育和权益维护保障相融合，大力培育和践行社会主义核心价值观，培养有理想、有道德、有文化、有纪律的社会主义建设者和接班人，培养担当民族复兴大任的时代新人。

——坚持最有利于未成年人的原则。以依法保障未成年人平等享有生存权、发展权、受保护权和参与权等权利，促进未成年人全面健康成长作为出发点和落脚点，在制定法律法规、政策规划和配置公共资源等方面优先考虑未成年人的利益和需求，在处理未成年人事务中始终把未成年人权益和全面健康成长放在首位，确保未成年人依法得到特殊、优先保护。

——坚持系统谋划统筹推进。加强全局谋划、统筹布局、整体推进，有效发挥各级未成年人保护工作协调机制统筹协调、督促指导作用，着力补短板、强弱项，强化顶层设计、部门协作。坚持未成年人保护工作的政治性、群众性、时代性、协同性，积极推动各方力量参与未成年人保护工作，构建家庭保护、学校保护、社会保护、网络保护、政府保护、司法保护“六位一体”的新时代未成年人保护工作格局。

（三）总体目标。

到 2025 年，上下衔接贯通、部门协调联动的未成年人保护工作体制机制基本形成，制度体系逐步健全，与未成年人保护法相衔接的法律法规体系不断完善，工作力量有效加强，侵害未成年人合法权益案件发生率明显下降，全社会关心关注未成年人健康成长的氛围显著增强。到2035年，与我国经济社会发展相适应、与人口发展战略相匹配的未成年人保护工作体系全面建立，加强未成年人保护工作成为各部门、各行业和社会各界的行动自觉，成为全面建成社会主义现代化国家的显著标志之一，未成年人的生存权、发展权、受保护权、参与权等权利得到更加充分保障。

## 二、重点任务

（一）强化家庭监护责任。

1. 加强家庭监护指导帮助。巩固和强化家庭监护主体责任，加大宣传培训和健康教育力度，指导未成年人的父母或者其他监护人依法履行监护职责，抚养、教育和保护未成年人。推动构建家庭教育指导服务体系，加强社区家长学校、家庭教育指导服务站点建设，为未成年人的父母或其他监护人、被委托人每年提供不少于一次公益性家庭教育指导服务。婚姻登记机关办理离婚登记及人民法院审理家事案件时涉及未成年子女的，要对当事人进行未成年人保护相关家庭教育指导。

2. 完善家庭监护支持政策。全面落实产假等生育类假期制度和哺乳时间相关规定，鼓励有条件的地区探索开展育儿假试点。加强家庭照护支持指导，增强家庭科学育儿能力。有条件的地区，探索对依法收养孤儿和残疾儿童、非生父母履行监护权的家庭在水电气等公共服务方面给予优惠。地方政府在配租公租房时，对符合当地住房保障条件且有未成年子女的家庭，可根据其未成年子女数量在户型选择方面给予适当照顾。推进儿童福利机构拓展集养、治、教、康和专业社会工作服务于一体的社会服务功能，探索向社会残疾儿童提供服务。

3. 推进家庭监护监督工作。指导村（居）民委员会等相关组织对未成年人的父母或者其他监护人履行监护情况开展监督。村（居）民委员会等相关组织发现未成年人的父母或者其他监护人拒绝或者怠于履行监护责任时，要予以劝阻、制止或者批评教育，督促其履行监护职责；情节严重导致未成年人处于危困状态或造成严重后果的，要及时采取保护措施并向相关部门报告。

4. 依法处置监护人侵害未成年人权益行为。公安机关接到报告或者公安机关、人民检察院、人民法院在办理案件过程中发现未成年人的父母或者其他监护人存在不依法履行监护职责或者侵犯未成年人合法权益的，应当予以训诫，并可以责令其接受家庭教育指导。对监护人严重损害未成年人身心健康及合法权益，或者不履行监护职责致未成年人处于危困状态等监护侵害行为，依法督促、支持起诉。加强宣传引导和警示教育，及时向社会公布监护人侵害未成年人权益行为处置情况案例。

（二）加强学校保护工作。

5. 加强未成年人思想道德教育。指导学校深入开展共产主义、中国特色社会主义和中国梦学习宣传教育，坚持立德树人，培育和践行社会主义核心价值观，引导广大未成年人听党话、跟党走，养成良好思想品德和行为习惯。指导学校加强新修订的《中华人民共和国未成年人保护法》等法律法规宣传教育，深入开展未成年人法治教育，提升学生法治意识。深化团教协作，强化少先队实践育人作用，加强未成年人思想道德引领。

6. 健全学校保护制度。制定《未成年人学校保护规定》，整合、完善学校保护制度体系。完善校园安全风险防控体系和依法处理机制，加强校园周边综合治理。提高学生安全意识和自我防护能力，开展反欺凌、交通安全、应急避险自救、防范针对未成年人的犯罪行为等安全教育。积极发展公共交通和专用校车，解决学生上下学乘车难问题，使用校车的学校要加强校车安全管理和使用。强化校园食品安全管理，严格落实校长（园长）集中用餐陪餐、家长代表陪餐、用餐信息公开等制度。严厉打击涉及学校和学生安全的违法犯罪行为。推动落实义务教育学校课后服务全覆盖，与当地正常下班时间相衔接，解决家长接学生困难问题。

7. 有效防范学生欺凌。进一步完善考评机制，将学生欺凌防治工作纳入责任督学挂牌督导范围、作为教育质量评价和工作考评重要内容。建立健全学生欺凌报告制度，制定学生欺凌防治工作责任清单，压实岗位责任。指导学校定期全面排查，及时发现苗头迹象或隐患点，做好疏导化解工作。完善校规校纪，健全教育惩戒工作机制，依法依规处置欺凌事件。

8. 创新学校保护工作机制。建立学校保护工作评估制度，评估结果纳入学校管理水平评价和校长考评考核范围。严格落实教职员工准入查询性侵违法犯罪信息制度。充分发挥“法治副校长”、“法治辅导员”作用，常态化开展“法治进校园”、组织模拟法庭、以案释法、开设法治网课等多样化法治教育和法治实践活动，教育引导未成年人遵纪守法。依托中小学校、社区建设少年警校，加强对未成年人的法治教育、安全教育。引入专业力量参与学生管理服务，有条件的地方，可通过建立学校社会工作站、设立社会工作岗位、政府购买服务等方式，推进学校社会工作发展。

（三）加大社会保护力度。

9. 有效落实强制报告制度。指导国家机关、村（居）民委员会、密切接触未成年人的单位、组织及其工作人员有效履行侵害未成年人事件强制报告义务，提升识别、发现和报告意识与能力。建立强制报告线索的受理、调查、处置和反馈制度。加强强制报告法律法规和政策措施的宣传培训和教育引导工作。依法依规对未履行报告义务的组织和个人予以惩处。

10. 切实发挥群团组织作用。共青团组织要大力推动实施中长期青年发展规划，依托“青年之家”、“12355 青少年服务台”、“青少年维权岗”等阵地有效维护青少年发展权益。妇联组织要加强对未成年人的父母或其他监护人、被委托人的家庭教育指导，依托“儿童之家”等活动场所，为未成年人保护工作提供支持。残联组织要加强残疾未成年人权益保障，落实残疾儿童康复救助制度，指导有条件的地方，扩大残疾儿童康复救助年龄范围，放宽对救助对象家庭经济条件的限制。工会组织要积极开展职工未成年子女关爱服务，推动用人单位母婴设施建设。关心下一代工作委员会等单位、组织要在职责范围内协助相关部门做好未成年人保护工作。

11. 积极指导村（居）民委员会履行法定职责。指导村（居）民委员会落实专人专岗负责未成年人保护工作的法定要求，每个村（社区）至少设立一名儿童主任，优先由村（居）民委员会女性委员或村（社区）妇联主席兼任，儿童数量较多的村（社区）要增设补充儿童主任。推进村（社区）少先队组织建设。持续推进“儿童之家”建设。鼓励村（居）民委员会设立下属的未成年人保护委员会。指导村（居）民委员会落实强制报告和家庭监护监督职责，提升发现报告能力。加强村（社区）未成年人活动场所和设施建设，推进村（社区）党群服务中心、文化活动室等服务设施向未成年人开放。指导村（居）民委员会组织开展未成年人保护相关政策宣讲、知识培训活动。

12. 加强未成年人保护领域社会组织建设。培育和发展未成年人保护领域社会组织，到 2025 年，实现未成年人保护专业性社会组织县（市、区、旗）全覆盖。大力发展未成年人保护领域专业社会工作和志愿服务，充分发挥社会工作者在未成年人保护工作中资源链接、能力建设、心理干预、权益保护、法律服务、社会调查、社会观护、教育矫治、社区矫正、收养评估等专业优势，积极引导志愿者参与未成年人保护工作。健全未成年人保护领域慈善行为导向机制，依托全国儿童福利信息系统、全国慈善信息公开平台等加强数据共享和供需对接，引导公益慈善组织提供个性化、差异化、有针对性的服务。

（四）完善网络保护工作。

13. 完善未成年人网络保护法规政策体系。加快推动出台未成年人网络保护条例，完善配套政策，净化未成年人网络环境，保障未成年人网络空间安全，保护未成年人合法网络权益，构建网络环境保护长效机制。推动制定未成年人网络保护行业规范和行为准则。加强涉未成年人网课平台和教育移动互联网应用程序规范管理，完善未成年人网课平台备案管理制度。

14. 加强未成年人个人信息网络保护。指导监督网络运营者有效履行未成年人个人信息网络保护的平台责任，严格依照法律规定和用户协议收集和使用未成年人个人信息。指导网络运营者对未成年人及其监护人提出的更正、删除未成年人网上个人信息的诉求，依法依规予以配合。严厉打击通过网络以文字、图片、音视频等形式对未成年人实施侮辱、诽谤、猥亵或恶意损害形象等网络欺凌行为，指导网络运营者及时配合制止网络欺凌行为并防止信息扩散。

15. 加强防止未成年人网络沉迷工作。规范网络游戏、网络直播和网络短视频等服务，有效遏制未成年人网络沉迷、过度消费等行为。加强前置审查，严格网络游戏审批管理。严格实行网络游戏用户账号实名注册制度，推动建立统一的未成年人网络游戏电子身份认证系统。有效控制未成年人使用网络游戏时段、时长，规定时间内不得以任何形式为未成年人提供游戏服务。严格规范向未成年人提供付费服务。加强中小学生手机管理，推进未成年学生在校专心学习。

（五）强化政府保护职能。

16. 有效落实政府监护职责。加强政府监护体制机制建设，提高长期监护专业化服务水平，建立健全临时监护工作制度。建立监护评估制度，建立健全由民政部门指定监护人和终止临时监护情形时监护人的监护能力评估工作规范，科学评判其履行监护职责的能力和条件，推动监护评估规范化专业化。完善因突发事件影响造成监护缺失未成年人救助保护制度措施。进一步健全孤儿保障制度，建立基本生活保障标准动态调整机制。

17. 加强困境未成年人关爱服务。加强困境未成年人分类保障，分类实施困境未成年人保障政策。将符合条件的未成年人纳入最低生活保障、特困人员救助供养等社会救助范围，加强对困难家庭的重病、重残未成年人生活保障工作。合理确定事实无人抚养儿童生活补助标准，对符合条件的事实无人抚养儿童按规定落实医疗救助政策。结合实施乡村振兴战略深化农村留守儿童关爱服务，完善义务教育控辍保学工作机制。进一步落实家庭经济困难儿童教育资助政策和义务教育阶段“两免一补”政策。

18. 建设高质量教育体系。坚持教育公益性原则，推进基本公共教育服务均等化，推动义务教育优质均衡发展和城乡一体化。保障农业转移人口随迁子女平等享有基本公共教育服务。完善普惠性学前教育和特殊教育、专门教育保障机制，鼓励高中阶段学校多样化发展。办好每所学校，关心每名学生成长，坚决克服唯分数、唯升学倾向。规范校外培训，切实减轻中小学生过重校外培训负担。

19. 加强未成年人健康综合保障。完善医疗卫生和医疗保障制度，确保未成年人享有基本医疗、卫生保健服务。加强儿童早期发展服务，推动建立医疗机构对儿童视力、听力、肢体、智力残疾和儿童孤独症早期筛查、诊断、干预和政府康复救助衔接机制，深入开展重点地区儿童营养改善等项目。做好未成年人基本医疗保障工作，统筹基本医疗保险、大病保险、医疗救助三重制度，实施综合保障。鼓励有条件的地方研究将基本的治疗性康复辅助器具逐步纳入基本医疗保险支付范围。加强未成年人心理健康教育和服务。重视未成年人早期视力保护，加强综合防控儿童近视工作，及时预防和控制近视的发生与发展。加强中小学生睡眠管理工作，保证中小学生享有充足睡眠时间。切实加强未成年人肥胖防控工作。

20. 推进婴幼儿照护服务。发展普惠托育服务体系，加大对社区婴幼儿照护服务支持力度。遵循婴幼儿发展规律，完善有关政策法规体系和标准规范，促进婴幼儿照护服务专业化、规范化建设。加强托育机构监督管理，做好卫生保健、备案登记等工作，积极构建综合监管体系。加快培养婴幼儿照护服务专业人才，大力开展职业培训，增强从业人员法治意识。切实强化和落实各方面责任，确保婴幼儿安全和健康。

21. 加强和创新未成年人成长社会环境治理。构建未成年人成长社会环境治理联合执法机制，加大执法力度。落实未成年人入住旅馆、宾馆、酒店的核查与报告制度。加大对营业性歌舞娱乐场所、酒吧、互联网上网服务营业场所违规接待未成年人行为的处罚力度。落实密切接触未成年人行业违法犯罪信息准入查询制度。严格禁止向未成年人销售烟（含电子烟）、酒、彩票或者兑付彩票奖金。依法依规及时清理中小学校、幼儿园、托育机构周边设置的营业性娱乐场所、酒吧、互联网上网服务营业场所及烟（含电子烟）、酒、彩票销售网点。对部分儿童用品依法实施强制性产品认证管理，保障未成年人健康安全。加大互联网上涉及未成年人的重点应用服务的整治和查处力度，加强监管，督促企业切实落实针对未成年人保护的各项措施。督促中小学校、幼儿园、婴幼儿照护服务机构、线下教育培训机构、游乐园等未成年人集中活动场所落实安全主体责任。推进未成年人文身治理工作。做好未满十六周岁辍学学生劝返复学工作。加大对未成年人违法婚姻的治理力度，防止未成年人早婚早育现象。

（六）落实司法保护职责。

22. 依法妥善办理涉未成年人案件。坚持“教育、感化、挽救”方针和“教育为主、惩罚为辅”原则，严格落实未成年人刑事案件特别程序，依法惩戒和精准帮教相结合，促进未成年人顺利回归社会。办理未成年人遭受性侵害或者暴力伤害案件，施行“一站式取证”保护机制。对于性侵害未成年人犯罪，公安、检察部门积极主动沟通，询问被害人同步录音录像全覆盖。对涉案未成年人实施必要的心理干预、经济救助、法律援助、转学安置等保护措施，积极引导专业社会工作者参与相关保护工作。

23. 加强少年法庭建设。深化涉未成年人案件综合审判改革，将与未成年人权益保护和犯罪预防关系密切的涉及未成年人的刑事、民事及行政诉讼案件纳入少年法庭收案范围。审理涉及未成年人的案件，从有利于未成年人健康成长的角度出发，推行社会调查、社会观护、心理疏导、司法救助、诉讼教育引导等制度，依法给予未成年人特殊、优先保护。加强未成年人法律援助，积极开展司法救助，及时帮扶司法过程中陷入困境的未成年人，充分体现司法的人文关怀。

24. 深化未成年人检察法律监督。依法对涉及未成年人的诉讼活动、未成年人重新犯罪预防工作等开展法律监督。及时对未尽到未成年人教育、管理、救助、看护等保护职责的有关单位提出建议。进一步加强涉及未成年人刑事、民事、行政、公益诉讼检察业务统一集中办理工作。开展未成年人刑事案件羁押必要性审查，对涉及未成年人刑事案件立案、侦查和审判活动，以及涉及未成年人民事诉讼、行政诉讼和执行活动进行监督。开展未成年人监管及未成年人社区矫正活动监督。加大对侵犯未成年人合法权益案件督促、支持相关组织和个人代为提起诉讼的力度，涉及公共利益的依法提起公益诉讼。推动未成年人司法保护协作机制和社会支持体系建设。

25. 严厉打击涉未成年人违法犯罪行为。依法严惩利用未成年人实施黑恶势力犯罪，对拉拢、胁迫未成年人参加有组织犯罪的，从严追诉、从重量刑。加强未成年人毒品预防教育，引导未成年人从小认清毒品危害，自觉抵制毒品。依法严厉惩治引诱、纵容未成年人从事吸贩毒活动的违法犯罪分子。落实《中国反对拐卖人口行动计划（2021–2030年）》，预防和惩治拐卖未成年人犯罪行为。预防和打击使用童工违法行为。依法查处生产、销售用于未成年人的假冒伪劣食品、药品、玩具、用具和相关设施设备违法犯罪行为。

## 三、保障措施

（一）加强组织领导。强化党委领导、政府负责、民政牵头、部门协同、社会参与的未成年人保护工作格局。推动各地党委和政府将未成年人保护工作纳入国民经济和社会发展规划及工作绩效评价。依法将未成年人保护工作纳入乡镇（街道）、村（社区）职责范围。将未成年人保护工作开展情况作为平安建设考核重要内容，落实落细文明城市、文明村镇、文明单位、文明家庭和文明校园创建中未成年人保护相关要求。制定实施《中国儿童发展纲要（2021–2030年）》。按有关规定组织开展未成年人保护工作表彰奖励，对有突出表现的给予表彰。

（二）加大工作保障。加强未成年人服务设施建设，建立和改善适合未成年人的活动场所和设施，支持公益性未成年人活动场所和设施的建设和运行。加强未成年人救助保护机构等场所服务设施设备建设。将未成年人保护工作相关经费纳入本级预算。将未成年人关爱服务纳入政府购买服务指导性目录，通过政府购买服务等方式引导社会工作专业服务机构、公益慈善类社会组织为留守儿童、困境儿童等特殊儿童群体提供专业服务。加强民政部本级和地方各级政府用于社会福利事业的彩票公益金对未成年人保护工作的支持。加强未成年人保护科学研究和人才培养。

（三）充实工作力量。充实基层未成年人保护工作力量，实现未成年人保护工作一线有机构负责、有专人办事、有经费保障。指导各地根据需要，通过整合相关编制资源、盘活编制存量、推动机构转型等方式加强未成年人救助保护机构建设，承担好需依法临时监护的未成年人收留、抚养等相关工作。指导乡镇（街道）设立未成年人保护工作站，及时办理未成年人保护相关事务。加强儿童督导员、儿童主任专业化建设，鼓励其考取社会工作职业资格。加强未成年人审判组织建设和审判专业化、队伍职业化建设。各级人民法院、人民检察院根据实际需要明确相应机构或者指定人员负责未成年人审判、检察工作。指导基层公安派出所加强未成年人保护工作，根据实际明确相关人员负责未成年人保护工作。

（四）深入宣传引导。深入开展未成年人保护工作和《中华人民共和国未成年人保护法》等法律法规的宣传教育，中央和地方有关新闻媒体可设置专栏，基层单位要充分利用所属网站、新媒体、宣传栏等平台，开展全方位、多角度、立体式宣传活动，贯彻落实《新时代爱国主义教育实施纲要》、《新时代公民道德建设实施纲要》，营造全社会关心支持未成年人保护工作的良好氛围。进一步规范新闻媒体对涉及未成年人相关热点事件的宣传报道，传播社会正能量。

（五）强化监督检查。加强对未成年人保护工作的监督检查，建立健全业务指导、督促检查和重大事项通报制度。各级未成年人保护工作协调机制设立专兼职相结合的未成年人权益督查专员，负责牵头对各地各部门开展未成年人保护工作情况进行督促检查，对存在的突出问题以及侵害未成年人权益的恶性案件、重大事件进行跟踪指导、挂牌督办、限时整改。

# 建设部　民政部
# 关于进一步做好社区未成年人活动场所建设和管理工作的意见

（2004 年 12 月 9 日　建精〔2004〕219 号）

各省、自治区、直辖市建设厅（建委及有关部门）、民政厅（局），新疆生产建设兵团建设局、民政局：

为贯彻落实《中共中央、国务院关于进一步加强和改进未成年人思想道德建设的若干意见》的精神，进一步做好社区未成年人活动场所建设和管理工作，提出如下意见：

## 一、强化责任意识，进一步明确加强社区未成年人活动场所建设的重要性

社区是未成年人生活、学习的落脚点，社区的环境对未成年人生活习惯的养成和道德情操的培养，乃至个人品质、思想抱负、社会责任感的形成，都有着重要影响。因此，做好社区未成年人思想道德建设工作，社区未成年人活动场所的建设是基础。目前，社区内拥有的各种小型文化、教育、体育设施，为未成年人提供了不少喜闻乐见的服务，但还远不适应当前加强和改进未成年人思想道德建设的要求。社区未成年人活动场所是社区未成年人开展活动的有效平台和载体。作为负责城市建设和管理的建设行政主管部门，作为负责城市社区建设的民政部门，在加强社区未成年人基础设施建设和管理工作中，负有重要的责任。因此，我们一定要从实践“三个代表”重要思想，维护居民群众的根本利益出发的高度，从推进社会主义物质文明、政治文明和精神文明协调发展，服务改革、发展、稳定大局的高度，深刻认识进一步做好社区未成年人

活动场所建设和管理工作的重要意义，切实增强做好这项工作的自觉性和紧迫感。各地要在党委和政府的领导下，以规划为龙头，逐步建立布局合理、规模适当、功能配套的社区未成年人活动场所，切实把加强社区未成年人思想道德建设的各项工作落到实处。坚持政府投入为主，社会积极支持的原则，因地制宜，形式多样，力争在三至五年时间内，使全国社区未成年人活动场所有较大的改观，使管理服务水平有新的提高，为加强未成年人思想道德建设发挥更大的作用。

## 二、严格规划管理，切实加强社区未成年人活动场所的规划建设

社区未成年人活动场所包括文化、教育、科技、体育等公共设施用房以及室外活动场地。为搞好未成年人活动场所的建设，建设部已印发了《关于进一步加强和改进未成年人活动场所规划建设工作的通知》（建规［2004］167号），提出大城市要逐步建立起布局合理、规模适当、功能配套的市、区、社区未成年人活动场所；中小城市要重点建设好市级未成年人活动场所。

一是各地要加大城市规划实施管理的力度，把未成年人活动场所作为城市规划的强制性内容。在城市总体规划（包括县城关镇总体规划）、详细规划、居住区规划的编制、审批中必须严格执行《城市规划法》、《城市规划编制办法》、《城市用地分类与规划建设用地标准》（GBJ137–90）、《城市居住区规划设计规范》（GB50180–93）等法规和标准的规定，保证未成年人活动场所的建设用地。各级城市规划行政主管部门，在组织审查城市规划时，要把是否按国家标准配置了未成年人活动场所，作为审查规划的重要内容。

二是各地在城市的旧区改建或新区开发建设中，必须配套建设未成年人活动场所。地级以上城市要建立青少年活动中心，人口规模在30000—50000人以上的居住区应（按照每千人用地200—600平方米、每千人建筑100—200平方米）建设文化活动中心；人口规模在7000—15000人的居住小区（按照每千人用地40—60平方米、每千人建筑20—30平方米）建设文化活动站；重点镇和县城关镇也要设置文化活动站或青少年之家。对未配套规划未成年人活动场所的开发建设项目，不得批准建设。

## 三、部门密切配合，把社区未成年人活动场所的建设和管理工作落到实处

社区未成年人基础服务设施建设和管理工作，事关居民群众特别是未成年人的切身利益，事关城市基层的稳定，各有关部门要在当地党委、政府的统一领导下，统筹规划，明确责任，积极配合，狠抓落实。

各地要严格按照法定建设程序，依法建设社区未成年人活动场所。各级建设主管部门要监督检查建设单位（房地产开发企业）按照小区规划，配套建设未成年人活动场所的实施情况，对未按规划建设未成年人活动场所的，要责令建设单位（房地产开发企业）限期纠正。对拒不改正的依法予以处罚，并将其不良行为纳入房地产开发企业信用档案。建设社区未成年人活动场所要严格按照标准进行设计和施工，并应严格按照工程建设标准强制性条文进行监督检查。严禁使用不合格建筑材料、建筑构配件、设备和商品混凝土。严把工序验收关和工程竣工验收关，不合格的工程决不允许交付使用。确保社区未成年人活动场所建设的施工质量。未成年人活动场所建成后，不得擅自改变其使用性质。建成的未成年人活动场所的权属，按照“谁投资，谁所有”的原则确定。为保证未成年人活动场所使用安全，要建立未成年人活动场所安全责任制。对实施物业管理的住宅小区，物业管理企业要依据物业管理合同对未成年人活动场所提供物业管理服务。各级民政部门要指导社区组织加强对社区未成年人活动场所的管理，不断提高服务水平，发挥社区未成年人活动场所的综合效益。

# 共青团中央　全国少工委
# 关于加强共青团新时代未成年人保护工作的意见

（2023 年 1 月 17 日　中青联发〔2023〕2 号）

关爱保护未成年人，是党赋予共青团的重要责任。为深入贯彻习近平总书记关于未成年人保护工作重要指示批示精神，扎实落实《国务院未成年人保护

工作领导小组关于加强未成年人保护工作的意见》，就进一步加强共青团新时代未成年人保护工作，提出如下意见。

## 一、总体要求

1. 指导思想。以习近平新时代中国特色社会主义思想为指导，认真贯彻党中央、国务院关于未成年人保护工作决策部署，履行《中华人民共和国未成年人保护法》、《中华人民共和国预防未成年人犯罪法》和《中长期青年发展规划（2016—2025年）》赋予共青团组织的关爱保护未成年人职责义务，适应新时代未成年人保护工作新格局，顺应新时代未成年人身心发展新特征，把握新时代未成年人合法权益新内涵，有效发挥组织优势，聚焦重点善作善成，切实将新时代未成年人保护工作融入共青团“三力一度两保障”工作格局，高质量保护未成年人身心健康、促进未成年人全面发展。

2. 工作原则

——坚守育人初心。牢牢把握为党培养社会主义建设者和接班人的根本任务，把引领未成年人思想成长、政治进步贯穿工作始终，用心用情服务、保护未成年人，使广大未成年人充分感受党和政府的温暖，茁壮成长为堪当民族复兴大任的时代新人。

——坚持守土有责。根据共青团、少先队职责定位，依照相关法律规定、规划要求及分工安排，准确把握工作边界场域，积极围绕思想引领、政策倡导、关心服务、权益维护等深入开展未成年人保护工作。

——坚持协同配合。积极参与各级未成年人保护工作机制，加强与成员单位密切沟通、协同发力。各级共青团、少先队和青联、学联组织主动作为，并广泛培育带动社会力量、挖掘整合社会资源开展未成年人保护工作。

3. 工作目标。力争用3年左右时间，推动出台一批优先保护、重点保护未成年人的政策举措，深化开展一批贴合未成年人成长发展需求的工作项目，精心培养一批熟悉政策、善于实践的未成年人保护工作队伍，构建形成共青团、少先队、青联、学联组织协同高质量参与未成年人保护的工作格局，切实保障促进广大未成年人健康成长，使广大未成年人理想更远大、信念更坚定、身心更健全、素质更全面，使共青团、少先队更好成为广大未成年人信得过、靠得住、离不开的贴心人。

## 二、主要任务

1. 加强思想引领。聚焦共青团、少先队根本任务，把握未成年人成长规律和教育规律，采用通俗易懂、轻松活泼的引导方式，帮助未成年人扣好人生第一粒扣子。强化政治启蒙，组织习近平新时代中国特色社会主义思想的启发式学习，开展党史、新中国史、改革开放史、社会主义发展史教育，讲好党的十八大以来的历史性成就、历史性变革，引领未成年人厚植听党话、跟党走的朴素情感。培塑爱国情怀，组织学习中华民族悠久历史和灿烂文化，广泛开展爱国主义、集体主义、社会主义教育，抓住重大节庆日、重大历史事件纪念日等节点开展主题活动，加强优秀传统文化产品生产供给，激发未成年人民族自豪感和自信心。注重道德培育，汲取善用中华传统文化精髓，弘扬红色精神谱系、传扬革命英雄人物事迹，强化社会主义核心价值观教育，发挥榜样示范带动作用，深化劳动实践和志愿服务体验参与，引领未成年人树立正确世界观、人生观、价值观。

2. 加强政策倡导。立足发挥桥梁纽带作用，依托党赋予的资源和渠道，感知未成年人温度、传递党和政府温暖，推动健全未成年人保护法律政策体系。参与法律体系完善，积极参加未成年人保护相关法律执法检查，推动健全未成年人保护地方性法规，代表和支持未成年人参与立法协商、意见征集。推动《中长期青年发展规划（2016—2025 年）》纵深实施，提升各级青年工作联席会议机制运转效能，广泛倡导、大力推进青年发展型城市建设，积极参与儿童友好城市建设，围绕未成年人身心健康和托育、托幼、教育、健康等公共服务领域，推动制定促进未成年人全面发展的普惠性政策。广泛联系各级人大代表、政协委员，联合开展专项调研，推动代表委员在各级“两会”上提出相关建议提案，促进相关部门在政策制定和实施过程中关注关爱未成年人成长。深入开展新时代未成年人保护领域课题研究，向各级党委和政府提交高质量资政报告。

3. 加强关心服务。牢牢把握共青团工作生命线，围绕未成年人成长特点、现实需求、难点痛点，千万百计为他们办实事、解难事。聚焦未成年人身心健康成长，深入开展生命教育、自护教育、法治教育、心理健康教育，积极参与家庭教育，开展有组织的户外活动、体育运动，帮助未成年人提升合作沟通能力、抗挫折能力、自护能力，锻炼强健体魄、做到自信达观。聚焦未成年人综合素质提升，落实“双减”工作总体部署，组织科创教育、文化体验、社会实践等活动，培养未成年人社会责任感、创新精神和实践能力。着重关爱留守儿童、困境儿童、涉案失管未成年人等群体，向农村地区、中西部地区投射更多目光心力，注重日常关护帮扶，探索完善突发公共事件、自然灾害以及重大家庭变故中未成年人应急救助响应机制。积极参与净化未成年人网络空间，持续提升未成年人网络素养。

4. 加强权益维护。对未成年人合法权益受到侵害的情况，共青团、少先队组织要敢于作为、善于作为，切实维护好未成年人合法权益。推动建立未成年人权益维护社会支持体系，深化“维护青少年权益岗”创建，充分发挥团属青年社会组织作用，示范引导社会组织依法依规向未成年人提供专业化服务，宣传营造全社会共同关爱未成年人的良好环境。稳妥开展未成年人权益事件响应工作，履行各级团组织、团属阵地发现和报告侵害未成年人权益事件义务，积极回应、稳妥参与处置冲击道德和法律底线的未成年人保护典型案件。加强权益受损未成年人救济工作，积极挖掘整合团内资源，依托团属基金会、各类公益平台募集社会资源，综合提供心理抚慰、法律援助、物质帮扶等服务。

## 三、重点项目

1. 生命安全守护行动。常态化组织“12355 青春自护”教育，聚焦性侵、拐骗、学生欺凌等不法侵害，溺水、触电、交通事故等意外伤害，地震、洪涝灾害、火灾等自然灾害和事故灾难等，通过深化“少年警校”活动、组织参观科普教育场所、举办专业培训、开展模拟演练等多种形式，提升未成年人自我保护意识、应急避险能力和自救互救技能。积极聘请相关领域专业人士担任少先队校外辅导员、专项行动志愿者等，凝聚守护未成年人安全的社会力量。制作高质量自护主题教育文化产品。

2. 心理健康守护行动。持续推动“12355 青少年服务台”提质增效，打造全国网络平台，提供公益性、专业化心理服务。丰富 12355 线下活动载体，持续开展“12355 中高考减压活动”、“12355 健康守护行动”等，坚持进学校、进农村、进社区，帮助未成年人提升心理素养。探索建立未成年人心理健康同伴支持体系，发挥班级团支部及时发现报告未成年人苗头性心理问题职能。常态化联系心理专家、心理专业志愿者等工作力量，跟踪研究未成年人心理状况特点，研发适合未成年人的心理健康教育资源，强化服务未成年人心理健康的专业支撑。

3. 网络素养提升行动。组织未成年人学习网络行为规范、文明礼仪，自觉抵制不良信息，文明健康上网。帮助未成年人提高网络防沉迷意识，合理适度使用网络。通过案例教学等形式帮助未成年人提升网络信息甄别能力、思辨能力，不信谣不传谣，积极传播正能量，理性参与网络活动，共同营造清朗网络空间，争做中国好网民。组织未成年人学习网络法律法规，远离网络违法犯罪，增强防范网络欺凌、网络诈骗的自我保护意识和能力。开展未成年人网络使用情况年度调查，加强网络素养教育产品供给，持续推出网络素养公开课，依托共青团、少先队新媒体矩阵推广传播。

4. 法治意识提升行动。深化"全国青少年学法用法网上知识竞赛"等活动，帮助未成年人学习法律知识、增强法治意识，从小养成尊法学法守法用法的能力和自觉。开展模拟法庭、青年普法志愿者法治文化基层行等活动，组织未成年人旁听庭审、实地观摩，沉浸式体验感受司法过程和司法实践，提升内心深处对法律的敬畏感。加强符合青少年特点的普法产品供给，善用国家宪法日、全民国家安全教育日等时间节点，组织学习并广泛宣传宪法和民法典、刑法、未成年人保护法、预防未成年人犯罪法、治安管理处罚法等与未成年人相关的法律法规。

5. 困境群体关爱行动。推进新时代希望工程提档升级，聚力帮助困难家庭未成年人"有学上"、"上好学"，持续为未成年人提供新助力、播种新希望。深化实施"七彩假期"、"七彩四点半"等假期和课后托管志愿服务项目，充分动员高校青年志愿者队伍、各级青年志愿者协会等群体，着力面向农村留守儿童、进城务工人员子女、城市低收入家庭子女、困难家庭学生提供课业辅导、课后陪伴等服务。深化"情暖童心"共青团关爱农村留守儿童行动，高质量建设"童心港湾"，做好"童伴妈妈"的选聘用管等工作，面向留守儿童常态化开展亲情陪伴、情感关怀、自护教育、励志教育等关爱服务。建好用好流动少年宫、社区少年宫、"青年之家·红领巾学堂"等阵地载体。

## 四、工作保障

1. 强化工作机制保障。着力构建职责明确、协同高效的共青团未成年人保护工作运行机制，形成权益部门牵头统筹、职能部门分工负责、事业单位有效支持的工作格局，推动工作有效、有力、有序开展。各级共青团组织应明确 1 名负责同志统筹领导未成年人保护工作，将相关工作纳入年度工作计划，明确目标任务，注重过程督导。

2. 强化工作协同保障。各级共青团组织应立足组织化工作模式，积极配合未成年人保护工作机制牵头部门，围绕任务分工有效联动相关部门，加强团结协作，形成工作合力。努力拓展社会化工作路径，广泛联系热心未成年人事业的专业化社会组织、志愿力量，通过购买服务、推荐先进等形式将其牢牢凝聚在身边，协同开展未成年人保护工作。

3. 强化工作资源保障。各级共青团组织应大力挖掘团内资源，为未成年人保护工作专项提供经费保障、整合提供资源供给，依托团属基金会拓宽工作资金和物质来源。积极整合社会资源，通过众筹等方式项目化设计开展共青团未成年人保护工作。特别注重各类工作资源向基层共青团组织倾斜，强化资金支持和荣誉激励。

# 网络篇

# 中华人民共和国网络安全法（节录）

（2016 年 11 月 7 日第十二届全国人民代表大会常务委员会第二十四次会议通过）

## 第一章 总　　则

**第一条** 为了保障网络安全，维护网络空间主权和国家安全、社会公共利益，保护公民、法人和其他组织的合法权益，促进经济社会信息化健康发展，制定本法。

**第二条** 在中华人民共和国境内建设、运营、维护和使用网络，以及网络安全的监督管理，适用本法。

**第三条** 国家坚持网络安全与信息化发展并重，遵循积极利用、科学发展、依法管理、确保安全的方针，推进网络基础设施建设和互联互通，鼓励网络技术创新和应用，支持培养网络安全人才，建立健全网络安全保障体系，提高网络安全保护能力。

**第四条** 国家制定并不断完善网络安全战略，明确保障网络安全的基本要求和主要目标，提出重点领域的网络安全政策、工作任务和措施。

**第五条** 国家采取措施，监测、防御、处置来源于中华人民共和国境内外的网络安全风险和威胁，保护关键信息基础设施免受攻击、侵入、干扰和破坏，依法惩治网络违法犯罪活动，维护网络空间安全和秩序。

**第六条** 国家倡导诚实守信、健康文明的网络行为，推动传播社会主义核心价值观，采取措施提高全社会的网络安全意识和水平，形成全社会共同参与促进网络安全的良好环境。

**第七条** 国家积极开展网络空间治理、网络技术研发和标准制定、打击网络违法犯罪等方面的国际交流与合作，推动构建和平、安全、开放、合作的网络空间，建立多边、民主、透明的网络治理体系。

**第八条** 国家网信部门负责统筹协调网络安全工作和相关监督管理工作。国务院电信主管部门、公安部门和其他有关机关依照本法和有关法律、行政法规的规定，在各自职责范围内负责网络安全保护和监督管理工作。

县级以上地方人民政府有关部门的网络安全保护和监督管理职责，按照国家有关规定确定。

**第九条** 网络运营者开展经营和服务活动，必须遵守法律、行政法规，尊重社会公德，遵守商业道德，诚实信用，履行网络安全保护义务，接受政府和社会的监督，承担社会责任。

**第十条** 建设、运营网络或者通过网络提供服务，应当依照法律、行政法规的规定和国家标准的强制性要求，采取技术措施和其他必要措施，保障网络安全、稳定运行，有效应对网络安全事件，防范网络违法犯罪活动，维护网络数据的完整性、保密性和可用性。

**第十一条** 网络相关行业组织按照章程，加强行业自律，制定网络安全行为规范，指导会员加强网络安全保护，提高网络安全保护水平，促进行业健康发展。

**第十二条** 国家保护公民、法人和其他组织依法使用网络的权利，促进网络接入普及，提升网络服务水平，为社会提供安全、便利的网络服务，保障网络信息依法有序自由流动。

任何个人和组织使用网络应当遵守宪法法律，遵守公共秩序，尊重社会公德，不得危害网络安全，不得利用网络从事危害国家安全、荣誉和利益，煽动颠覆国家政权、推翻社会主义制度，煽动分裂国家、破坏国家统一，宣扬恐怖主义、极端主义，宣扬民族仇恨、民族歧视，传播暴力、淫秽色情信息，编造、传播虚假信息扰乱经济秩序和社会秩序，以及侵害他人名誉、隐私、知识产权和其他合法权益等活动。

**第十三条** 国家支持研究开发有利于未成年人健康成长的网络产品和服务，依法惩治利用网络从事危害未成年人身心健康的活动，为未成年人提供安全、健康的网络环境。

**第十四条** 任何个人和组织有权对危害网络安全的行为向网信、电信、公安等部门举报。收到举报的部门应当及时依法作出处理；不属于本部门职责的，应当及时移送有权处理的部门。

有关部门应当对举报人的相关信息予以保密，保护举报人的合法权益。

## 第三章　网络运行安全

### 第一节　一般规定

**第二十一条**　国家实行网络安全等级保护制度。网络运营者应当按照网络安全等级保护制度的要求，履行下列安全保护义务，保障网络免受干扰、破坏或者未经授权的访问，防止网络数据泄露或者被窃取、篡改：

（一）制定内部安全管理制度和操作规程，确定网络安全负责人，落实网络安全保护责任；

（二）采取防范计算机病毒和网络攻击、网络侵入等危害网络安全行为的技术措施；

（三）采取监测、记录网络运行状态、网络安全事件的技术措施，并按照规定留存相关的网络日志不少于六个月；

（四）采取数据分类、重要数据备份和加密等措施；

（五）法律、行政法规规定的其他义务。

**第二十二条**　网络产品、服务应当符合相关国家标准的强制性要求。网络产品、服务的提供者不得设置恶意程序；发现其网络产品、服务存在安全缺陷、漏洞等风险时，应当立即采取补救措施，按照规定及时告知用户并向有关主管部门报告。

网络产品、服务的提供者应当为其产品、服务持续提供安全维护；在规定或者当事人约定的期限内，不得终止提供安全维护。

网络产品、服务具有收集用户信息功能的，其提供者应当向用户明示并取得同意；涉及用户个人信息的，还应当遵守本法和有关法律、行政法规关于个人信息保护的规定。

**第二十三条**　网络关键设备和网络安全专用产品应当按照相关国家标准的强制性要求，由具备资格的机构安全认证合格或者安全检测符合要求后，方可销售或者提供。国家网信部门会同国务院有关部门制定、公布网络关键设备和网络安全专用产品目录，并推动安全认证和安全检测结果互认，避免重复认证、检测。

**第二十四条**　网络运营者为用户办理网络接入、域名注册服务，办理固定电话、移动电话等入网手续，或者为用户提供信息发布、即时通讯等服务，在与用户签订协议或者确认提供服务时，应当要求用户提供真实身份信息。用户不提供真实身份信息的，网络运营者不得为其提供相关服务。

国家实施网络可信身份战略，支持研究开发安全、方便的电子身份认证技术，推动不同电子身份认证之间的互认。

**第二十五条** 网络运营者应当制定网络安全事件应急预案，及时处置系统漏洞、计算机病毒、网络攻击、网络侵入等安全风险；在发生危害网络安全的事件时，立即启动应急预案，采取相应的补救措施，并按照规定向有关主管部门报告。

**第二十六条** 开展网络安全认证、检测、风险评估等活动，向社会发布系统漏洞、计算机病毒、网络攻击、网络侵入等网络安全信息，应当遵守国家有关规定。

**第二十七条** 任何个人和组织不得从事非法侵入他人网络、干扰他人网络正常功能、窃取网络数据等危害网络安全的活动；不得提供专门用于从事侵入网络、干扰网络正常功能及防护措施、窃取网络数据等危害网络安全活动的程序、工具；明知他人从事危害网络安全的活动的，不得为其提供技术支持、广告推广、支付结算等帮助。

**第二十八条** 网络运营者应当为公安机关、国家安全机关依法维护国家安全和侦查犯罪的活动提供技术支持和协助。

**第二十九条** 国家支持网络运营者之间在网络安全信息收集、分析、通报和应急处置等方面进行合作，提高网络运营者的安全保障能力。

有关行业组织建立健全本行业的网络安全保护规范和协作机制，加强对网络安全风险的分析评估，定期向会员进行风险警示，支持、协助会员应对网络安全风险。

**第三十条** 网信部门和有关部门在履行网络安全保护职责中获取的信息，只能用于维护网络安全的需要，不得用于其他用途。

## 第四章　网络信息安全

**第四十条** 网络运营者应当对其收集的用户信息严格保密，并建立健全用户信息保护制度。

**第四十一条** 网络运营者收集、使用个人信息，应当遵循合法、正当、必要的原则，公开收集、使用规则，明示收集、使用信息的目的、方式和范围，并经被收集者同意。

网络运营者不得收集与其提供的服务无关的个人信息，不得违反法律、行政法规的规定和双方的约定收集、使用个人信息，并应当依照法律、行政法规的规定和与用户的约定，处理其保存的个人信息。

**第四十二条** 网络运营者不得泄露、篡改、毁损其收集的个人信息；未经被收集者同意，不得向他人提供个人信息。但是，经过处理无法识别特定个人且不能复原的除外。

网络运营者应当采取技术措施和其他必要措施，确保其收集的个人信息安全，防止信息泄露、毁损、丢失。在发生或者可能发生个人信息泄露、毁损、丢失的情况时，应当立即采取补救措施，按照规定及时告知用户并向有关主管部门报告。

**第四十三条** 个人发现网络运营者违反法律、行政法规的规定或者双方的约定收集、使用其个人信息的，有权要求网络运营者删除其个人信息；发现网络运营者收集、存储的其个人信息有错误的，有权要求网络运营者予以更正。网络运营者应当采取措施予以删除或者更正。

**第四十四条** 任何个人和组织不得窃取或者以其他非法方式获取个人信息，不得非法出售或者非法向他人提供个人信息。

**第四十五条** 依法负有网络安全监督管理职责的部门及其工作人员，必须对在履行职责中知悉的个人信息、隐私和商业秘密严格保密，不得泄露、出售或者非法向他人提供。

**第四十六条** 任何个人和组织应当对其使用网络的行为负责，不得设立用于实施诈骗，传授犯罪方法，制作或者销售违禁物品、管制物品等违法犯罪活动的网站、通讯群组，不得利用网络发布涉及实施诈骗，制作或者销售违禁物品、管制物品以及其他违法犯罪活动的信息。

**第四十七条** 网络运营者应当加强对其用户发布的信息的管理，发现法律、行政法规禁止发布或者传输的信息的，应当立即停止传输该信息，采取消除等处置措施，防止信息扩散，保存有关记录，并向有关主管部门报告。

**第四十八条** 任何个人和组织发送的电子信息、提供的应用软件，不得设置恶意程序，不得含有法律、行政法规禁止发布或者传输的信息。

电子信息发送服务提供者和应用软件下载服务提供者，应当履行安全管理义务，知道其用户有前款规定行为的，应当停止提供服务，采取消除等处置措施，保存有关记录，并向有关主管部门报告。

**第四十九条** 网络运营者应当建立网络信息安全投诉、举报制度，公布投诉、举报方式等信息，及时受理并处理有关网络信息安全的投诉和举报。

网络运营者对网信部门和有关部门依法实施的监督检查，应当予以配合。

**第五十条** 国家网信部门和有关部门依法履行网络信息安全监督管理职责，发现法律、行政法规禁止发布或者传输的信息的，应当要求网络运营者停止传输，采取消除等处置措施，保存有关记录；对来源于中华人民共和国境外的上述信息，应当通知有关机构采取技术措施和其他必要措施阻断传播。

# 国务院
# 未成年人网络保护条例

（2023 年 10 月 16 日　国务院令第 766 号）

## 第一章　总　　则

**第一条** 为了营造有利于未成年人身心健康的网络环境，保障未成年人合法权益，根据《中华人民共和国未成年人保护法》、《中华人民共和国网络安全法》、《中华人民共和国个人信息保护法》等法律，制定本条例。

**第二条** 未成年人网络保护工作应当坚持中国共产党的领导，坚持以社会主义核心价值观为引领，坚持最有利于未成年人的原则，适应未成年人身心健康发展和网络空间的规律和特点，实行社会共治。

**第三条** 国家网信部门负责统筹协调未成年人网络保护工作，并依据职责做好未成年人网络保护工作。

国家新闻出版、电影部门和国务院教育、电信、公安、民政、文化和旅游、卫生健康、市场监督管理、广播电视等有关部门依据各自职责做好未成年人网络保护工作。

县级以上地方人民政府及其有关部门依据各自职责做好未成年人网络保护

工作。

**第四条** 共产主义青年团、妇女联合会、工会、残疾人联合会、关心下一代工作委员会、青年联合会、学生联合会、少年先锋队以及其他人民团体、有关社会组织、基层群众性自治组织，协助有关部门做好未成年人网络保护工作，维护未成年人合法权益。

**第五条** 学校、家庭应当教育引导未成年人参加有益身心健康的活动，科学、文明、安全、合理使用网络，预防和干预未成年人沉迷网络。

**第六条** 网络产品和服务提供者、个人信息处理者、智能终端产品制造者和销售者应当遵守法律、行政法规和国家有关规定，尊重社会公德，遵守商业道德，诚实信用，履行未成年人网络保护义务，承担社会责任。

**第七条** 网络产品和服务提供者、个人信息处理者、智能终端产品制造者和销售者应当接受政府和社会的监督，配合有关部门依法实施涉及未成年人网络保护工作的监督检查，建立便捷、合理、有效的投诉、举报渠道，通过显著方式公布投诉、举报途径和方法，及时受理并处理公众投诉、举报。

**第八条** 任何组织和个人发现违反本条例规定的，可以向网信、新闻出版、电影、教育、电信、公安、民政、文化和旅游、卫生健康、市场监督管理、广播电视等有关部门投诉、举报。收到投诉、举报的部门应当及时依法作出处理；不属于本部门职责的，应当及时移送有权处理的部门。

**第九条** 网络相关行业组织应当加强行业自律，制定未成年人网络保护相关行业规范，指导会员履行未成年人网络保护义务，加强对未成年人的网络保护。

**第十条** 新闻媒体应当通过新闻报道、专题栏目（节目）、公益广告等方式，开展未成年人网络保护法律法规、政策措施、典型案例和有关知识的宣传，对侵犯未成年人合法权益的行为进行舆论监督，引导全社会共同参与未成年人网络保护。

**第十一条** 国家鼓励和支持在未成年人网络保护领域加强科学研究和人才培养，开展国际交流与合作。

**第十二条** 对在未成年人网络保护工作中作出突出贡献的组织和个人，按照国家有关规定给予表彰和奖励。

## 第二章　网络素养促进

**第十三条**　国务院教育部门应当将网络素养教育纳入学校素质教育内容，并会同国家网信部门制定未成年人网络素养测评指标。

教育部门应当指导、支持学校开展未成年人网络素养教育，围绕网络道德意识形成、网络法治观念培养、网络使用能力建设、人身财产安全保护等，培育未成年人网络安全意识、文明素养、行为习惯和防护技能。

**第十四条**　县级以上人民政府应当科学规划、合理布局，促进公益性上网服务均衡协调发展，加强提供公益性上网服务的公共文化设施建设，改善未成年人上网条件。

县级以上地方人民政府应当通过为中小学校配备具有相应专业能力的指导教师、政府购买服务或者鼓励中小学校自行采购相关服务等方式，为学生提供优质的网络素养教育课程。

**第十五条**　学校、社区、图书馆、文化馆、青少年宫等场所为未成年人提供互联网上网服务设施的，应当通过安排专业人员、招募志愿者等方式，以及安装未成年人网络保护软件或者采取其他安全保护技术措施，为未成年人提供上网指导和安全、健康的上网环境。

**第十六条**　学校应当将提高学生网络素养等内容纳入教育教学活动，并合理使用网络开展教学活动，建立健全学生在校期间上网的管理制度，依法规范管理未成年学生带入学校的智能终端产品，帮助学生养成良好上网习惯，培养学生网络安全和网络法治意识，增强学生对网络信息的获取和分析判断能力。

**第十七条**　未成年人的监护人应当加强家庭家教家风建设，提高自身网络素养，规范自身使用网络的行为，加强对未成年人使用网络行为的教育、示范、引导和监督。

**第十八条**　国家鼓励和支持研发、生产和使用专门以未成年人为服务对象、适应未成年人身心健康发展规律和特点的网络保护软件、智能终端产品和未成年人模式、未成年人专区等网络技术、产品、服务，加强网络无障碍环境建设和改造，促进未成年人开阔眼界、陶冶情操、提高素质。

**第十九条**　未成年人网络保护软件、专门供未成年人使用的智能终端产品应当具有有效识别违法信息和可能影响未成年人身心健康的信息、保护未成年人个人信息权益、预防未成年人沉迷网络、便于监护人履行监护职责等功能。

国家网信部门会同国务院有关部门根据未成年人网络保护工作的需要，明确未成年人网络保护软件、专门供未成年人使用的智能终端产品的相关技术标准或者要求，指导监督网络相关行业组织按照有关技术标准和要求对未成年人网络保护软件、专门供未成年人使用的智能终端产品的使用效果进行评估。

智能终端产品制造者应当在产品出厂前安装未成年人网络保护软件，或者采用显著方式告知用户安装渠道和方法。智能终端产品销售者在产品销售前应当采用显著方式告知用户安装未成年人网络保护软件的情况以及安装渠道和方法。

未成年人的监护人应当合理使用并指导未成年人使用网络保护软件、智能终端产品等，创造良好的网络使用家庭环境。

**第二十条** 未成年人用户数量巨大或者对未成年人群体具有显著影响的网络平台服务提供者，应当履行下列义务：

（一）在网络平台服务的设计、研发、运营等阶段，充分考虑未成年人身心健康发展特点，定期开展未成年人网络保护影响评估；

（二）提供未成年人模式或者未成年人专区等，便利未成年人获取有益身心健康的平台内产品或者服务；

（三）按照国家规定建立健全未成年人网络保护合规制度体系，成立主要由外部成员组成的独立机构，对未成年人网络保护情况进行监督；

（四）遵循公开、公平、公正的原则，制定专门的平台规则，明确平台内产品或者服务提供者的未成年人网络保护义务，并以显著方式提示未成年人用户依法享有的网络保护权利和遭受网络侵害的救济途径；

（五）对违反法律、行政法规严重侵害未成年人身心健康或者侵犯未成年人其他合法权益的平台内产品或者服务提供者，停止提供服务；

（六）每年发布专门的未成年人网络保护社会责任报告，并接受社会监督。

前款所称的未成年人用户数量巨大或者对未成年人群体具有显著影响的网络平台服务提供者的具体认定办法，由国家网信部门会同有关部门另行制定。

## 第三章 网络信息内容规范

**第二十一条** 国家鼓励和支持制作、复制、发布、传播弘扬社会主义核心价值观和社会主义先进文化、革命文化、中华优秀传统文化，铸牢中华民族共同体意识，培养未成年人家国情怀和良好品德，引导未成年人养成良好生活习惯和行为习惯等的网络信息，营造有利于未成年人健康成长的清朗网络空间和良好网络生态。

**第二十二条** 任何组织和个人不得制作、复制、发布、传播含有宣扬淫秽、色情、暴力、邪教、迷信、赌博、引诱自残自杀、恐怖主义、分裂主义、极端主义等危害未成年人身心健康内容的网络信息。

任何组织和个人不得制作、复制、发布、传播或者持有有关未成年人的淫秽色情网络信息。

**第二十三条** 网络产品和服务中含有可能引发或者诱导未成年人模仿不安全行为、实施违反社会公德行为、产生极端情绪、养成不良嗜好等可能影响未成年人身心健康的信息的，制作、复制、发布、传播该信息的组织和个人应当在信息展示前予以显著提示。

国家网信部门会同国家新闻出版、电影部门和国务院教育、电信、公安、文化和旅游、广播电视等部门，在前款规定基础上确定可能影响未成年人身心健康的信息的具体种类、范围、判断标准和提示办法。

**第二十四条** 任何组织和个人不得在专门以未成年人为服务对象的网络产品和服务中制作、复制、发布、传播本条例第二十三条第一款规定的可能影响未成年人身心健康的信息。

网络产品和服务提供者不得在首页首屏、弹窗、热搜等处于产品或者服务醒目位置、易引起用户关注的重点环节呈现本条例第二十三条第一款规定的可能影响未成年人身心健康的信息。

网络产品和服务提供者不得通过自动化决策方式向未成年人进行商业营销。

**第二十五条** 任何组织和个人不得向未成年人发送、推送或者诱骗、强迫未成年人接触含有危害或者可能影响未成年人身心健康内容的网络信息。

**第二十六条** 任何组织和个人不得通过网络以文字、图片、音视频等形式，对未成年人实施侮辱、诽谤、威胁或者恶意损害形象等网络欺凌行为。

网络产品和服务提供者应当建立健全网络欺凌行为的预警预防、识别监测和处置机制，设置便利未成年人及其监护人保存遭受网络欺凌记录、行使通知权利的功能、渠道，提供便利未成年人设置屏蔽陌生用户、本人发布信息可见范围、禁止转载或者评论本人发布信息、禁止向本人发送信息等网络欺凌信息防护选项。

网络产品和服务提供者应当建立健全网络欺凌信息特征库，优化相关算法模型，采用人工智能、大数据等技术手段和人工审核相结合的方式加强对网络欺凌信息的识别监测。

**第二十七条** 任何组织和个人不得通过网络以文字、图片、音视频等形式，组织、教唆、胁迫、引诱、欺骗、帮助未成年人实施违法犯罪行为。

**第二十八条** 以未成年人为服务对象的在线教育网络产品和服务提供者，应当按照法律、行政法规和国家有关规定，根据不同年龄阶段未成年人身心发展特点和认知能力提供相应的产品和服务。

**第二十九条** 网络产品和服务提供者应当加强对用户发布信息的管理，采取有效措施防止制作、复制、发布、传播违反本条例第二十二条、第二十四条、第二十五条、第二十六条第一款、第二十七条规定的信息，发现违反上述条款规定的信息的，应当立即停止传输相关信息，采取删除、屏蔽、断开链接等处置措施，防止信息扩散，保存有关记录，向网信、公安等部门报告，并对制作、复制、发布、传播上述信息的用户采取警示、限制功能、暂停服务、关闭账号等处置措施。

网络产品和服务提供者发现用户发布、传播本条例第二十三条第一款规定的信息未予显著提示的，应当作出提示或者通知用户予以提示；未作出提示的，不得传输该信息。

**第三十条** 国家网信、新闻出版、电影部门和国务院教育、电信、公安、文化和旅游、广播电视等部门发现违反本条例第二十二条、第二十四条、第二十五条、第二十六条第一款、第二十七条规定的信息的，或者发现本条例第二十三条第一款规定的信息未予显著提示的，应当要求网络产品和服务提供者按照本条例第二十九条的规定予以处理；对来源于境外的上述信息，应当依法通知有关机构采取技术措施和其他必要措施阻断传播。

## 第四章　个人信息网络保护

**第三十一条** 网络服务提供者为未成年人提供信息发布、即时通讯等服务的，应当依法要求未成年人或者其监护人提供未成年人真实身份信息。未成年人或者其监护人不提供未成年人真实身份信息的，网络服务提供者不得为未成年人提供相关服务。

网络直播服务提供者应当建立网络直播发布者真实身份信息动态核验机制，不得向不符合法律规定情形的未成年人用户提供网络直播发布服务。

**第三十二条** 个人信息处理者应当严格遵守国家网信部门和有关部门关于网络产品和服务必要个人信息范围的规定，不得强制要求未成年人或者其监护人同意非必要的个人信息处理行为，不得因为未成年人或者其监护人不同意处理未成年人非必要个人信息或者撤回同意，拒绝未成年人使用其基本功能服务。

**第三十三条** 未成年人的监护人应当教育引导未成年人增强个人信息保护意识和能力、掌握个人信息范围、了解个人信息安全风险，指导未成年人行使其在个人信息处理活动中的查阅、复制、更正、补充、删除等权利，保护未成年人个人信息权益。

**第三十四条** 未成年人或者其监护人依法请求查阅、复制、更正、补充、删除未成年人个人信息的，个人信息处理者应当遵守以下规定：

（一）提供便捷的支持未成年人或者其监护人查阅未成年人个人信息种类、数量等的方法和途径，不得对未成年人或者其监护人的合理请求进行限制；

（二）提供便捷的支持未成年人或者其监护人复制、更正、补充、删除未成年人个人信息的功能，不得设置不合理条件；

（三）及时受理并处理未成年人或者其监护人查阅、复制、更正、补充、删除未成年人个人信息的申请，拒绝未成年人或者其监护人行使权利的请求的，应当书面告知申请人并说明理由。

对未成年人或者其监护人依法提出的转移未成年人个人信息的请求，符合国家网信部门规定条件的，个人信息处理者应当提供转移的途径。

**第三十五条** 发生或者可能发生未成年人个人信息泄露、篡改、丢失的，个人信息处理者应当立即启动个人信息安全事件应急预案，采取补救措施，及时向网信等部门报告，并按照国家有关规定将事件情况以邮件、信函、电话、信息推送等方式告知受影响的未成年人及其监护人。

个人信息处理者难以逐一告知的，应当采取合理、有效的方式及时发布相关警示信息，法律、行政法规另有规定的除外。

**第三十六条** 个人信息处理者对其工作人员应当以最小授权为原则，严格设定信息访问权限，控制未成年人个人信息知悉范围。工作人员访问未成年人个人信息的，应当经过相关负责人或者其授权的管理人员审批，记录访问情况，并采取技术措施，避免违法处理未成年人个人信息。

**第三十七条** 个人信息处理者应当自行或者委托专业机构每年对其处理未成年人个人信息遵守法律、行政法规的情况进行合规审计，并将审计情况及时报告网信等部门。

**第三十八条** 网络服务提供者发现未成年人私密信息或者未成年人通过网络发布的个人信息中涉及私密信息的，应当及时提示，并采取停止传输等必要保护措施，防止信息扩散。

网络服务提供者通过未成年人私密信息发现未成年人可能遭受侵害的，应当立即采取必要措施保存有关记录，并向公安机关报告。

## 第五章 网络沉迷防治

**第三十九条** 对未成年人沉迷网络进行预防和干预，应当遵守法律、行政法规和国家有关规定。

教育、卫生健康、市场监督管理等部门依据各自职责对从事未成年人沉迷网络预防和干预活动的机构实施监督管理。

**第四十条** 学校应当加强对教师的指导和培训，提高教师对未成年学生沉迷网络的早期识别和干预能力。对于有沉迷网络倾向的未成年学生，学校应当及时告知其监护人，共同对未成年学生进行教育和引导，帮助其恢复正常的学习生活。

**第四十一条** 未成年人的监护人应当指导未成年人安全合理使用网络，关注未成年人上网情况以及相关生理状况、心理状况、行为习惯，防范未成年人接触危害或者可能影响其身心健康的网络信息，合理安排未成年人使用网络的时间，预防和干预未成年人沉迷网络。

**第四十二条** 网络产品和服务提供者应当建立健全防沉迷制度，不得向未成年人提供诱导其沉迷的产品和服务，及时修改可能造成未成年人沉迷的内容、功能和规则，并每年向社会公布防沉迷工作情况，接受社会监督。

**第四十三条** 网络游戏、网络直播、网络音视频、网络社交等网络服务提供者应当针对不同年龄阶段未成年人使用其服务的特点，坚持融合、友好、实用、有效的原则，设置未成年人模式，在使用时段、时长、功能和内容等方面按照国家有关规定和标准提供相应的服务，并以醒目便捷的方式为监护人履行监护职责提供时间管理、权限管理、消费管理等功能。

**第四十四条** 网络游戏、网络直播、网络音视频、网络社交等网络服务提供者应当采取措施，合理限制不同年龄阶段未成年人在使用其服务中的单次消费数额和单日累计消费数额，不得向未成年人提供与其民事行为能力不符的付费服务。

**第四十五条** 网络游戏、网络直播、网络音视频、网络社交等网络服务提供者应当采取措施，防范和抵制流量至上等不良价值倾向，不得设置以应援集资、投票打榜、刷量控评等为主题的网络社区、群组、话题，不得诱导未成年人参与应援集资、投票打榜、刷量控评等网络活动，并预防和制止其用户诱导未成年人实施上述行为。

**第四十六条** 网络游戏服务提供者应当通过统一的未成年人网络游戏电子身份认证系统等必要手段验证未成年人用户真实身份信息。

网络产品和服务提供者不得为未成年人提供游戏账号租售服务。

**第四十七条** 网络游戏服务提供者应当建立、完善预防未成年人沉迷网络的游戏规则，避免未成年人接触可能影响其身心健康的游戏内容或者游戏功能。

网络游戏服务提供者应当落实适龄提示要求，根据不同年龄阶段未成年人身心发展特点和认知能力，通过评估游戏产品的类型、内容与功能等要素，对游戏产品进行分类，明确游戏产品适合的未成年人用户年龄阶段，并在用户下载、注册、登录界面等位置予以显著提示。

**第四十八条** 新闻出版、教育、卫生健康、文化和旅游、广播电视、网信等部门应当定期开展预防未成年人沉迷网络的宣传教育，监督检查网络产品和服务提供者履行预防未成年人沉迷网络义务的情况，指导家庭、学校、社会组织互相配合，采取科学、合理的方式对未成年人沉迷网络进行预防和干预。

国家新闻出版部门牵头组织开展未成年人沉迷网络游戏防治工作，会同有关部门制定关于向未成年人提供网络游戏服务的时段、时长、消费上限等管理规定。

卫生健康、教育等部门依据各自职责指导有关医疗卫生机构、高等学校等，开展未成年人沉迷网络所致精神障碍和心理行为问题的基础研究和筛查评估、诊断、预防、干预等应用研究。

**第四十九条** 严禁任何组织和个人以虐待、胁迫等侵害未成年人身心健康的方式干预未成年人沉迷网络、侵犯未成年人合法权益。

## 第六章　法律责任

**第五十条**　地方各级人民政府和县级以上有关部门违反本条例规定，不履行未成年人网络保护职责的，由其上级机关责令改正；拒不改正或者情节严重的，对负有责任的领导人员和直接责任人员依法给予处分。

**第五十一条**　学校、社区、图书馆、文化馆、青少年宫等违反本条例规定，不履行未成年人网络保护职责的，由教育、文化和旅游等部门依据各自职责责令改正；拒不改正或者情节严重的，对负有责任的领导人员和直接责任人员依法给予处分。

**第五十二条**　未成年人的监护人不履行本条例规定的监护职责或者侵犯未成年人合法权益的，由未成年人居住地的居民委员会、村民委员会、妇女联合会，监护人所在单位，中小学校、幼儿园等有关密切接触未成年人的单位依法予以批评教育、劝诫制止、督促其接受家庭教育指导等。

**第五十三条**　违反本条例第七条、第十九条第三款、第三十八条第二款规定的，由网信、新闻出版、电影、教育、电信、公安、民政、文化和旅游、市场监督管理、广播电视等部门依据各自职责责令改正；拒不改正或者情节严重的，处 5 万元以上 50 万元以下罚款，对直接负责的主管人员和其他直接责任人员处 1 万元以上 10 万元以下罚款。

**第五十四条**　违反本条例第二十条第一款规定的，由网信、新闻出版、电信、公安、文化和旅游、广播电视等部门依据各自职责责令改正，给予警告，没收违法所得；拒不改正的，并处 100 万元以下罚款，对直接负责的主管人员和其他直接责任人员处 1 万元以上 10 万元以下罚款。

违反本条例第二十条第一款第一项和第五项规定，情节严重的，由省级以上网信、新闻出版、电信、公安、文化和旅游、广播电视等部门依据各自职责责令改正，没收违法所得，并处 5000 万元以下或者上一年度营业额百分之五以下罚款，并可以责令暂停相关业务或者停业整顿、通报有关部门依法吊销相关业务许可证或者吊销营业执照；对直接负责的主管人员和其他直接责任人员处 10 万元以上 100 万元以下罚款，并可以决定禁止其在一定期限内担任相关企业的董事、监事、高级管理人员和未成年人保护负责人。

**第五十五条**　违反本条例第二十四条、第二十五条规定的，由网信、新闻出版、电影、电信、公安、文化和旅游、市场监督管理、广播电视等部门依据各自职责责令限期改正，给予警告，没收违法所得，可以并处10万元以下罚款；拒不改正或者情节严重的，责令暂停相关业务、停产停业或者吊销相关业务许可证、吊销营业执照，违法所得100万元以上的，并处违法所得1倍以上10倍以下罚款，没有违法所得或者违法所得不足100万元的，并处10万元以上100万元以下罚款。

**第五十六条** 违反本条例第二十六条第二款和第三款、第二十八条、第二十九条第一款、第三十一条第二款、第三十六条、第三十八条第一款、第四十二条至第四十五条、第四十六条第二款、第四十七条规定的，由网信、新闻出版、电影、教育、电信、公安、文化和旅游、广播电视等部门依据各自职责责令改正，给予警告，没收违法所得，违法所得100万元以上的，并处违法所得1倍以上10倍以下罚款，没有违法所得或者违法所得不足100万元的，并处10万元以上100万元以下罚款，对直接负责的主管人员和其他直接责任人员处1万元以上10万元以下罚款；拒不改正或者情节严重的，并可以责令暂停相关业务、停业整顿、关闭网站、吊销相关业务许可证或者吊销营业执照。

**第五十七条** 网络产品和服务提供者违反本条例规定，受到关闭网站、吊销相关业务许可证或者吊销营业执照处罚的，5年内不得重新申请相关许可，其直接负责的主管人员和其他直接责任人员5年内不得从事同类网络产品和服务业务。

**第五十八条** 违反本条例规定，侵犯未成年人合法权益，给未成年人造成损害的，依法承担民事责任；构成违反治安管理行为的，依法给予治安管理处罚；构成犯罪的，依法追究刑事责任。

## 第七章 附 则

**第五十九条** 本条例所称智能终端产品，是指可以接入网络、具有操作系统、能够由用户自行安装应用软件的手机、计算机等网络终端产品。

**第六十条** 本条例自2024年1月1日起施行。

# 国家互联网信息办公室
# 儿童个人信息网络保护规定

（2019 年 8 月 22 日　国家互联网信息办公室令第 4 号）

**第一条**　为了保护儿童个人信息安全，促进儿童健康成长，根据《中华人民共和国网络安全法》《中华人民共和国未成年人保护法》等法律法规，制定本规定。

**第二条**　本规定所称儿童，是指不满十四周岁的未成年人。

**第三条**　在中华人民共和国境内通过网络从事收集、存储、使用、转移、披露儿童个人信息等活动，适用本规定。

**第四条**　任何组织和个人不得制作、发布、传播侵害儿童个人信息安全的信息。

**第五条**　儿童监护人应当正确履行监护职责，教育引导儿童增强个人信息保护意识和能力，保护儿童个人信息安全。

**第六条**　鼓励互联网行业组织指导推动网络运营者制定儿童个人信息保护的行业规范、行为准则等，加强行业自律，履行社会责任。

**第七条**　网络运营者收集、存储、使用、转移、披露儿童个人信息的，应当遵循正当必要、知情同意、目的明确、安全保障、依法利用的原则。

**第八条**　网络运营者应当设置专门的儿童个人信息保护规则和用户协议，并指定专人负责儿童个人信息保护。

**第九条**　网络运营者收集、使用、转移、披露儿童个人信息的，应当以显著、清晰的方式告知儿童监护人，并应当征得儿童监护人的同意。

**第十条**　网络运营者征得同意时，应当同时提供拒绝选项，并明确告知以下事项：

（一）收集、存储、使用、转移、披露儿童个人信息的目的、方式和范围；

（二）儿童个人信息存储的地点、期限和到期后的处理方式；

（三）儿童个人信息的安全保障措施；

（四）拒绝的后果；

（五）投诉、举报的渠道和方式；

（六）更正、删除儿童个人信息的途径和方法；

（七）其他应当告知的事项。

前款规定的告知事项发生实质性变化的，应当再次征得儿童监护人的同意。

**第十一条** 网络运营者不得收集与其提供的服务无关的儿童个人信息，不得违反法律、行政法规的规定和双方的约定收集儿童个人信息。

**第十二条** 网络运营者存储儿童个人信息，不得超过实现其收集、使用目的所必需的期限。

**第十三条** 网络运营者应当采取加密等措施存储儿童个人信息，确保信息安全。

**第十四条** 网络运营者使用儿童个人信息，不得违反法律、行政法规的规定和双方约定的目的、范围。因业务需要，确需超出约定的目的、范围使用的，应当再次征得儿童监护人的同意。

**第十五条** 网络运营者对其工作人员应当以最小授权为原则，严格设定信息访问权限，控制儿童个人信息知悉范围。工作人员访问儿童个人信息的，应当经过儿童个人信息保护负责人或者其授权的管理人员审批，记录访问情况，并采取技术措施，避免违法复制、下载儿童个人信息。

**第十六条** 网络运营者委托第三方处理儿童个人信息的，应当对受委托方及委托行为等进行安全评估，签署委托协议，明确双方责任、处理事项、处理期限、处理性质和目的等，委托行为不得超出授权范围。

前款规定的受委托方，应当履行以下义务：

（一）按照法律、行政法规的规定和网络运营者的要求处理儿童个人信息；

（二）协助网络运营者回应儿童监护人提出的申请；

（三）采取措施保障信息安全，并在发生儿童个人信息泄露安全事件时，及时向网络运营者反馈；

（四）委托关系解除时及时删除儿童个人信息；

（五）不得转委托；

（六）其他依法应当履行的儿童个人信息保护义务。

**第十七条** 网络运营者向第三方转移儿童个人信息的，应当自行或者委托第三方机构进行安全评估。

**第十八条** 网络运营者不得披露儿童个人信息，但法律、行政法规规定应当披露或者根据与儿童监护人的约定可以披露的除外。

**第十九条** 儿童或者其监护人发现网络运营者收集、存储、使用、披露的儿童个人信息有错误的，有权要求网络运营者予以更正。网络运营者应当及时采取措施予以更正。

**第二十条** 儿童或者其监护人要求网络运营者删除其收集、存储、使用、披露的儿童个人信息的，网络运营者应当及时采取措施予以删除，包括但不限于以下情形：

（一）网络运营者违反法律、行政法规的规定或者双方的约定收集、存储、使用、转移、披露儿童个人信息的；

（二）超出目的范围或者必要期限收集、存储、使用、转移、披露儿童个人信息的；

（三）儿童监护人撤回同意的；

（四）儿童或者其监护人通过注销等方式终止使用产品或者服务的。

**第二十一条** 网络运营者发现儿童个人信息发生或者可能发生泄露、毁损、丢失的，应当立即启动应急预案，采取补救措施；造成或者可能造成严重后果的，应当立即向有关主管部门报告，并将事件相关情况以邮件、信函、电话、推送通知等方式告知受影响的儿童及其监护人，难以逐一告知的，应当采取合理、有效的方式发布相关警示信息。

**第二十二条** 网络运营者应当对网信部门和其他有关部门依法开展的监督检查予以配合。

**第二十三条** 网络运营者停止运营产品或者服务的，应当立即停止收集儿童个人信息的活动，删除其持有的儿童个人信息，并将停止运营的通知及时告知儿童监护人。

**第二十四条** 任何组织和个人发现有违反本规定行为的，可以向网信部门和其他有关部门举报。

网信部门和其他有关部门收到相关举报的，应当依据职责及时进行处理。

**第二十五条** 网络运营者落实儿童个人信息安全管理责任不到位，存在较大安全风险或者发生安全事件的，由网信部门依据职责进行约谈，网络运营者应当及时采取措施进行整改，消除隐患。

**第二十六条** 违反本规定的，由网信部门和其他有关部门依据职责，根据《中华人民共和国网络安全法》《互联网信息服务管理办法》等相关法律法规规定处理；构成犯罪的，依法追究刑事责任。

**第二十七条** 违反本规定被追究法律责任的，依照有关法律、行政法规的规定记入信用档案，并予以公示。

**第二十八条** 通过计算机信息系统自动留存处理信息且无法识别所留存处理的信息属于儿童个人信息的，依照其他有关规定执行。

**第二十九条** 本规定自 2019 年 10 月 1 日起施行。

# 国家互联网信息办公室<br>关于进一步加强对网上未成年人犯罪和欺凌事件报道管理的通知

（2015 年 6 月 30 日）

各省、自治区、直辖市网信办，中央新闻网站：

近期，网上涉及对未成年人进行欺凌、侮辱的报道和涉及未成年人犯罪的报道呈增多趋势，个别报道展示校园暴力和未成年人犯罪细节，渲染对未成年人的人身伤害和人格羞辱，甚至侵犯未成年人隐私，对未成年人造成更为严重的二次伤害。

为加强对网上涉及未成年人犯罪和欺凌事件报道的管理，保护未成年人身心健康和合法权益，依据《中华人民共和国未成年人保护法》、《互联网新闻信息服务管理规定》等法律法规，提出要求如下：

一、网站采编涉及未成年人的新闻报道时，应首先考虑未成年人的权益保护，基于未成年人的特点进行报道。要形成引导保护未成年人相关权益意识，尊重未成年人的人格尊严，坚持与贯彻未成年人利益优先原则。

二、网站登载涉及未成年人犯罪和欺凌事件报道，原则上应采用中央主要新闻媒体的报道。确有必要使用其他来源稿件时，要严格进行核实，由网站总编辑签发，保留签发证明及依据。

三、网站不得在首页及新闻频道要闻位置登载未成年人犯罪和欺凌事件报道，不得在博客、微博、论坛、贴吧、弹窗、导航、搜索引擎等位置推荐相关报道，不得制作专题或集纳相关报道。

四、在涉及未成年人的网上报道中，不得对涉及未成年人体罚、侮辱人格尊严行为、校园暴力以及未成年人犯罪情节等进行渲染报道。

五、在对未成年人犯罪案件进行网上报道时，不得披露未成年人的姓名、住所、照片及可能推断出该未成年人的资料。不得披露未成年人的个人信息，避免对未成年人造成二次伤害。

六、在涉及未成年人的网上报道中，严禁使用未经处理的涉未成年人暴力、血腥、色情、恐怖等违法视频及图片。

七、在涉及未成年人的网上报道中，严禁以胁迫、诱导未成年人等方式采集信息，严禁歧视未成年人或利用未成年人负面新闻进行商业牟利。

八、在涉及未成年人的网上报道中，要加强对未成年人积极向上言行和事迹的宣传报道，要对未成年人中出现的不良现象及时给予批评和引导，使未成年人通过新闻报道认清真、善、美和假、恶、丑，及时纠正自己的不良言行，营造未成年人生活、学习和成长的良好舆论氛围，使未成年人学习有榜样，努力有方向，促进未成年人快乐健康成长。

九、网站要落实主体责任，健全有关管理制度，加强对未成年人网上报道的管理，同时要严格管理网民自发上传、分享涉及网上未成年人犯罪和欺凌事件的内容，及时删除违法违规信息。

十、各级网信管理部门要加强对网站有关未成年人报道及网上不良信息的管理。对于违反本通知有关规定，造成不良影响的单位和个人，依法采取约谈、警告、罚款等处理措施，直至取消网站新闻信息服务资质。

# 文化和旅游部办公厅
# 关于加强网络文化市场未成年人保护工作的意见

（2021 年 11 月 29 日　办市场发〔2021〕211 号）

各省、自治区、直辖市文化和旅游厅（局），新疆生产建设兵团文化体育广电和旅游局：

近年来，网络表演、网络音乐、网络动漫、网络演出剧（节）目、网络艺术品等网络文化市场快速发展，创造了良好的社会效益和经济效益，丰富了群众文化生活，拉动了数字经济发展。同时，在发展过程中，部分网络文化平台存在“儿童邪典”内容、利用“网红儿童”牟利等不良现象和问题，对未成年人价值观产生错误影响，严重妨害未成年人健康成长。为贯彻落实《中华人民共和国未成年人保护法》，深入推进文娱领域综合治理，加强未成年人网络保护，保障未成年人在网络空间的合法权益，特制定如下工作意见。

## 一、强化思想政治引领

1. 加强思想政治教育。建立健全网络文化市场从业人员培训培养机制，统筹线上线下教育资源，改进课程设置、优化教学内容，强化党史、新中国史、改革开放史、社会主义发展史学习，引导从业人员自觉践行社会主义核心价值观，牢固树立未成年人保护理念，主动提升网络文化产品社会效益，着力护航未成年人健康成长。

2. 加强法治观念教育。落实“谁执法、谁普法”普法责任制要求，在网络文化市场行业管理、执法的过程中开展未成年人保护法治宣传，以案说法、以案释法，用管理实践、执法案例强化教育警示效果，切实增强网络文化市场主体遵规守法、合法经营的意识。

3. 加强网络素养教育。指导网络文化市场主体加强未成年人及家长网络素养宣传教育，增强未成年人科学、文明、安全、合理使用网络的意识和能力。监督网络文化产品和服务提供者履行预防未成年人沉迷网络的义务，指导相关企业、行业组织互相配合，采取科学、合理的方式对未成年人沉迷网络进行预防和干预。

## 二、压实市场主体责任

4. 切实强化用户识别。督促网络文化市场主体提高识别未实名认证未成年人用户账号能力，通过用户观看内容分析、行为特征研判等方法，强化对未成年用户的识别、引导和管理。要求网络文化服务提供者不得为未满十六周岁的未成年人提供网络直播发布者账号注册服务，对年满十六周岁的未成年人提供注册服务应当依法认证身份信息并征得监护人同意。

5. 严格保护个人信息。指导网络文化市场主体建立健全未成年人个人信息保护机制，提高信息保护制度化、规范化、法治化水平。通过网络处理未成年人个人信息，应当遵循合法、正当、必要和诚信原则，有效落实《中华人民共和国未成年人保护法》《中华人民共和国个人信息保护法》关于处理、更正、删除未成年人信息的要求。接到遭受网络欺凌的未成年人及其父母或者其他监护人的通知后，应当及时采取必要的措施制止网络欺凌行为，防止信息扩散。

6. 坚决阻断有害内容。督促网络文化市场主体加强网络内容建设，探索建立未成年人不适宜接触内容的审核判断标准，持续提升违法违规内容模型识别能力，提高人工审核专业性和有效性，及时有力屏蔽、清理涉邪典、色情、非法传教、危险行为、不良价值观等有害内容。禁止直播间通过展示低俗图片、“福利”、“资料”等暗示性信息和电话号码、微信号、二维码等私密联系方式诱导未成年前往获取有害内容。

7. 严禁借“网红儿童”牟利。严管严控未成年人参与网络表演，对出现未成年人单独出镜或者由成年人携带出镜超过一定时长且经核定为借助未成年人积累人气、谋取利益的直播间或者短视频账号，或者利用儿童模特摆出不雅姿势、做性暗示动作等吸引流量、带货牟利的账号依法予以严肃处理。

8. 有效规范“金钱打赏”。网络文化市场主体不得以打赏排名、虚假宣传等方式炒作网络表演者收入，不得以虚假消费、带头打赏等方式诱导未成年人用户消费。引导网络文化市场主体依法对未成年人充值打赏权限进行规范，推动建立并优化未成年人借助成年人账号充值打赏的识别认定机制，加大电子证据综合分析采集力度，实现快处快赔。

9. 持续优化功能设置。指导网络文化市场主体依法建立“未成年人保护模式”，针对未成年人使用其服务设置密码锁、时间锁、消费限制、行为追踪以及卸载重装继承（防绕开）等保护机制，及时防堵盗用、冒用、借用账号等漏洞。开发利用“监护人独立授权”等功能，更好地支持家长和平台共同管理和保障未成年人健康上网。

## 三、加大行业监管力度

10. 着力规范行政审批。落实“放管服”改革要求，落实新修订的《经营性互联网文化单位审批业务手册》，进一步规范网络文化单位经营许可审批，加强进口互联网文化产品内容审查。落实《营业性演出管理条例》《网络表演经纪机构管理办法》，规范演出经纪机构行政审批，进一步明确演出经纪机构在经纪行为、演出内容安排、粉丝引导等方面的工作职责，提高经纪人员业务能力和经纪服务质量。

11. 研究完善监管制度。加强网络文化市场调查研究，发挥专家学者“外脑”作用，密切关注市场和技术发展变化，及时跟踪研判相关产品和服务内容，监测行业动向和发展趋势，开展网络文化市场未成年人保护工作前瞻性研究，制定可能影响未成年人身心健康的信息的辨识要素、标准和尺度，提高有害内容识别有效性，完善相关监管要求。

12. 切实畅通举报渠道。充分发挥全国文化市场举报平台作用，加强网络文化市场举报受理。指导网络文化市场主体严格落实实名认证，增加“包含不适内容”的快捷举报反馈按钮，进一步增强违法违规内容的可追责性。鼓励网络文化企业设置外部举报奖励机制，开通未成年人保护相关的专项举报入口。

13. 持续强化巡查执法。强化网络文化市场事前事中监管，加强对网络文化企业内容审核的指导和监督，持续开展网络巡查和随机抽查。强化网络文化市场执法，落实《关于在文化市场执法领域加强〈中华人民共和国未成年人保护法〉贯彻实施工作的通知》，及时查办案件，公开宣传典型案例，提高执法透明度和公信力。不定期开展网络文化市场涉未成年人不良信息清理整治专项行动，对举报较多的网络文化经营单位，要加强检查、重点监管、从严查处。

14. 加大信用监管力度。持续开展《文化和旅游市场信用管理规定》内容解读和宣贯。依法依规将符合条件的网络文化市场主体及从业人员认定为文化市场失信主体，并实施信用管理。将失信信息作为相关行政管理、公共服务等的参考依据。

## 四、优化网络内容建设

15. 增强正向价值引导。发挥榜样力量，加强正面典型宣传，在坚决处置炫富拜金、奢靡享乐、卖惨“审丑”等不良内容的基础上，积极组织策划系列正能量传播项目，制作推广一批宣传功勋人物、尊崇英雄模范的优秀作品，鼓励平台企业对积极弘扬正能量的网络主播、从业人员给予更多机会和流量，引导未成年人树立正确价值观。

16. 丰富优质内容供给。持续加大“未成年人模式”下内容池的优质内容供给，搭建适龄化、多样化的内容体系，探索与高校、科研机构、文博机构、艺术机构等合作打造适合未成年人年龄阶段、满足未成年人成长需求的优质内容，充实未成年人的精神生活。多措并举鼓励和引导未成年人用户消费有信息价值、探索价值的网络文化内容。

## 五、指导加强行业自律

17. 积极开展道德评议。积极发挥行业协会作用，制定网络文化市场从业人员自律管理办法，加强行业职业道德委员会建设，明确工作程序、积极开展道德评议，及时对违法失德人员及纵容违法失德行为的行业企业、从业人员进行行业联合抵制。

18. 规范网络主播管理。指导有关行业协会依据《网络主播警示和复出管理规范》建立跨平台联动处置机制，对发布含有严重违法违规、违背公序良俗且社会影响恶劣音视频内容的网络主播采取警示措施，从源头切断“问题主播”传播有害信息路径。

# 教育部办公厅等六部门 关于进一步加强预防中小学生沉迷网络游戏管理工作的通知

（2021 年 10 月 20 日　教基厅函〔2021〕41 号）

各省、自治区、直辖市教育厅（教委）、党委宣传部、网信办、通信管理局、公安厅（局）、市场监管局（厅、委），新疆生产建设兵团教育局、党委宣传部、网信办、公安局、市场监管局：

为深入贯彻《中华人民共和国未成年人保护法》等法律法规要求，认真落实中央有关未成年人网络环境治理的决策部署，有效预防中小学生沉迷网络游戏，切实促进中小学生健康成长，现就加强预防中小学生沉迷网络游戏管理工作通知如下：

一、确保内容健康干净。各地出版管理部门要引导网络游戏企业开发导向正确、内涵丰厚、种类多样、寓教于乐的网络游戏产品，确保内容优质健康干净。督促网络游戏企业加大内容审核力度，严格落实相关法律法规要求，坚决杜绝网络游戏中含有可能引发中小学生模仿不安全行为、违反社会公德行为和违法犯罪行为的内容，以及恐怖暴力、色情低俗、封建迷信等妨害中小学生身心健康的内容。指导网络游戏企业按照有关规定和标准，对产品进行分类，作出适龄提示，并采取技术措施，避免中小学生接触不适宜的游戏或者游戏功能。要严格执行网络游戏前置审批制度，未经批准的游戏，不得上线运营。

二、落实好防沉迷要求。网络游戏企业要按照《中华人民共和国未成年人保护法》和《国家新闻出版署关于进一步严格管理 切实防止未成年人沉迷网络游戏的通知》（国新出发〔2021〕14 号）规定，严格落实网络游戏用户账号实名注册和登录要求。所有网络游戏用户提交的实名注册信息，必须通过国家新闻出版署网络游戏防沉迷实名验证系统验证。验证为未成年人的用户，必须纳入统一的网络游戏防沉迷管理。网络游戏企业可在周五、周六、周日和法定节假日每日 20 时至 21 时，向中小学生提供 1 小时网络游戏服务，其他时间不得以任何形式向中小学生提供网络游戏服务。

三、严格校内教育管理。地方教育行政部门要指导学校对经申请带入校园的手机等终端产品进行统一管理，严禁带入课堂。学校提供的互联网上网服务设施，应安装未成年人网络保护软件或者采取其他安全保护技术措施。学校教职员工发现学生进入互联网上网服务营业场所时，应当及时予以制止、教育。学校要广泛开展各类文体活动，引导学生培养兴趣爱好，自觉远离不良网络诱惑。要采取多种形式加强网络素养宣传教育，采取科学合理的方式对中小学生沉迷网络行为进行预防和干预，引导中小学生正确认识、科学对待、合理使用网络。

四、推动家校协同发力。地方教育行政部门和学校要加强家校沟通，做好家庭教育指导工作，引导家长充分认识沉迷网络游戏的危害性和加强管理的必要性，形成家校协同育人合力。要督促家长履行好监护责任，发挥好榜样作用，安排好孩子日常学习生活，有意识地让孩子多从事一些家务劳动、户外活动、体育锻炼，帮助孩子养成健康生活方式。学校和家长发现学生有沉迷网络游戏、过度消费等苗头迹象，要相互告知，共同进行教育和引导，及时矫正不良行为，帮助其恢复正常的学习和生活。

五、切实加强监管问责。各地出版管理、网信、通信管理、公安、市场监管等部门要加强对网络游戏企业的事中事后监管，对违反有关规定，上线运营后落实防沉迷措施不到位或擅自添加违法、不良信息内容以及未经审批违法违规运营的网络游戏，要按有关规定予以惩处。网信、市场监管部门对发布不良网络游戏信息、插入网络游戏链接、推送网络游戏广告的中小学在线教育网络平台和产品，要按有关规定及时进行处罚或关停。各地出版管理部门要鼓励相关组织或个人，对未按要求落实实名注册、时段时长限制、充值限制或者涉及不良内容的网络游戏企业和平台进行举报。教育督导部门要将预防中小学生网络沉迷工作纳入对地方政府履行教育职责评价和责任督学日常监督范围，并将督导结果作为评价地方教育工作和学校管理工作成效的重要内容。

# 中央文明办　文化和旅游部<br>国家广播电视总局　国家互联网信息办公室<br>关于规范网络直播打赏　加强未成年人保护的意见

（2022年5月7日）

近年来，网络直播新业态迅速兴起，在推动行业发展、丰富文化供给等方面发挥了重要作用。与此同时，平台主体责任缺失、主播良莠不齐、打赏行为失范等问题多发频发，导致未成年人沉溺直播、参与打赏，严重损害未成年人身心健康，带来很多社会问题，人民群众反映强烈。为切实加强网络直播行业规范，营造未成年人健康成长的良好环境，根据《中华人民共和国网络安全法》《中华人民共和国未成年人保护法》等法律法规，现提出以下工作意见。

## 一、总体要求

坚持以社会主义核心价值观为引领，聚焦未成年人保护，坚持问题导向、重拳出击，标本兼治、综合施策，协同配合、齐抓共管。通过大力度的规范整治夯实各方责任，建立长效监管工作机制，切实规范直播秩序，坚决遏制不良倾向、行业乱象，促进网络直播行业规范有序发展，共建文明健康的网络生态环境。

## 二、工作举措

1. 禁止未成年人参与直播打赏。网站平台应当坚持最有利于未成年人的原则，健全完善未成年人保护机制，严格落实实名制要求，禁止为未成年人提供现金充值、“礼物”购买、在线支付等各类打赏服务。网站平台不得研发上线吸引未成年人打赏的功能应用，不得开发诱导未成年人参与的各类“礼物”。发现网站平台违反上述要求，从严从重采取暂停打赏功能、关停直播业务等措施。

2. 严控未成年人从事主播。网站平台应加强主播账号注册审核管理，不得为未满 16 周岁的未成年人提供网络主播服务，为 16 至 18 周岁的未成年人提供网络主播服务的，应当征得监护人同意。对利用所谓“网红儿童”直播谋利的行为加强日常监管，发现违规账号从严采取处置措施，并追究相关网站平台责任。

3. 优化升级“青少年模式”。“青少年模式”是经过严格内容遴选、适合未成年人观看使用的有益方式。网站平台应在现有“青少年模式”基础上，进一步优化产品模式和内容呈现方式，持续增加适合未成年人的直播内容供给。严格内容审核把关流程，配备与业务规模相适应的专门审核团队，既选优选精又杜绝“三俗”，让家长放心、孩子满意、社会叫好。要优化模式功能配置，在首页显著位置呈现，便于青少年查找和家长监督，严禁提供或变相提供各类“追星”服务及充值打赏功能。

4. 建立专门服务团队。网站平台应建立未成年人专属客服团队，优先受理、及时处置未成年人相关投诉和纠纷。对未成年人冒用成年人账号打赏的，网站平台应当在保护隐私的前提下及时查核，属实的须按规定办理退款。对于违规为未成年用户提供打赏服务的网站平台，以及明知用户为未成年人仍诱导打赏的经纪机构和网络主播，从严采取处置措施。

5. 规范重点功能应用。榜单、“礼物”是吸引青少年“围观”互动的重要功能应用。网站平台应在本意见发布 1 个月内全部取消打赏榜单，禁止以打赏额度为唯一依据对网络主播排名、引流、推荐，禁止以打赏额度为标准对用户进行排名。加强对“礼物”名称、外观的规范设计，不得通过夸大展示、渲染特效等诱导用户。加强新技术新应用上线的安全评估，不得上线运行以打赏金额作为唯一评判标准的各类功能应用。

6. 加强高峰时段管理。每日 20 时至 22 时是青少年上网的高峰时段，也是规范网络直播的重要时点。网站平台在每日高峰时段，单个账号直播间“连麦PK”次数不得超过 2 次，不得设置“PK 惩罚”环节，不得为“PK 惩罚”提供技术实现方式，避免诱导误导未成年人。网站平台应在每日 22 时后，对“青少年模式”下的各项服务强制下线，并不得提供或变相提供常规模式开启方式，保障青少年充足休息时间。

7. 加强网络素养教育。鼓励学校开展未成年人网络素养教育，围绕网络道德意识和行为准则、网络法治观念和行为规范、网络使用能力建设、人身财产安全保护等培育未成年人网络安全意识、文明素养、行为习惯和防护技能。引导未成年人监护人主动学习网络知识，加强对未成年人使用网络行为的教育、示范、引导和监督。支持社会各界共同开展宣传教育，促进未成年人开阔眼界、提高素质、陶冶情操、愉悦身心。

## 三、组织领导

1. 提高思想认识。各部门各平台要从“塑造什么样的未来人”的高度，深刻认识规范网络直播、加强未成年人保护的极端重要性和迫切性，将其纳入重要工作日程，结合实际细化完善工作措施，确保各项任务和要求落实到位。

2. 加强统筹协调。按照谁主管谁负责、谁主办谁负责的原则，构建多领域、跨部门协同合作的工作格局，形成统筹有力、协调顺畅、各司其职、各负其责的监管合力。坚持问题导向、突出关键环节、注意方式方法，构筑强有力的全流程全链条未成年人保护体系。

3. 压实各方责任。指导网站平台切实履行主体责任，认真落实相关政策法规，健全账号注册、资质审核、日常管理、违规处置等制度要求。督促经纪机构依法开展网络直播组织、制作、营销等活动。教育引导网络主播提升合规意识和综合素质，积极生产传播符合社会主义核心价值观、反映新时代新气象的优秀文化内容。

4. 开展督促检查。成立部门间协调工作机制，加强情况沟通和分析研究，推动工作落实。对重要网站平台挂牌督办，确保按时保质完成整改任务。着眼形成长效工作机制，开展常态化督导检查，根据新情况新问题及时研究提出解决措施和办法。

# 中央网信办　教育部
# 关于进一步加强涉未成年人网课平台规范管理的通知

（2020年11月27日）

各省、自治区、直辖市网信办、教育厅（教委），新疆生产建设兵团网信办、教育局：

为切实保障优质线上教育资源供给，推动涉未成年人网课平台健康有序发展，营造未成年人良好网络学习环境，现就进一步加强未成年人网课平台规范管理有关事项通知如下：

## 一、加强备案管理

（一）完善备案管理。各地要定期公布属地未成年人网课平台备案名单，逐步建立属地网课平台黑白名单制度。网课平台上线新应用或发生重大功能调整时，应重新提交审核并更新相关备案信息。

（二）坚决堵塞漏洞。各地网信部门会同教育部门，定期排查属地网课平台，对于应备案未备案的网课平台，由相应教育部门提出处理意见，采取暂时下线或下架、限期整改的处置措施，待整改完成后，教育部门重新审核备案。

（三）推动全面覆盖。各地网信部门要将面向中小学的非学科类网课平台纳入网络生态日常巡查监看范围，建立管理工作台账。

## 二、强化日常监管

（一）把好价值导向。各地网信部门要督促属地涉未成年人网课平台以正确价值导向为引领，不得传播违背社会主义核心价值观的内容，不得散布色情低俗、血腥暴力等违背公序良俗的内容，不得以“技术中立”或“算法推荐”

为由，推送不适宜未成年人的信息或广告引流内容。

（二）抓好内容审核。各地教育部门要指导属地涉未成年人网课平台加强课程内容管理，对网课教学大纲和图文、视频授课内容等认真审核、严格把关。不断完善审核标准、提升审核技术，对直播课程随机抽检，对图文、视频课程二次审核。

（三）管好页面生态。各地网信部门要紧盯属地涉未成年人网课平台页面周边生态，将弹窗、边栏、悬浮框、信息流加载等环节纳入重点管理范畴，对互动社交版块加强巡查监看，严防网课周边出现网络游戏广告以及色情低俗、暴力血腥等不良图文信息。

## 三、提升人员素质

（一）加强授课教师资质审核。各地教育部门要依据相关规定，指导网课平台配备相对稳定的师资队伍，对相关人员资质进行严格审核，确保学科类教师具备教师资格，将遵纪守法情况、思想政治素质作为教师入职考察的重要因素。

（二）端正产品设计和运营理念。各地网信部门要指导属地涉未成年人网课平台，增强网课产品设计和运营人员未成年人保护意识，将传播知识、传播思想、传播真理放在教育学习类应用和产品开发设计首位，不得在市场运营推广时采取不适宜未成年人的手段方式。

## 四、注重协同治理

（一）建立日常巡查机制。各地网信部门会同教育部门，梳理属地涉未成年人网课平台重点环节、重点问题监看清单，建立技术与人工相结合、全网巡查与重点监看相结合的监测机制，定期通报巡看情况，会商研究问题线索，提出应对措施，实现常态化监管。

（二）适时开展专项治理。各地根据日常监看情况，针对一定时期内未成年人网课平台突出问题、难点问题，适时开展专项整治，集中排查处置。

（三）加大执法处罚力度。各地网信部门对侵犯未成年人权益的违法违规网课平台，按照“发现一起、处置一起”原则，依法依规采取暂停更新、关闭下架等措施，始终保持高压严打态势。对屡教不改的网课平台，一律从严从重处罚。

（四）动员社会广泛参与治理。各地网信、教育部门要积极与行业协会、社会组织以及中小学校、家长委员会等合作，定期评议涉未成年人网课平台治理成效。社会和公众可向各地网信部门举报相关违法违规线索。

各地要充分认识加强涉未成年人网课平台规范管理的重要意义，增强责任感紧迫感，将加强涉未成年人网课平台规范管理作为属地网络生态治理的重点内容，制定工作方案，健全工作机制，推动长效治理。

# 政府篇

# 国务院办公厅<br>关于加强和改进流浪未成年人救助保护工作的意见

（2011 年 8 月 15 日　国办发〔2011〕39 号）

各省、自治区、直辖市人民政府，国务院各部委、各直属机构：

党中央、国务院高度重视未成年人权益保护工作，近年来国家出台了一系列法律法规和政策，未成年人权益保护工作取得了积极成效。但受人口流动加速、一些家庭监护缺失和社会不良因素影响，未成年人流浪现象仍然存在，甚至出现胁迫、诱骗、利用未成年人乞讨和实施违法犯罪活动等问题，严重侵害了未成年人合法权益，妨害了未成年人健康成长。为进一步完善流浪未成年人救助保护体系，切实加强和改进流浪未成年人救助保护工作，经国务院同意，现提出如下意见：

## 一、充分认识流浪未成年人救助保护工作的重要意义

做好流浪未成年人救助保护工作，关系到未成年人的健康成长，关系到社会和谐安定，关系到以人为本执政理念的落实。及时有效救助保护流浪未成年人，是各级政府的重要职责，是维护未成年人合法权益的重要内容，是预防未成年人违法犯罪的重要举措，是加强和创新社会管理的重要方面，是社会文明进步的重要体现。各地区、各有关部门要充分认识加强和改进流浪未成年人救助保护工作的重要性和紧迫性，进一步统一思想，提高认识，认真落实《中华人民共和国未成年人保护法》、《中华人民共和国预防未成年人犯罪法》和《中华人民共和国义务教育法》等法律法规，不断完善政策措施，提升救助保护水平，维护好流浪未成年人的合法权益。

## 二、流浪未成年人救助保护工作的总体要求和基本原则

（一）总体要求。牢固树立以人为本、执政为民的理念，贯彻预防为主、标本兼治的方针，健全机制，完善政策，落实责任，加快推进流浪未成年人救助保护体系建设，确保流浪未成年人得到及时救助保护、教育矫治、回归家庭和妥善安置，最大限度减少未成年人流浪现象，坚决杜绝胁迫、诱骗、利用未成年人乞讨等违法犯罪行为。

（二）基本原则。

坚持未成年人权益保护优先。把未成年人权益保护和健康成长作为首要任务，加强对家庭监护的指导和监督，及时救助流浪未成年人，严厉打击胁迫、诱骗、利用未成年人乞讨等违法犯罪行为，切实保障未成年人的生存权、发展权、参与权、受保护权。

坚持救助保护和教育矫治并重。积极主动救助流浪未成年人，保障其生活、维护其权益；同时加强流浪未成年人思想、道德、文化和法制教育，强化心理疏导和行为矫治，帮助其顺利回归家庭。

坚持源头预防和综合治理。综合运用经济、行政、司法等手段，落实义务教育、社会保障和扶贫开发等政策，强化家庭、学校、社会共同责任，不断净化社会环境，防止未成年人外出流浪。

坚持政府主导和社会参与。落实政府责任，加大政府投入，加强各方协作，充分发挥基层组织作用，调动社会各方面参与流浪未成年人救助保护的积极性，形成救助保护工作的合力。

## 三、加强和改进流浪未成年人救助保护工作的政策措施

（一）实行更加积极主动的救助保护。公安机关发现流浪乞讨的未成年人，应当护送到救助保护机构接受救助。其中由成年人携带流浪乞讨的，应当进行调查、甄别，对有胁迫、诱骗、利用未成年人乞讨等违法犯罪嫌疑的，要依法查处；对由父母或其他监护人携带流浪乞讨的，应当批评、教育并引导护送到救助保护机构接受救助，无力自行返乡的由救助保护机构接送返乡，公安机关予以协助配合。民政部门要积极开展主动救助，引导护送流浪未成年人到救助保护机构接受救助。城管部门发现流浪未成年人，应当告知并协助公安或民政

部门将其护送到救助保护机构接受救助。对突发急病的流浪未成年人，公安机关和民政、城管部门应当直接护送到定点医院进行救治。

充分发挥村（居）民委员会等基层组织作用，组织和动员居民提供线索，劝告、引导流浪未成年人向公安机关、救助保护机构求助，或及时向公安机关报警。

（二）加大打击拐卖未成年人犯罪力度。公安机关要严厉打击拐卖未成年人犯罪，对来历不明的流浪乞讨和被强迫从事违法犯罪活动的未成年人，要一律采集生物检材，检验后录入全国打拐DNA（脱氧核糖核酸）信息库比对，及时发现、解救失踪被拐未成年人。加强接处警工作，凡接到涉及未成年人失踪被拐报警的，公安机关要立即出警处置，认真核查甄别，打击违法犯罪活动。强化立案工作，实行未成年人失踪快速查找机制，充分调动警务资源，第一时间组织查找。建立跨部门、跨警种、跨地区打击拐卖犯罪工作机制。民政等有关部门要协助公安机关做好被拐未成年人的调查、取证和解救工作。

（三）帮助流浪未成年人及时回归家庭。救助保护机构和公安机关要综合运用救助保护信息系统、公安人口管理信息系统、全国打拐DNA（脱氧核糖核酸）信息库和向社会发布寻亲公告等方式，及时查找流浪未成年人父母或其他监护人。

对查找到父母或其他监护人的流浪未成年人，救助保护机构要及时安排接送返乡，交通运输、铁道等部门要在购票、进出站、乘车等方面积极协助。流出地救助保护机构应当通知返乡流浪未成年人或其监护人常住户口所在地的乡镇人民政府（街道办事处）做好救助保护和帮扶工作。流出地救助保护机构要对流浪未成年人的家庭监护情况进行调查评估：对确无监护能力的，由救助保护机构协助监护人及时委托其他人员代为监护；对拒不履行监护责任、经反复教育不改的，由救助保护机构向人民法院提出申请撤销其监护人资格，依法另行指定监护人。

对暂时查找不到父母或其他监护人的流浪未成年人，在继续查找的同时，要通过救助保护机构照料、社会福利机构代养、家庭寄养等多种方式予以妥善照顾。对经过2年以上仍查找不到父母或其他监护人的，公安机关要按户籍管理有关法规政策规定为其办理户口登记手续，以便于其就学、就业等正常生活。对在打拐过程中被解救且查找不到父母或其他监护人的婴幼儿，民政部门要将其安置到社会福利机构抚育，公安机关要按规定为其办理户口登记手续。

（四）做好流浪未成年人的教育矫治。救助保护机构要依法承担流浪未成年人的临时监护责任，为其提供文化和法制教育、心理辅导、行为矫治、技能培训等救助保护服务，对合法权益受到侵害的，要协助司法部门依法为其提供法律援助或司法救助。救助保护机构要在教育行政部门指导下帮助流浪未成年人接受义务教育或替代教育，对沾染不良习气的，要通过思想、道德和法制教育，矫治不良习惯，纠正行为偏差；对有严重不良行为的，按照有关规定送专门学校进行矫治和接受教育。对流浪残疾未成年人，卫生、残联等部门要指导救助保护机构对其进行心理疏导、康复训练等。

（五）强化流浪未成年人源头预防和治理。预防未成年人流浪是家庭、学校、政府和社会的共同责任，做好源头预防是解决未成年人流浪问题的治本之策。家庭是预防和制止未成年人流浪的第一责任主体，应当依法履行对未成年人的监护责任和抚养义务。有关部门和基层组织要加强对家庭履行监护责任的指导和监督，对困难家庭予以帮扶，提升家庭抚育和教育能力，帮助其解决实际困难。村（居）民委员会要建立随访制度，对父母或其他监护人不依法履行监护责任或者侵害未成年人权益的，要予以劝诫、制止；情节严重的，要报告公安机关予以训诫，责令其改正；构成违反治安管理行为的，由公安机关依法给予行政处罚。

学校是促进未成年人健康成长的重要阵地，要坚持育人为本、德育为先，加强学生思想道德教育和心理健康辅导，根据学生特点和需要，开展职业教育和技能培训，使学生掌握就业技能，实现稳定就业；对品行有缺点、学习有困难的学生，要进行重点教育帮扶；对家庭经济困难的学生，要按照有关规定给予教育资助和特别关怀。教育行政部门要建立适龄儿童辍学、失学信息通报制度，指导学校做好劝学、返学工作，乡镇人民政府（街道办事处）、村（居）民委员会要积极做好协助工作。

地方各级政府和有关部门要进一步落实义务教育、社会保障和扶贫开发等政策，充分调动社会各方面的力量，把流浪未成年人救助保护纳入重点青少年群体教育帮助工作、“春蕾计划”、“安康计划”和家庭教育工作的总体计划；将流浪残疾未成年人纳入残疾未成年人康复、教育总体安排；充分发挥志愿者、社工队伍和社会组织作用，鼓励和支持其参与流浪未成年人救助、教育、矫治等服务。

## 四、健全工作机制，形成救助保护工作合力

（一）加强组织领导。进一步完善政府主导、民政牵头、部门负责、社会参与的流浪未成年人救助保护工作机制。建立民政部牵头的部际联席会议制度，研究解决突出问题和困难，制定和完善相关政策措施，指导和督促地方做好工作。民政部要发挥牵头部门作用，加强组织协调，定期通报各省（区、市）流浪未成年人救助保护工作情况，建立挂牌督办和警示制度。地方各级政府要高度重视，建立由政府分管领导牵头的流浪未成年人救助保护工作机制；要建立和完善工作责任追究机制，对工作不力、未成年人流浪现象严重的地区，追究该地区相关领导的责任。

（二）完善法律法规。抓紧做好流浪乞讨人员救助管理法律法规规章修订相关工作，完善流浪未成年人救助保护制度，健全流浪未成年人救助保护、教育矫治、回归安置和源头预防等相关规定，规范救助保护工作行为，强化流浪未成年人司法救助和保护，为流浪未成年人救助保护工作提供有力的法律保障。

（三）加强能力建设。各级政府要加强流浪未成年人救助保护能力建设，进一步提高管理和服务水平。要充分发挥现有救助保护机构、各类社会福利机构的作用，不断完善救助保护设施。要加强救助保护机构工作队伍建设，合理配备人员编制，按照国家有关规定落实救助保护机构工作人员的工资倾斜政策，对救助保护机构教师按照国家有关规定开展职称评定和岗位聘用。公安机关要根据需要在救助保护机构内设立警务室或派驻民警，协助救助保护机构做好管理工作。财政部门要做好流浪乞讨人员救助资金保障工作，地方财政要建立稳定的经费保障机制，中央财政给予专项补助。

（四）加强宣传引导。进一步加大未成年人权益保护法律法规宣传力度，开展多种形式的法制宣传活动，在全社会牢固树立未成年人权益保护意识。加强舆论引导，弘扬中华民族恤孤慈幼的传统美德，鼓励社会力量通过开展慈善捐助、实施公益项目、提供志愿服务等多种方式，积极参与流浪未成年人救助保护工作，营造关心关爱流浪未成年人的良好氛围。

# 民政部
# 流浪未成年人需求和家庭监护情况评估规范

（2012年9月13日　民发〔2012〕158号）

## 第一章　总　　则

**第一条**　为了解流浪未成年人需求和家庭监护情况，通过评估对流浪未成年人生活照料、心理疏导、行为矫治、回归安置等救助保护提供多元化服务建议，预防未成年人再次流浪，保障其生存权、受保护权、发展权、参与权等权益，制定本规范。

**第二条**　本规范适用于依法举办的为流浪未成年人提供救助、保护、教育的救助保护机构。

**第三条**　流浪未成年人需求和家庭监护情况评估的对象，是进入救助保护机构的有评估必要的流浪未成年人及其家庭。

**第四条**　流浪未成年人需求评估是指对流浪未成年人情况进行了解，确定其需求满足情况、存在问题及其成因，形成阶段性评估结论的过程。

**第五条**　流浪未成年人家庭监护评估是指对流浪未成年人的家庭监护状况、监护能力进行了解，确定家庭监护存在的问题及其成因，形成阶段性评估结论的过程。

**第六条**　坚持以未成年人权益保护为中心，通过评估促进流浪未成年人救助保护工作的科学化、专业化、个性化。

**第七条**　流浪未成年人需求和家庭监护情况评估，应当由救助保护机构工作人员、专业技术人员或者委托具有相应从业资质的社会组织、相关机构开展。

**第八条**　阶段性评估资料应当妥善存放。评估人员应当保护评估对象的隐私信息，不得擅自将评估相关资料、评估经过与结论对外披露。因研究、统计确需对外提供评估资料的，应当隐去可能会据以辨认出评估对象的信息。

## 第二章 评估方法

**第九条** 评估方式包括：

（一）与评估对象进行直接交流；

（二）查阅流浪未成年人救助记录或者受助档案；

（三）电话访问、问卷调查；

（四）赴乡镇（街道）、社区实地调查或者咨询相关专业机构。

**第十条** 评估应当选择合适的评估方法和工具，科学应用评估量表。

**第十一条** 应当保证评估环境的私密性，重视流浪未成年人的主观感受。

## 第三章 流浪未成年人需求评估

**第十二条** 了解流浪未成年人的基本信息，包括：

（一）姓名、性别、年龄、民族、文化程度及宗教信仰；

（二）身份信息、户籍所在地或者经常住所地。

**第十三条** 了解并检视流浪未成年人健康状况，包括：

（一）既往病史，是否有危重病、精神病、传染病、内外伤等；

（二）对身体状况、治疗情况的自我描述，并查看相关资料；

（三）必要时可以由医生对其身体状况进行检查、诊断。

**第十四条** 了解流浪未成年人的流浪经历，包括：

（一）流浪原因、流浪时间和流浪的次数；

（二）流浪期间的生存方式；

（三）是否有被剥削、诱骗、胁迫、拐卖、虐待、遗弃等经历；

（四）是否有不良行为、严重不良行为或者违法犯罪行为。

**第十五条** 了解流浪未成年人的受教育情况，包括：

（一）受教育背景和受教育意愿；

（二）道德、法律、卫生、生活技能以及其它常识方面的认知。

**第十六条** 了解流浪未成年人对家庭基本信息、家庭关系、家庭监护情况和家庭经济能力的自我描述。

**第十七条** 评估流浪未成年人的社会认知、自我认知与流浪经历之间的相互影响，包括：

（一）对同伴、同学、亲人、朋友、老师以及其它相关人员，学校、家庭、救助机构或者其他机构的认知；

（二）对自己行为、心理的评价和认识；

（三）有无重大心理创伤或者异常行为表现；

（四）必要时由专业心理工作者进行心理评估。

**第十八条** 了解流浪未成年人对就学、就业的规划以及回归安置的意愿。

## 第四章 流浪未成年人家庭监护评估

**第十九条** 了解流浪未成年人家庭基本信息，包括：

（一）家庭成员组成，家庭成员文化程度、宗教信仰以及生活习俗；

（二）家庭成员的健康状况、既往病史；

（三）家庭重大变故，家庭成员有无犯罪记录。

**第二十条** 了解流浪未成年人的家庭关系，包括：

（一）家庭成员之间是否和睦；

（二）流浪未成年人与监护人亲疏关系和互动情况；

（三）流浪未成年人法定监护人与临时监护人的关系。

**第二十一条** 了解流浪未成年人家庭经济能力，包括：

（一）家庭成员的生活现状；

（二）家庭成员的就业以及收入情况；

（三）社会保障情况和其它社会支持情况。

**第二十二条** 了解流浪未成年人家庭监护状况，包括：

（一）家庭监护意愿和能力，存在的主要问题；

（二）有无虐待、剥削、遗弃或者严重疏于照管等现象；

（三）监护责任知晓程度、监护计划和方式方法。

**第二十三条** 了解流浪未成年人家庭所处社会环境，包括：

（一）地理位置以及周边安全情况；

（二）学校、社区对家庭监护的支持程度；

（三）当地政府、有关部门和基层组织对家庭监护的支持程度；

（四）地区经济社会发展情况。

**第二十四条** 评估流浪未成年人的回归安置条件，包括：

（一）监护人对流浪未成年人就学、就业的规划以及回归安置的意愿；

（二）监护人是否有监护意愿和监护抚养能力；

（三）是否能落实与流浪未成年人相关的义务教育、社会保障政策和帮扶措施。

## 第五章 评估报告

**第二十五条** 应及时记录流浪未成年人需求和家庭监护情况评估进展，形成比较完整的评估报告。

**第二十六条** 评估报告应当包括以下内容：

（一）流浪未成年人及其家庭的基本信息；

（二）流浪未成年人需求情况；

（三）流浪未成年人家庭监护情况；

（四）有利因素、主要问题及其原因分析；

（五）阶段性评估结论；

（六）服务建议。

**第二十七条** 服务建议应对流浪未成年人及其家庭监护提出有针对性的干预帮扶措施。

**第二十八条** 应当将流浪未成年人需求和家庭监护评估报告纳入受助档案，为机构转介、跟踪回访提供参考依据。

## 第六章 附　　则

**第二十九条** 流浪未成年人需求评估和家庭监护情况评估，既可以综合评估，也可以分别评估。流入地救助保护机构重点开展流浪未成年人需求评估，流出地救助保护机构重点开展流浪未成年人家庭监护情况评估。

# 民政部
# 收养评估办法（试行）

（2020 年 12 月 30 日　民发〔2020〕144 号）

**第一条**　为了加强收养登记管理，规范收养评估工作，保障被收养人的合法权益，根据《中华人民共和国民法典》，制定本办法。

**第二条**　中国内地居民在中国境内收养子女的，按照本办法进行收养评估。但是，收养继子女的除外。

**第三条**　本办法所称收养评估，是指民政部门对收养申请人是否具备抚养、教育和保护被收养人的能力进行调查、评估，并出具评估报告的专业服务行为。

**第四条**　收养评估应当遵循最有利于被收养人的原则，独立、客观、公正地对收养申请人进行评估，依法保护个人信息和隐私。

**第五条**　民政部门进行收养评估，可以自行组织，也可以委托第三方机构开展。

委托第三方机构开展收养评估的，民政部门应当与受委托的第三方机构签订委托协议。

**第六条**　民政部门自行组织开展收养评估的，应当组建收养评估小组。收养评估小组应有 2 名以上熟悉收养相关法律法规和政策的在编人员。

**第七条**　受委托的第三方机构应当同时具备下列条件：

（一）具有法人资格；

（二）组织机构健全，内部管理规范；

（三）业务范围包含社会调查或者评估，或者具备评估相关经验；

（四）有 5 名以上具有社会工作、医学、心理学等专业背景或者从事相关工作 2 年以上的专职工作人员；

（五）开展评估工作所需的其他条件。

**第八条** 收养评估内容包括收养申请人以下情况：收养动机、道德品行、受教育程度、健康状况、经济及住房条件、婚姻家庭关系、共同生活家庭成员意见、抚育计划、邻里关系、社区环境、与被收养人融合情况等。

收养申请人与被收养人融合的时间不少于 30 日。

**第九条** 收养评估流程包括书面告知、评估准备、实施评估、出具评估报告。

（一）书面告知。民政部门收到收养登记申请有关材料后，经初步审查收养申请人、送养人、被收养人符合《中华人民共和国民法典》、《中国公民收养子女登记办法》要求的，应当书面告知收养申请人将对其进行收养评估。委托第三方机构开展评估的，民政部门应当同时书面告知受委托的第三方机构。

（二）评估准备。收养申请人确认同意进行收养评估的，第三方机构应当选派 2 名以上具有社会工作、医学、心理学等专业背景或者从事相关工作 2 年以上的专职工作人员开展评估活动。民政部门自行组织收养评估的，由收养评估小组开展评估活动。

（三）实施评估。评估人员根据评估需要，可以采取面谈、查阅资料、实地走访等多种方式进行评估，全面了解收养申请人的情况。

（四）出具报告。收养评估小组和受委托的第三方机构应当根据评估情况制作书面收养评估报告。收养评估报告包括正文和附件两部分：正文部分包括评估工作的基本情况、评估内容分析、评估结论等；附件部分包括记载评估过程的文字、语音、照片、影像等资料。委托第三方机构评估的，收养评估报告应当由参与评估人员签名，并加盖机构公章。民政部门自行组织评估的，收养评估报告应当由收养评估小组成员共同签名。

**第十条** 收养评估报告应当在收养申请人确认同意进行收养评估之日起 60 日内作出。收养评估期间不计入收养登记办理期限。

收养评估报告应当作为民政部门办理收养登记的参考依据。

**第十一条** 收养评估期间，收养评估小组或者受委托的第三方机构发现收养申请人及其共同生活家庭成员有下列情形之一的，应当向民政部门报告：

（一）弄虚作假，伪造、变造相关材料或者隐瞒相关事实的；

（二）参加非法组织、邪教组织的；

（三）买卖、性侵、虐待或者遗弃、非法送养未成年人，及其他侵犯未成年人身心健康的；

（四）有持续性、经常性的家庭暴力的；

（五）有故意犯罪行为，判处或者可能判处有期徒刑以上刑罚的；

（六）患有精神类疾病、传染性疾病、重度残疾或者智力残疾、重大疾病的；

（七）存在吸毒、酗酒、赌博、嫖娼等恶习的；

（八）故意或者过失导致正与其进行融合的未成年人受到侵害或者面临其他危险情形的；

（九）有其他不利于未成年人身心健康行为的。

存在前款规定第（八）项规定情形的，民政部门应当立即向公安机关报案。

**第十二条** 评估人员、受委托的第三方机构与收养申请人、送养人有利害关系的，应当回避。

**第十三条** 民政部门应当加强对收养评估小组的监督和管理。

委托第三方机构开展收养评估的，民政部门应当对受委托第三方履行协议情况进行监督。

**第十四条** 开展收养评估不得收取任何费用。地方收养评估工作所需经费应当纳入同级民政部门预算。

**第十五条** 华侨以及居住在香港、澳门、台湾地区的中国公民申请收养的，当地有权机构已经作出收养评估报告的，民政部门可以不再重复开展收养评估。没有收养评估报告的，民政部门可以依据当地有权机构出具的相关证明材料，对收养申请人进行收养评估。

外国人申请收养的，收养评估按照有关法律法规规定执行。

**第十六条** 省级民政部门可以结合当地情况细化、补充收养评估内容、流程，并报民政部备案。

**第十七条** 本办法自 2021 年 1 月 1 日起施行，《民政部关于印发〈收养能力评估工作指引〉的通知》（民发〔2015〕168 号）同时废止。

# 民政部
# 儿童福利机构管理办法（节录）

（2018 年 10 月 30 日　民政部令第 63 号）

## 第一章　总　　则

**第一条**　为了加强儿童福利机构管理，维护儿童的合法权益，根据《中华人民共和国民法总则》、《中华人民共和国未成年人保护法》等有关法律法规，制定本办法。

**第二条**　本办法所称儿童福利机构是指民政部门设立的，主要收留抚养由民政部门担任监护人的未满 18 周岁儿童的机构。

儿童福利机构包括按照事业单位法人登记的儿童福利院、设有儿童部的社会福利院等。

**第三条**　国务院民政部门负责指导、监督全国儿童福利机构管理工作。

县级以上地方人民政府民政部门负责本行政区域内儿童福利机构管理工作，依照有关法律法规和本办法的规定，对儿童福利机构进行监督和检查。

**第四条**　儿童福利机构应当坚持儿童利益最大化，依法保障儿童的生存权、发展权、受保护权、参与权等权利，不断提高儿童生活、医疗、康复和教育水平。

儿童福利机构及其工作人员不得歧视、侮辱、虐待儿童。

**第五条**　儿童福利机构的建设应当纳入县级以上地方人民政府国民经济和社会发展规划，建设水平应当与当地经济和社会发展相适应。

**第六条**　儿童福利机构所需经费由县级以上地方人民政府财政部门按照规定予以保障。

**第七条**　鼓励自然人、法人或者其他组织通过捐赠、设立公益慈善项目、提供志愿服务等方式，参与儿童福利机构相关服务。

**第八条** 对在儿童福利机构服务和管理工作中做出突出成绩的单位和个人，依照国家有关规定给予表彰和奖励。

## 第二章 服务对象

**第九条** 儿童福利机构应当收留抚养下列儿童：

（一）无法查明父母或者其他监护人的儿童；

（二）父母死亡或者宣告失踪且没有其他依法具有监护资格的人的儿童；

（三）父母没有监护能力且没有其他依法具有监护资格的人的儿童；

（四）人民法院指定由民政部门担任监护人的儿童；

（五）法律规定应当由民政部门担任监护人的其他儿童。

**第十条** 儿童福利机构收留抚养本办法第九条第（一）项规定的儿童的，应当区分情况登记保存以下材料：

（一）属于无法查明父母或者其他监护人的被遗弃儿童的，登记保存公安机关出具的经相关程序确认查找不到父母或者其他监护人的捡拾报案证明、儿童福利机构发布的寻亲公告、民政部门接收意见等材料。

（二）属于无法查明父母或者其他监护人的打拐解救儿童的，登记保存公安机关出具的打拐解救儿童临时照料通知书、DNA 信息比对结果、暂时未查找到生父母或者其他监护人的证明，儿童福利机构发布的寻亲公告，民政部门接收意见以及其他与儿童有关的材料。

（三）属于超过 3 个月仍无法查明父母或者其他监护人的流浪乞讨儿童的，登记保存公安机关出具的 DNA 信息比对结果、未成年人救助保护机构发布的寻亲公告、民政部门接收意见以及其他与儿童有关的材料。

**第十一条** 儿童福利机构收留抚养本办法第九条第（二）项规定的儿童的，应当登记保存儿童户籍所在地乡镇人民政府（街道办事处）提交的儿童父母死亡证明或者宣告死亡、宣告失踪的判决书以及没有其他依法具有监护资格的人的情况报告，民政部门接收意见等材料。

**第十二条** 儿童福利机构收留抚养本办法第九条第（三）项规定的儿童的，应当登记保存儿童户籍所在地乡镇人民政府（街道办事处）提交的父母没有监护能力的情况报告、没有其他依法具有监护资格的人的情况报告，民政部门接收意见等材料。

父母一方死亡或者失踪的，还应当登记保存死亡或者失踪一方的死亡证明或者宣告死亡、宣告失踪的判决书。

**第十三条** 儿童福利机构收留抚养本办法第九条第（四）项规定的儿童的，应当登记保存人民法院生效判决书、民政部门接收意见等材料。

**第十四条** 儿童福利机构可以接受未成年人救助保护机构委托，收留抚养民政部门承担临时监护责任的儿童。儿童福利机构应当与未成年人救助保护机构签订委托协议。

儿童福利机构应当接收需要集中供养的未满16周岁的特困人员。

## 第三章 服务内容

**第十五条** 儿童福利机构接收儿童后，应当及时送医疗机构进行体检和传染病检查。确实无法送医疗机构的，应当先行隔离照料。

**第十六条** 儿童福利机构收留抚养本办法第九条第（一）项规定的儿童的，应当保存儿童随身携带的能够标识其身份或者具有纪念价值的物品。

**第十七条** 儿童福利机构收留抚养本办法第九条规定的儿童，应当及时到当地公安机关申请办理户口登记。

**第十八条** 儿童福利机构应当根据《儿童福利机构基本规范》等国家标准、行业标准，提供日常生活照料、基本医疗、基本康复等服务，依法保障儿童受教育的权利。

**第十九条** 儿童福利机构应当设置起居室、活动室、医疗室、隔离室、康复室、厨房、餐厅、值班室、卫生间、储藏室等功能区域，配备符合儿童安全保护要求的设施设备。

**第二十条** 儿童福利机构应当考虑儿童个体差异，组织专业人员进行评估，并制定个性化抚养方案。

**第二十一条** 儿童福利机构应当提供吃饭、穿衣、如厕、洗澡等生活照料服务。

除重度残疾儿童外，对于6周岁以上儿童，儿童福利机构应当按照性别区分生活区域。女童应当由女性工作人员提供前款规定的生活照料服务。

儿童福利机构提供的饮食应当符合卫生要求，有利于儿童营养平衡。

**第二十二条** 儿童福利机构应当保障儿童参加基本医疗保险，安排儿童定期体检、免疫接种，做好日常医疗护理、疾病预防控制等工作。

儿童福利机构可以通过设立医疗机构或者采取与定点医疗机构合作的方式，为儿童提供基本医疗服务。

发现儿童为疑似传染病病人或者精神障碍患者时，儿童福利机构应当依照传染病防治、精神卫生等相关法律法规的规定处理。

**第二十三条** 儿童福利机构应当根据儿童的残疾状况提供有针对性的康复服务。暂不具备条件的，可以与有资质的康复服务机构合作开展康复服务。

**第二十四条** 对符合入学条件的儿童，儿童福利机构应当依法保障其接受普通教育；对符合特殊教育学校入学条件的儿童，应当依法保障其接受特殊教育。

鼓励具备条件的儿童福利机构开展特殊教育服务。

**第二十五条** 儿童确需跨省级行政区域接受手术医治、康复训练、特殊教育的，儿童福利机构应当选择具备相应资质的机构，并经所属民政部门批准同意。

儿童福利机构应当动态掌握儿童情况，并定期实地探望。

**第二十六条** 对于符合条件、适合送养的儿童，儿童福利机构依法安排送养。送养儿童前，儿童福利机构应当将儿童的智力、精神健康、患病及残疾状况等重要事项如实告知收养申请人。

对于符合家庭寄养条件的儿童，儿童福利机构按照《家庭寄养管理办法》的规定办理。

**第二十七条** 出现下列情形，儿童福利机构应当为儿童办理离院手续：

（一）儿童父母或者其他监护人出现的；

（二）儿童父母恢复监护能力或者有其他依法具有监护资格的人的；

（三）儿童父母或者其他监护人恢复监护人资格的；

（四）儿童被依法收养的；

（五）儿童福利机构和未成年人救助保护机构签订的委托协议期满或者被解除的；

（六）其他情形应当离院的。

**第二十八条** 出现本办法第二十七条第（一）项情形的，儿童福利机构应当根据情况登记保存公安机关出具的打拐解救儿童送还通知书，儿童确属于走失、被盗抢或者被拐骗的结案证明，人民法院撤销宣告失踪或者宣告死亡的判决书，以及能够反映原监护关系的材料等。

出现本办法第二十七条第（二）项情形的，儿童福利机构应当登记保存儿童原户籍所在地乡镇人民政府（街道办事处）提交的父母恢复监护能力或者有其他依法具有监护资格的人的情况报告。

出现本办法第二十七条第（三）项情形的，儿童福利机构应当登记保存人民法院恢复监护人资格的判决书。

出现本办法第二十七条第（一）项至第（三）项情形的，儿童福利机构还应当登记保存父母、其他监护人或者其他依法具有监护资格的人提交的户口簿、居民身份证复印件等证明身份的材料以及民政部门离院意见等材料。

出现本办法第二十七条第（四）项情形的，儿童福利机构应当登记保存收养登记证复印件、民政部门离院意见等材料。

出现本办法第二十七条第（五）项情形的，儿童福利机构应当登记保存儿童福利机构和未成年人救助保护机构签订的委托协议或者解除委托协议的相关材料。

**第二十九条** 儿童离院的，儿童福利机构应当出具儿童离院确认书。

**第三十条** 由民政部门担任监护人的儿童年满 18 周岁后，儿童福利机构应当报请所属民政部门提请本级人民政府解决其户籍、就学、就业、住房、社会保障等安置问题，并及时办理离院手续。

**第三十一条** 儿童福利机构收留抚养的儿童正常死亡或者经医疗卫生机构救治非正常死亡的，儿童福利机构应当取得负责救治或者正常死亡调查的医疗卫生机构签发的《居民死亡医学证明（推断）书》；儿童未经医疗卫生机构救治非正常死亡的，儿童福利机构应当取得由公安司法部门按照规定及程序出具的死亡证明。

儿童福利机构应当及时将儿童死亡情况报告所属民政部门，并依法做好遗体处理、户口注销等工作。

## 第六章 附 则

**第五十一条** 本办法所称未成年人救助保护机构是指未成年人（救助）保护中心和设有未成年人救助保护科（室）的救助管理站。

**第五十二条** 本办法自 2019 年 1 月 1 日起施行。

# 文化部　国家文物局
# 关于贯彻落实《中共中央办公厅、国务院办公厅关于进一步净化社会文化环境促进未成年人健康成长的若干意见》的通知

（2009 年 3 月 19 日　文市发〔2009〕8 号）

各省、自治区、直辖市文化厅（局）、文物局（文管会），新疆生产建设兵团文化局，本部各直属单位：

为了深入学习实践科学发展观，贯彻落实中办、国办《关于进一步净化社会文化环境促进未成年人健康成长的若干意见》（中办发［2009］6 号）（以下简称《若干意见》），保护未成年人合法权益，促进未成年人健康成长，结合文化、文物部门职责，现就有关工作要求通知如下：

## 一、切实加强文化市场管理，整治文化场所经营秩序，打击非法文化产品，净化文化市场环境

（一）加大网吧管理力度，开展网吧集中整治行动，重点打击违法接纳未成年人行为。

各级文化行政部门要以保护未成年人为重点，严格执法，强化网吧监管工作。根据文化部、工商总局、公安部、工业和信息化部、全国关心下一代工作委员会关于净化网吧管理工作的有关部署，开展网吧集中整治行动，配合相关部门坚决取缔黑网吧，以农村及城乡结合部为重点，着力整治网吧接纳未成年人行为。严把网吧审核关，强化退出机制。积极推进网吧连锁化、规范化，以经营规范、制度健全的连锁网吧挤压非法网吧的生存空间。切实发挥“五老”等社会监督员的有效作用。

（二）强化网络文化内容产品审查和监督管理，净化网络文化环境。

一是加大内容审查力度，完善内容审查细则。凡不符合法律规定、含有违禁内容的网络游戏、网络动漫和网络音乐等网络文化产品一律不得运行。对未经文化部内容审查，擅自从事进口网络文化经营活动的予以严肃查处，直至吊销《互联网文化经营许可证》。

二是深化和细化网络游戏管理，出台网络游戏分级运营管理等相关办法。按照"分类管理、分级运营"的原则，在网络游戏内容审查的基础上进一步加强动态功能的监管，引导网络游戏研发方向，限制有碍于未成年人道德观、价值观、世界观培养的游戏功能，有效解决未成年人沉迷游戏等一系列问题，遏制网络游戏对于未成年人的不良影响。

三是加强网络巡查和对运营环节的跟踪监管，加大对违法行为的处罚力度。发挥"经营性互联网文化活动监管通知单"制度的预警作用，对经营性互联网文化活动中出现的问题及时发出警示并限期改正，对整改不力的或经营暴力、色情等问题严重的网络文化经营活动坚决予以查处。

四是加强行业引导，开展网络文化从业人员培训工作。鼓励企业开发和创作有利于未成年人健康成长的网络文化作品，建立相关从业人员培训制度，对网络文化经营单位从业人员进行轮训，持证上岗，培训内容包括政策法规、文化素养、技术规范等，从源头上引导网络文化产品的研发和创作。

（三）加大娱乐演出场所和经营活动的管理力度。

各级文化行政部门要严格依照《娱乐场所管理条例》、《营业性演出管理条例》等相关规定，依法对娱乐、演出等场所的设立、经营行为进行监督管理。严禁在学校周围设立娱乐场所，严禁歌舞娱乐场所接纳未成年人，除国家法定节假日外，游艺娱乐场所设置的电子游戏机不得向未成年人提供。依法净化娱乐场所、演出活动传播的文化内容，严格禁止歌舞娱乐场所播放的曲目和屏幕画面以及游艺娱乐场所的电子游戏机内的游戏项目中含有暴力、色情等非法内容。以文化部等 3 部门印发的《关于进一步加强游艺娱乐场所管理的通知》为依托，建立健全游艺娱乐市场长效监管机制。开展歌舞娱乐场所"阳光工程"，切实保障未成年人健康成长。

## 二、积极促进优秀文化产品的创作和传播，满足未成年人的文化生活需求

（一）推动文化艺术创新，促进优秀文化产品的创作和传播。加大扶持力度和推介力度，着力打造一批具有民族特色、深受未成年人喜爱的文学、戏剧、音乐、美术、书法、摄影、舞蹈、杂技等文化艺术精品。继续做好“全国儿童剧优秀剧目展演”的演出推展工作，使优秀的舞台艺术作品发挥更大的社会效益。继续实施国产动漫振兴工程，通过原创动漫扶持计划和动漫文化推广计划，引导动漫创作方向，鼓励创作、推广和传播面向未成年人的优秀动漫产品。实施网络游戏技术研发引导等项目，提升网络游戏文化价值内涵，大力推广严肃游戏在未成年人教育和社会认知方面的应用。

（二）加强未成年人文化活动阵地和设施的建设，为未成年人提供更多丰富的文化资源。积极推动各地人民政府将未成年人文化设施建设纳入当地经济和社会发展规划，纳入文化设施建设整体规划，改建、扩建和新建一批未成年人文化设施。积极挖掘现有群艺馆、文化馆等文化设施的内部潜力，努力开辟青少年文化活动场地，建立文化馆、图书馆、科技馆、青少年活动场所、学校图书馆共建共享的新机制，为广大未成年人提供更为广阔的文化活动空间。

（三）深化博物馆免费开放工作，充分发挥博物馆社会教育功能，高度重视对未成年人的服务。根据未成年人群体的特点，结合博物馆资源，制定有针对性的教育计划，开展有针对性的教育活动，组织有针对性的参观与讲解，以达到寓教于乐的参观学习效果。大力开展博物馆进校园进社区活动，建立将博物馆纳入国民教育体系的长效机制。

（四）继续推进和充分利用全国文化信息资源共享工程，促进数字和网络技术在公共文化服务领域的应用，用先进的科技手段，将规模化的优秀文化资源传播到城乡基层。认真组织实施数字博物馆计划，借助远程教育网络，使博物馆文化辐射广大城镇、农村和边远地区的未成年人。加强公共上网场所建设，建立数字图书馆、网上剧场和文化活动远程指导网络，为未成年人提供文化信息、娱乐服务和绿色上网空间，活跃少年儿童网络文化生活。

（五）提高未成年人文化艺术素养，广泛开展文学艺术基础知识的普及工作，实施“国民艺术教育推进工程”，开展为未成年人送书、送戏、送电影活动。发挥文化馆（站、中心）等文化机构的组织作用，开展歌咏、读书、书

法、朗诵、科普知识等各种文化活动，丰富未成年人文化生活，提高艺术欣赏水平。建立健全各级各类爱国主义教育示范基地和公共文化设施向未成年人免费或者优惠开放制度，发挥对未成人进行思想道德教育的重要作用。

（六）重视中华优秀传统文化的教育和传承。促进中华优秀传统文化内容进入未成年人文化活动阵地。在未成年人校外活动场所广泛开展非物质文化遗产传承教育活动，大力弘扬中华优秀传统文化。深入开展优秀少儿歌曲创作推广活动，办好文化部、教育部举办的中国少年儿童合唱节活动。广泛开展吟诵古典诗词、传习传统技艺等优秀传统文化普及活动。改造和发展富有浓郁民族特色的民间传统节庆内容、风俗、礼仪，利用春节、元宵节、清明节、端午节、七夕节、中秋节、重阳节等传统民族节庆活动，增强中华民族凝聚力，促进和谐社会建设。

## 三、推进文化市场综合执法改革，加快全国网络文化市场监管平台建设，为净化社会文化环境提供基本保障和技术手段

（一）加强执法队伍建设，加快推进文化市场综合执法改革。

深化文化体制改革，实行文化市场综合执法，是党中央从社会主义文化事业发展全局和战略的高度做出的重大部署，是净化社会文化环境的切实保障。各级文化行政部门要按照中央的要求，在宣传部门的领导和支持下，积极规划和推进综合执法改革工作，用 3 年左右的时间完成在地市级城市组建文化市场综合执法机构。要发挥市场监管主力军作用，将净化社会文化环境工作作为重要内容，确保文化市场秩序更加规范和稳定。

（二）加快全国网络文化市场监管平台建设，完善文化市场管理防控技术手段。积极发挥技术监管优势，确保今年内实现网络文化市场计算机监管平台与省级监控平台互联互通，形成中央、省、市、县四级技术管理网络。要充分利用技术监管平台，建立非法网络文化企业和产品“黑名单”，全面提高网络文化内容监控预警能力，在网吧内有效屏蔽有害信息和不良网站，构筑起全方位、多层次、人防与技防相结合的监防体系，保护广大人民群众尤其是未成年人的身心健康。

## 四、加快行业协会建设，做好文化经营企业自律工作

各级文化行政部门要积极促进各地文化行业协会的成立，引导行业协会做好自律、自查、自纠工作。充分发挥行业协会的桥梁和纽带作用，建立和完善行业自律公约，健全内部管理制度，加强对从业人员的培训和教育，对严重违反行业自律的会员要坚决取消其会员资格，引导企业自觉遵守法律法规和社会公德、职业道德，落实行业规范，增强社会责任感，自觉为净化未成年人社会文化环境做贡献。

## 五、加强领导，明确责任，切实做好两办6号文的贯彻实施工作

（一）各级文化行政部门要高度重视《若干意见》的贯彻落实工作，加强领导，精心部署，分解任务，明确责任。在各级党委、政府的领导下，采取有效措施，齐心协力，狠抓落实。要加强与其他相关部门的沟通协调，保证净化社会文化环境的这一系统工程的有效实施。做好宣传工作，在全社会形成净化社会文化环境、关心未成年人成长的良好氛围。

（二）建立信息定期通报制度。各省级文化行政部门要做好贯彻落实《若干意见》的情况汇总工作，指派专人担任信息员，对本地区、本单位的工作进展、采取的措施、以及出现的新情况、新问题等事项及时汇总，于每月20日前，以书面形式向文化部文化市场司报送。突发事件及重大事项须随时报告。

特此通知。

# 司法篇

# 中华人民共和国预防未成年人犯罪法

（1999 年 6 月 28 日第九届全国人民代表大会常务委员会第十次会议通过　根据 2012 年 10 月 26 日第十一届全国人民代表大会常务委员会第二十九次会议《关于修改〈中华人民共和国预防未成年人犯罪法〉的决定》修正　2020 年 12 月 26 日第十三届全国人民代表大会常务委员会第二十四次会议修订）

## 第一章　总　　则

**第一条**　为了保障未成年人身心健康，培养未成年人良好品行，有效预防未成年人违法犯罪，制定本法。

**第二条**　预防未成年人犯罪，立足于教育和保护未成年人相结合，坚持预防为主、提前干预，对未成年人的不良行为和严重不良行为及时进行分级预防、干预和矫治。

**第三条**　开展预防未成年人犯罪工作，应当尊重未成年人人格尊严，保护未成年人的名誉权、隐私权和个人信息等合法权益。

**第四条**　预防未成年人犯罪，在各级人民政府组织下，实行综合治理。

国家机关、人民团体、社会组织、企业事业单位、居民委员会、村民委员会、学校、家庭等各负其责、相互配合，共同做好预防未成年人犯罪工作，及时消除滋生未成年人违法犯罪行为的各种消极因素，为未成年人身心健康发展创造良好的社会环境。

**第五条**　各级人民政府在预防未成年人犯罪方面的工作职责是：

（一）制定预防未成年人犯罪工作规划；

（二）组织公安、教育、民政、文化和旅游、市场监督管理、网信、卫生健康、新闻出版、电影、广播电视、司法行政等有关部门开展预防未成年人犯罪工作；

（三）为预防未成年人犯罪工作提供政策支持和经费保障；

（四）对本法的实施情况和工作规划的执行情况进行检查；

（五）组织开展预防未成年人犯罪宣传教育；

（六）其他预防未成年人犯罪工作职责。

**第六条** 国家加强专门学校建设，对有严重不良行为的未成年人进行专门教育。专门教育是国民教育体系的组成部分，是对有严重不良行为的未成年人进行教育和矫治的重要保护处分措施。

省级人民政府应当将专门教育发展和专门学校建设纳入经济社会发展规划。县级以上地方人民政府成立专门教育指导委员会，根据需要合理设置专门学校。

专门教育指导委员会由教育、民政、财政、人力资源社会保障、公安、司法行政、人民检察院、人民法院、共产主义青年团、妇女联合会、关心下一代工作委员会、专门学校等单位，以及律师、社会工作者等人员组成，研究确定专门学校教学、管理等相关工作。

专门学校建设和专门教育具体办法，由国务院规定。

**第七条** 公安机关、人民检察院、人民法院、司法行政部门应当由专门机构或者经过专业培训、熟悉未成年人身心特点的专门人员负责预防未成年人犯罪工作。

**第八条** 共产主义青年团、妇女联合会、工会、残疾人联合会、关心下一代工作委员会、青年联合会、学生联合会、少年先锋队以及有关社会组织，应当协助各级人民政府及其有关部门、人民检察院和人民法院做好预防未成年人犯罪工作，为预防未成年人犯罪培育社会力量，提供支持服务。

**第九条** 国家鼓励、支持和指导社会工作服务机构等社会组织参与预防未成年人犯罪相关工作，并加强监督。

**第十条** 任何组织或者个人不得教唆、胁迫、引诱未成年人实施不良行为或者严重不良行为，以及为未成年人实施上述行为提供条件。

**第十一条** 未成年人应当遵守法律法规及社会公共道德规范，树立自尊、自律、自强意识，增强辨别是非和自我保护的能力，自觉抵制各种不良行为以及违法犯罪行为的引诱和侵害。

**第十二条** 预防未成年人犯罪，应当结合未成年人不同年龄的生理、心理特点，加强青春期教育、心理关爱、心理矫治和预防犯罪对策的研究。

**第十三条** 国家鼓励和支持预防未成年人犯罪相关学科建设、专业设置、人才培养及科学研究，开展国际交流与合作。

**第十四条** 国家对预防未成年人犯罪工作有显著成绩的组织和个人，给予表彰和奖励。

## 第二章 预防犯罪的教育

**第十五条** 国家、社会、学校和家庭应当对未成年人加强社会主义核心价值观教育，开展预防犯罪教育，增强未成年人的法治观念，使未成年人树立遵纪守法和防范违法犯罪的意识，提高自我管控能力。

**第十六条** 未成年人的父母或者其他监护人对未成年人的预防犯罪教育负有直接责任，应当依法履行监护职责，树立优良家风，培养未成年人良好品行；发现未成年人心理或者行为异常的，应当及时了解情况并进行教育、引导和劝诫，不得拒绝或者怠于履行监护职责。

**第十七条** 教育行政部门、学校应当将预防犯罪教育纳入学校教学计划，指导教职员工结合未成年人的特点，采取多种方式对未成年学生进行有针对性的预防犯罪教育。

**第十八条** 学校应当聘任从事法治教育的专职或者兼职教师，并可以从司法和执法机关、法学教育和法律服务机构等单位聘请法治副校长、校外法治辅导员。

**第十九条** 学校应当配备专职或者兼职的心理健康教育教师，开展心理健康教育。学校可以根据实际情况与专业心理健康机构合作，建立心理健康筛查和早期干预机制，预防和解决学生心理、行为异常问题。

学校应当与未成年学生的父母或者其他监护人加强沟通，共同做好未成年学生心理健康教育；发现未成年学生可能患有精神障碍的，应当立即告知其父母或者其他监护人送相关专业机构诊治。

**第二十条** 教育行政部门应当会同有关部门建立学生欺凌防控制度。学校应当加强日常安全管理，完善学生欺凌发现和处置的工作流程，严格排查并及时消除可能导致学生欺凌行为的各种隐患。

**第二十一条** 教育行政部门鼓励和支持学校聘请社会工作者长期或者定期进驻学校，协助开展道德教育、法治教育、生命教育和心理健康教育，参与预防和处理学生欺凌等行为。

**第二十二条** 教育行政部门、学校应当通过举办讲座、座谈、培训等活动，介绍科学合理的教育方法，指导教职员工、未成年学生的父母或者其他监护人有效预防未成年人犯罪。

学校应当将预防犯罪教育计划告知未成年学生的父母或者其他监护人。未成年学生的父母或者其他监护人应当配合学校对未成年学生进行有针对性的预防犯罪教育。

**第二十三条** 教育行政部门应当将预防犯罪教育的工作效果纳入学校年度考核内容。

**第二十四条** 各级人民政府及其有关部门、人民检察院、人民法院、共产主义青年团、少年先锋队、妇女联合会、残疾人联合会、关心下一代工作委员会等应当结合实际，组织、举办多种形式的预防未成年人犯罪宣传教育活动。有条件的地方可以建立青少年法治教育基地，对未成年人开展法治教育。

**第二十五条** 居民委员会、村民委员会应当积极开展有针对性的预防未成年人犯罪宣传活动，协助公安机关维护学校周围治安，及时掌握本辖区内未成年人的监护、就学和就业情况，组织、引导社区社会组织参与预防未成年人犯罪工作。

**第二十六条** 青少年宫、儿童活动中心等校外活动场所应当把预防犯罪教育作为一项重要的工作内容，开展多种形式的宣传教育活动。

**第二十七条** 职业培训机构、用人单位在对已满十六周岁准备就业的未成年人进行职业培训时，应当将预防犯罪教育纳入培训内容。

## 第三章 对不良行为的干预

**第二十八条** 本法所称不良行为，是指未成年人实施的不利于其健康成长的下列行为：

（一）吸烟、饮酒；

（二）多次旷课、逃学；

（三）无故夜不归宿、离家出走；

（四）沉迷网络；

（五）与社会上具有不良习性的人交往，组织或者参加实施不良行为的团伙；

（六）进入法律法规规定未成年人不宜进入的场所；

（七）参与赌博、变相赌博，或者参加封建迷信、邪教等活动；

（八）阅览、观看或者收听宣扬淫秽、色情、暴力、恐怖、极端等内容的读物、音像制品或者网络信息等；

（九）其他不利于未成年人身心健康成长的不良行为。

**第二十九条** 未成年人的父母或者其他监护人发现未成年人有不良行为的，应当及时制止并加强管教。

**第三十条** 公安机关、居民委员会、村民委员会发现本辖区内未成年人有不良行为的，应当及时制止，并督促其父母或者其他监护人依法履行监护职责。

**第三十一条** 学校对有不良行为的未成年学生，应当加强管理教育，不得歧视；对拒不改正或者情节严重的，学校可以根据情况予以处分或者采取以下管理教育措施：

（一）予以训导；

（二）要求遵守特定的行为规范；

（三）要求参加特定的专题教育；

（四）要求参加校内服务活动；

（五）要求接受社会工作者或者其他专业人员的心理辅导和行为干预；

（六）其他适当的管理教育措施。

**第三十二条** 学校和家庭应当加强沟通，建立家校合作机制。学校决定对未成年学生采取管理教育措施的，应当及时告知其父母或者其他监护人；未成年学生的父母或者其他监护人应当支持、配合学校进行管理教育。

**第三十三条** 未成年学生偷窃少量财物，或者有殴打、辱骂、恐吓、强行索要财物等学生欺凌行为，情节轻微的，可以由学校依照本法第三十一条规定采取相应的管理教育措施。

**第三十四条** 未成年学生旷课、逃学的，学校应当及时联系其父母或者其他监护人，了解有关情况；无正当理由的，学校和未成年学生的父母或者其他监护人应当督促其返校学习。

**第三十五条** 未成年人无故夜不归宿、离家出走的，父母或者其他监护人、所在的寄宿制学校应当及时查找，必要时向公安机关报告。

收留夜不归宿、离家出走未成年人的，应当及时联系其父母或者其他监护人、所在学校；无法取得联系的，应当及时向公安机关报告。

**第三十六条** 对夜不归宿、离家出走或者流落街头的未成年人，公安机关、公共场所管理机构等发现或者接到报告后，应当及时采取有效保护措施，并通知其父母或者其他监护人、所在的寄宿制学校，必要时应当护送其返回住所、学校；无法与其父母或者其他监护人、学校取得联系的，应当护送未成年人到救助保护机构接受救助。

**第三十七条** 未成年人的父母或者其他监护人、学校发现未成年人组织或者参加实施不良行为的团伙，应当及时制止；发现该团伙有违法犯罪嫌疑的，应当立即向公安机关报告。

## 第四章 对严重不良行为的矫治

**第三十八条** 本法所称严重不良行为，是指未成年人实施的有刑法规定、因不满法定刑事责任年龄不予刑事处罚的行为，以及严重危害社会的下列行为：

（一）结伙斗殴，追逐、拦截他人，强拿硬要或者任意损毁、占用公私财物等寻衅滋事行为；

（二）非法携带枪支、弹药或者弩、匕首等国家规定的管制器具；

（三）殴打、辱骂、恐吓，或者故意伤害他人身体；

（四）盗窃、哄抢、抢夺或者故意损毁公私财物；

（五）传播淫秽的读物、音像制品或者信息等；

（六）卖淫、嫖娼，或者进行淫秽表演；

（七）吸食、注射毒品，或者向他人提供毒品；

（八）参与赌博赌资较大；

（九）其他严重危害社会的行为。

**第三十九条** 未成年人的父母或者其他监护人、学校、居民委员会、村民委员会发现有人教唆、胁迫、引诱未成年人实施严重不良行为的，应当立即向公安机关报告。公安机关接到报告或者发现有上述情形的，应当及时依法查处；对人身安全受到威胁的未成年人，应当立即采取有效保护措施。

**第四十条** 公安机关接到举报或者发现未成年人有严重不良行为的，应当及时制止，依法调查处理，并可以责令其父母或者其他监护人消除或者减轻违法后果，采取措施严加管教。

**第四十一条** 对有严重不良行为的未成年人，公安机关可以根据具体情况，采取以下矫治教育措施：

（一）予以训诫；

（二）责令赔礼道歉、赔偿损失；

（三）责令具结悔过；

（四）责令定期报告活动情况；

（五）责令遵守特定的行为规范，不得实施特定行为、接触特定人员或者进入特定场所；

（六）责令接受心理辅导、行为矫治；

（七）责令参加社会服务活动；

（八）责令接受社会观护，由社会组织、有关机构在适当场所对未成年人进行教育、监督和管束；

（九）其他适当的矫治教育措施。

**第四十二条** 公安机关在对未成年人进行矫治教育时，可以根据需要邀请学校、居民委员会、村民委员会以及社会工作服务机构等社会组织参与。

未成年人的父母或者其他监护人应当积极配合矫治教育措施的实施，不得妨碍阻挠或者放任不管。

**第四十三条** 对有严重不良行为的未成年人，未成年人的父母或者其他监护人、所在学校无力管教或者管教无效的，可以向教育行政部门提出申请，经专门教育指导委员会评估同意后，由教育行政部门决定送入专门学校接受专门教育。

**第四十四条** 未成年人有下列情形之一的，经专门教育指导委员会评估同意，教育行政部门会同公安机关可以决定将其送入专门学校接受专门教育：

（一）实施严重危害社会的行为，情节恶劣或者造成严重后果；

（二）多次实施严重危害社会的行为；

（三）拒不接受或者配合本法第四十一条规定的矫治教育措施；

（四）法律、行政法规规定的其他情形。

**第四十五条** 未成年人实施刑法规定的行为、因不满法定刑事责任年龄不予刑事处罚的，经专门教育指导委员会评估同意，教育行政部门会同公安机关可以决定对其进行专门矫治教育。

省级人民政府应当结合本地的实际情况，至少确定一所专门学校按照分校区、分班级等方式设置专门场所，对前款规定的未成年人进行专门矫治教育。

前款规定的专门场所实行闭环管理，公安机关、司法行政部门负责未成年人的矫治工作，教育行政部门承担未成年人的教育工作。

**第四十六条** 专门学校应当在每个学期适时提请专门教育指导委员会对接受专门教育的未成年学生的情况进行评估。对经评估适合转回普通学校就读的，专门教育指导委员会应当向原决定机关提出书面建议，由原决定机关决定是否将未成年学生转回普通学校就读。

原决定机关决定将未成年学生转回普通学校的，其原所在学校不得拒绝接收；因特殊情况，不适宜转回原所在学校的，由教育行政部门安排转学。

**第四十七条** 专门学校应当对接受专门教育的未成年人分级分类进行教育和矫治，有针对性地开展道德教育、法治教育、心理健康教育，并根据实际情况进行职业教育；对没有完成义务教育的未成年人，应当保证其继续接受义务教育。

专门学校的未成年学生的学籍保留在原学校，符合毕业条件的，原学校应当颁发毕业证书。

**第四十八条** 专门学校应当与接受专门教育的未成年人的父母或者其他监护人加强联系，定期向其反馈未成年人的矫治和教育情况，为父母或者其他监护人、亲属等看望未成年人提供便利。

**第四十九条** 未成年人及其父母或者其他监护人对本章规定的行政决定不服的，可以依法提起行政复议或者行政诉讼。

## 第五章 对重新犯罪的预防

**第五十条** 公安机关、人民检察院、人民法院办理未成年人刑事案件，应当根据未成年人的生理、心理特点和犯罪的情况，有针对性地进行法治教育。

对涉及刑事案件的未成年人进行教育，其法定代理人以外的成年亲属或者教师、辅导员等参与有利于感化、挽救未成年人的，公安机关、人民检察院、人民法院应当邀请其参加有关活动。

**第五十一条** 公安机关、人民检察院、人民法院办理未成年人刑事案件，可以自行或者委托有关社会组织、机构对未成年犯罪嫌疑人或者被告人的成长经历、犯罪原因、监护、教育等情况进行社会调查；根据实际需要并经未成年犯罪嫌疑人、被告人及其法定代理人同意，可以对未成年犯罪嫌疑人、被告人进行心理测评。

社会调查和心理测评的报告可以作为办理案件和教育未成年人的参考。

**第五十二条** 公安机关、人民检察院、人民法院对于无固定住所、无法提供保证人的未成年人适用取保候审的，应当指定合适成年人作为保证人，必要时可以安排取保候审的未成年人接受社会观护。

**第五十三条** 对被拘留、逮捕以及在未成年犯管教所执行刑罚的未成年人，应当与成年人分别关押、管理和教育。对未成年人的社区矫正，应当与成年人分别进行。

对有上述情形且没有完成义务教育的未成年人，公安机关、人民检察院、人民法院、司法行政部门应当与教育行政部门相互配合，保证其继续接受义务教育。

**第五十四条** 未成年犯管教所、社区矫正机构应当对未成年犯、未成年社区矫正对象加强法治教育，并根据实际情况对其进行职业教育。

**第五十五条** 社区矫正机构应当告知未成年社区矫正对象安置帮教的有关规定，并配合安置帮教工作部门落实或者解决未成年社区矫正对象的就学、就业等问题。

**第五十六条** 对刑满释放的未成年人，未成年犯管教所应当提前通知其父母或者其他监护人按时接回，并协助落实安置帮教措施。没有父母或者其他监护人、无法查明其父母或者其他监护人的，未成年犯管教所应当提前通知未成年人原户籍所在地或者居住地的司法行政部门安排人员按时接回，由民政部门或者居民委员会、村民委员会依法对其进行监护。

**第五十七条** 未成年人的父母或者其他监护人和学校、居民委员会、村民委员会对接受社区矫正、刑满释放的未成年人，应当采取有效的帮教措施，协助司法机关以及有关部门做好安置帮教工作。

居民委员会、村民委员会可以聘请思想品德优秀，作风正派，热心未成年人工作的离退休人员、志愿者或其他人员协助做好前款规定的安置帮教工作。

**第五十八条** 刑满释放和接受社区矫正的未成年人，在复学、升学、就业等方面依法享有与其他未成年人同等的权利，任何单位和个人不得歧视。

**第五十九条** 未成年人的犯罪记录依法被封存的，公安机关、人民检察院、人民法院和司法行政部门不得向任何单位或者个人提供，但司法机关因办案需要或者有关单位根据国家有关规定进行查询的除外。依法进行查询的单位和个人应当对相关记录信息予以保密。

未成年人接受专门矫治教育、专门教育的记录，以及被行政处罚、采取刑事强制措施和不起诉的记录，适用前款规定。

**第六十条** 人民检察院通过依法行使检察权，对未成年人重新犯罪预防工作等进行监督。

## 第六章 法律责任

**第六十一条** 公安机关、人民检察院、人民法院在办理案件过程中发现实施严重不良行为的未成年人的父母或者其他监护人不依法履行监护职责的，应当予以训诫，并可以责令其接受家庭教育指导。

**第六十二条** 学校及其教职员工违反本法规定，不履行预防未成年人犯罪工作职责，或者虐待、歧视相关未成年人的，由教育行政等部门责令改正，通报批评；情节严重的，对直接负责的主管人员和其他直接责任人员依法给予处分。构成违反治安管理行为的，由公安机关依法予以治安管理处罚。

教职员工教唆、胁迫、引诱未成年人实施不良行为或者严重不良行为，以及品行不良、影响恶劣的，教育行政部门、学校应当依法予以解聘或者辞退。

**第六十三条** 违反本法规定，在复学、升学、就业等方面歧视相关未成年人的，由所在单位或者教育、人力资源社会保障等部门责令改正；拒不改正的，对直接负责的主管人员或者其他直接责任人员依法给予处分。

**第六十四条** 有关社会组织、机构及其工作人员虐待、歧视接受社会观护的未成年人，或者出具虚假社会调查、心理测评报告的，由民政、司法行政等部门对直接负责的主管人员或者其他直接责任人员依法给予处分，构成违反治安管理行为的，由公安机关予以治安管理处罚。

**第六十五条** 教唆、胁迫、引诱未成年人实施不良行为或者严重不良行为，构成违反治安管理行为的，由公安机关依法予以治安管理处罚。

**第六十六条** 国家机关及其工作人员在预防未成年人犯罪工作中滥用职权、玩忽职守、徇私舞弊的，对直接负责的主管人员和其他直接责任人员，依法给予处分。

**第六十七条** 违反本法规定，构成犯罪的，依法追究刑事责任。

## 第七章 附 则

**第六十八条** 本法自 2021 年 6 月 1 日起施行。

# 中华人民共和国刑法（节录）

[1979 年 7 月 1 日第五届全国人民代表大会第二次会议通过 1997 年 3 月 14 日第八届全国人民代表大会第五次会议修订 根据 1998 年 12 月 29 日第九届全国人民代表大会常务委员会第六次会议通过的《全国人民代表大会常务委员会关于惩治骗购外汇、逃汇和非法买卖外汇犯罪的决定》、1999 年 12 月 25 日第九届全国人民代表大会常务委员会第十三次会议通过的《中华人民共和国刑法修正案》、2001 年 8 月 31 日第九届全国人民代表大会常务委员会第二十三次会议通过的《中华人民共和国刑法修正案（二）》、2001 年 12 月 29 日第九届全国人民代表大会常务委员会第二十五次会议通过的《中华人民共和国刑法修正案（三）》、2002 年 12 月 28 日第九届全国人民代表大会常务委员会第三十一次会议通过的《中华人民共和国刑法修正案（四）》、2005 年 2 月 28 日第十届全国人民代表大会常务委员会第十四次会议通过的《中华人民共和国刑法修正案（五）》、2006 年 6 月 29 日第十届全国人民代表大会常务委员会第二十二次会议通过的《中华人民共和国刑法修正案（六）》、2009 年 2 月 28 日第十一届全国人民代表大会常务委员会第七次会议通过的《中华人民共和国刑法修正案（七）》、2009 年 8 月 27 日第十一届全国人民代表大会常务委员会第十次会议通过的《全国人民代表大会常务委员会关于修改部分法律的决定》、2011 年 2 月 25 日第十一届全国人民代表大会常务委员会第十九次会议通过的《中华人民共和国刑法修正案（八）》、2015 年 8 月 29 日第十二届全国人民代表大会常务委员会第十六次会议通过的《中华人民共和国刑法修正案（九）》、2017 年 11 月 4 日第十二届全国人民代表大会常务委员会第三十次会议通过的《中华人民共和国刑法修正案（十）》、2020 年 12 月 26 日第十三届全国人民代表大会

常务委员会第二十四次会议通过的《中华人民共和国刑法修正案（十一）》和2023年12月29日第十四届全国人民代表大会常务委员会第七次会议通过的《中华人民共和国刑法修正案（十二）》修正]

# 第一编　总　　则

## 第一章　刑法的任务、基本原则和适用范围

**第一条**　为了惩罚犯罪，保护人民，根据宪法，结合我国同犯罪作斗争的具体经验及实际情况，制定本法。

**第二条**　中华人民共和国刑法的任务，是用刑罚同一切犯罪行为作斗争，以保卫国家安全，保卫人民民主专政的政权和社会主义制度，保护国有财产和劳动群众集体所有的财产，保护公民私人所有的财产，保护公民的人身权利、民主权利和其他权利，维护社会秩序、经济秩序，保障社会主义建设事业的顺利进行。

**第三条**　法律明文规定为犯罪行为的，依照法律定罪处刑；法律没有明文规定为犯罪行为的，不得定罪处刑。

**第四条**　对任何人犯罪，在适用法律上一律平等。不允许任何人有超越法律的特权。

**第五条**　刑罚的轻重，应当与犯罪分子所犯罪行和承担的刑事责任相适应。

**第六条**　凡在中华人民共和国领域内犯罪的，除法律有特别规定的以外，都适用本法。

凡在中华人民共和国船舶或者航空器内犯罪的，也适用本法。

犯罪的行为或者结果有一项发生在中华人民共和国领域内的，就认为是在中华人民共和国领域内犯罪。

**第七条**　中华人民共和国公民在中华人民共和国领域外犯本法规定之罪的，适用本法，但是按本法规定的最高刑为三年以下有期徒刑的，可以不予追究。

中华人民共和国国家工作人员和军人在中华人民共和国领域外犯本法规定

之罪的，适用本法。

**第八条**　外国人在中华人民共和国领域外对中华人民共和国国家或者公民犯罪，而按本法规定的最低刑为三年以上有期徒刑的，可以适用本法，但是按照犯罪地的法律不受处罚的除外。

**第九条**　对于中华人民共和国缔结或者参加的国际条约所规定的罪行，中华人民共和国在所承担条约义务的范围内行使刑事管辖权的，适用本法。

**第十条**　凡在中华人民共和国领域外犯罪，依照本法应当负刑事责任的，虽然经过外国审判，仍然可以依照本法追究，但是在外国已经受过刑罚处罚的，可以免除或者减轻处罚。

**第十一条**　享有外交特权和豁免权的外国人的刑事责任，通过外交途径解决。

**第十二条**　中华人民共和国成立以后本法施行以前的行为，如果当时的法律不认为是犯罪的，适用当时的法律；如果当时的法律认为是犯罪的，依照本法总则第四章第八节的规定应当追诉的，按照当时的法律追究刑事责任，但是如果本法不认为是犯罪或者处刑较轻的，适用本法。

本法施行以前，依照当时的法律已经作出的生效判决，继续有效。

## 第二章　犯　　罪

### 第一节　犯罪和刑事责任

**第十三条**　一切危害国家主权、领土完整和安全，分裂国家、颠覆人民民主专政的政权和推翻社会主义制度，破坏社会秩序和经济秩序，侵犯国有财产或者劳动群众集体所有的财产，侵犯公民私人所有的财产，侵犯公民的人身权利、民主权利和其他权利，以及其他危害社会的行为，依照法律应当受刑罚处罚的，都是犯罪，但是情节显著轻微危害不大的，不认为是犯罪。

**第十四条**　明知自己的行为会发生危害社会的结果，并且希望或者放任这种结果发生，因而构成犯罪的，是故意犯罪。

故意犯罪，应当负刑事责任。

**第十五条**　应当预见自己的行为可能发生危害社会的结果，因为疏忽大意而没有预见，或者已经预见而轻信能够避免，以致发生这种结果的，是过失犯罪。

过失犯罪，法律有规定的才负刑事责任。

**第十六条**　行为在客观上虽然造成了损害结果，但是不是出于故意或者过失，而是由于不能抗拒或者不能预见的原因所引起的，不是犯罪。

**第十七条**　已满十六周岁的人犯罪，应当负刑事责任。

已满十四周岁不满十六周岁的人，犯故意杀人、故意伤害致人重伤或者死亡、强奸、抢劫、贩卖毒品、放火、爆炸、投放危险物质罪的，应当负刑事责任。

已满十二周岁不满十四周岁的人，犯故意杀人、故意伤害罪，致人死亡或者以特别残忍手段致人重伤造成严重残疾，情节恶劣，经最高人民检察院核准追诉的，应当负刑事责任。

对依照前三款规定追究刑事责任的不满十八周岁的人，应当从轻或者减轻处罚。

因不满十六周岁不予刑事处罚的，责令其父母或者其他监护人加以管教；在必要的时候，依法进行专门矫治教育。

**第十七条之一**　已满七十五周岁的人故意犯罪的，可以从轻或者减轻处罚；过失犯罪的，应当从轻或者减轻处罚。

**第十八条**　精神病人在不能辨认或者不能控制自己行为的时候造成危害结果，经法定程序鉴定确认的，不负刑事责任，但是应当责令他的家属或者监护人严加看管和医疗；在必要的时候，由政府强制医疗。

间歇性的精神病人在精神正常的时候犯罪，应当负刑事责任。

尚未完全丧失辨认或者控制自己行为能力的精神病人犯罪的，应当负刑事责任，但是可以从轻或者减轻处罚。

醉酒的人犯罪，应当负刑事责任。

**第十九条**　又聋又哑的人或者盲人犯罪，可以从轻、减轻或者免除处罚。

**第二十条**　为了使国家、公共利益、本人或者他人的人身、财产和其他权利免受正在进行的不法侵害，而采取的制止不法侵害的行为，对不法侵害人造成损害的，属于正当防卫，不负刑事责任。

正当防卫明显超过必要限度造成重大损害的，应当负刑事责任，但是应当减轻或者免除处罚。

对正在进行行凶、杀人、抢劫、强奸、绑架以及其他严重危及人身安全的暴力犯罪，采取防卫行为，造成不法侵害人伤亡的，不属于防卫过当，不负刑事责任。

**第二十一条** 为了使国家、公共利益、本人或者他人的人身、财产和其他权利免受正在发生的危险，不得已采取的紧急避险行为，造成损害的，不负刑事责任。

紧急避险超过必要限度造成不应有的损害的，应当负刑事责任，但是应当减轻或者免除处罚。

第一款中关于避免本人危险的规定，不适用于职务上、业务上负有特定责任的人。

## 第二节 犯罪的预备、未遂和中止

**第二十二条** 为了犯罪，准备工具、制造条件的，是犯罪预备。

对于预备犯，可以比照既遂犯从轻、减轻处罚或者免除处罚。

**第二十三条** 已经着手实行犯罪，由于犯罪分子意志以外的原因而未得逞的，是犯罪未遂。

对于未遂犯，可以比照既遂犯从轻或者减轻处罚。

**第二十四条** 在犯罪过程中，自动放弃犯罪或者自动有效地防止犯罪结果发生的，是犯罪中止。

对于中止犯，没有造成损害的，应当免除处罚；造成损害的，应当减轻处罚。

## 第三节 共同犯罪

**第二十五条** 共同犯罪是指二人以上共同故意犯罪。

二人以上共同过失犯罪，不以共同犯罪论处；应当负刑事责任的，按照他们所犯的罪分别处罚。

**第二十六条** 组织、领导犯罪集团进行犯罪活动的或者在共同犯罪中起主要作用的，是主犯。

三人以上为共同实施犯罪而组成的较为固定的犯罪组织，是犯罪集团。

对组织、领导犯罪集团的首要分子，按照集团所犯的全部罪行处罚。

对于第三款规定以外的主犯，应当按照其所参与的或者组织、指挥的全部犯罪处罚。

**第二十七条** 在共同犯罪中起次要或者辅助作用的，是从犯。

对于从犯，应当从轻、减轻处罚或者免除处罚。

**第二十八条** 对于被胁迫参加犯罪的，应当按照他的犯罪情节减轻处罚或者免除处罚。

**第二十九条** 教唆他人犯罪的，应当按照他在共同犯罪中所起的作用处罚。教唆不满十八周岁的人犯罪的，应当从重处罚。

如果被教唆的人没有犯被教唆的罪，对于教唆犯，可以从轻或者减轻处罚。

### 第四节　单位犯罪

**第三十条** 公司、企业、事业单位、机关、团体实施的危害社会的行为，法律规定为单位犯罪的，应当负刑事责任。

**第三十一条** 单位犯罪的，对单位判处罚金，并对其直接负责的主管人员和其他直接责任人员判处刑罚。本法分则和其他法律另有规定的，依照规定。

## 第三章　刑　　罚

### 第一节　刑罚的种类

**第三十二条** 刑罚分为主刑和附加刑。

**第三十三条** 主刑的种类如下：

（一）管制；

（二）拘役；

（三）有期徒刑；

（四）无期徒刑；

（五）死刑。

**第三十四条** 附加刑的种类如下：

（一）罚金；

（二）剥夺政治权利；

（三）没收财产。

附加刑也可以独立适用。

**第三十五条** 对于犯罪的外国人，可以独立适用或者附加适用驱逐出境。

**第三十六条** 由于犯罪行为而使被害人遭受经济损失的，对犯罪分子除依法给予刑事处罚外，并应根据情况判处赔偿经济损失。

承担民事赔偿责任的犯罪分子，同时被判处罚金，其财产不足以全部支付的，或者被判处没收财产的，应当先承担对被害人的民事赔偿责任。

**第三十七条** 对于犯罪情节轻微不需要判处刑罚的，可以免予刑事处罚，但是可以根据案件的不同情况，予以训诫或者责令具结悔过、赔礼道歉、赔偿损失，或者由主管部门予以行政处罚或者行政处分。

**第三十七条之一** 因利用职业便利实施犯罪，或者实施违背职业要求的特定义务的犯罪被判处刑罚的，人民法院可以根据犯罪情况和预防再犯罪的需要，禁止其自刑罚执行完毕之日或者假释之日起从事相关职业，期限为三年至五年。

被禁止从事相关职业的人违反人民法院依照前款规定作出的决定的，由公安机关依法给予处罚；情节严重的，依照本法第三百一十三条的规定定罪处罚。

其他法律、行政法规对其从事相关职业另有禁止或者限制性规定的，从其规定。

## 第二节 管 制

**第三十八条** 管制的期限，为三个月以上二年以下。

判处管制，可以根据犯罪情况，同时禁止犯罪分子在执行期间从事特定活动，进入特定区域、场所，接触特定的人。

对判处管制的犯罪分子，依法实行社区矫正。

违反第二款规定的禁止令的，由公安机关依照《中华人民共和国治安管理处罚法》的规定处罚。

**第三十九条** 被判处管制的犯罪分子，在执行期间，应当遵守下列规定：

（一）遵守法律、行政法规，服从监督；

（二）未经执行机关批准，不得行使言论、出版、集会、结社、游行、示威自由的权利；

（三）按照执行机关规定报告自己的活动情况；

（四）遵守执行机关关于会客的规定；

（五）离开所居住的市、县或者迁居，应当报经执行机关批准。

对于被判处管制的犯罪分子，在劳动中应当同工同酬。

**第四十条** 被判处管制的犯罪分子，管制期满，执行机关应即向本人和其所在单位或者居住地的群众宣布解除管制。

**第四十一条** 管制的刑期，从判决执行之日起计算；判决执行以前先行羁押的，羁押一日折抵刑期二日。

## 第三节 拘　　役

**第四十二条** 拘役的期限，为一个月以上六个月以下。

**第四十三条** 被判处拘役的犯罪分子，由公安机关就近执行。

在执行期间，被判处拘役的犯罪分子每月可以回家一天至两天；参加劳动的，可以酌量发给报酬。

**第四十四条** 拘役的刑期，从判决执行之日起计算；判决执行以前先行羁押的，羁押一日折抵刑期一日。

## 第四节 有期徒刑、无期徒刑

**第四十五条** 有期徒刑的期限，除本法第五十条、第六十九条规定外，为六个月以上十五年以下。

**第四十六条** 被判处有期徒刑、无期徒刑的犯罪分子，在监狱或者其他执行场所执行；凡有劳动能力的，都应当参加劳动，接受教育和改造。

**第四十七条** 有期徒刑的刑期，从判决执行之日起计算；判决执行以前先行羁押的，羁押一日折抵刑期一日。

## 第五节 死　　刑

**第四十八条** 死刑只适用于罪行极其严重的犯罪分子。对于应当判处死刑的犯罪分子，如果不是必须立即执行的，可以判处死刑同时宣告缓期二年执行。

死刑除依法由最高人民法院判决的以外，都应当报请最高人民法院核准。死刑缓期执行的，可以由高级人民法院判决或者核准。

**第四十九条** 犯罪的时候不满十八周岁的人和审判的时候怀孕的妇女，不适用死刑。

审判的时候已满七十五周岁的人，不适用死刑，但以特别残忍手段致人死亡的除外。

**第五十条** 判处死刑缓期执行的，在死刑缓期执行期间，如果没有故意犯罪，二年期满以后，减为无期徒刑；如果确有重大立功表现，二年期满以后，减为二十五年有期徒刑；如果故意犯罪，情节恶劣的，报请最高人民法院核准后执行死刑；对于故意犯罪未执行死刑的，死刑缓期执行的期间重新计算，并报最高人民法院备案。

对被判处死刑缓期执行的累犯以及因故意杀人、强奸、抢劫、绑架、放火、爆炸、投放危险物质或者有组织的暴力性犯罪被判处死刑缓期执行的犯罪分子，人民法院根据犯罪情节等情况可以同时决定对其限制减刑。

**第五十一条** 死刑缓期执行的期间，从判决确定之日起计算。死刑缓期执行减为有期徒刑的刑期，从死刑缓期执行期满之日起计算。

## 第六节 罚 金

**第五十二条** 判处罚金，应当根据犯罪情节决定罚金数额。

**第五十三条** 罚金在判决指定的期限内一次或者分期缴纳。期满不缴纳的，强制缴纳。对于不能全部缴纳罚金的，人民法院在任何时候发现被执行人有可以执行的财产，应当随时追缴。

由于遭遇不能抗拒的灾祸等原因缴纳确实有困难的，经人民法院裁定，可以延期缴纳、酌情减少或者免除。

## 第七节 剥夺政治权利

**第五十四条** 剥夺政治权利是剥夺下列权利：

（一）选举权和被选举权；

（二）言论、出版、集会、结社、游行、示威自由的权利；

（三）担任国家机关职务的权利；

（四）担任国有公司、企业、事业单位和人民团体领导职务的权利。

**第五十五条** 剥夺政治权利的期限，除本法第五十七条规定外，为一年以上五年以下。

判处管制附加剥夺政治权利的，剥夺政治权利的期限与管制的期限相等，同时执行。

**第五十六条** 对于危害国家安全的犯罪分子应当附加剥夺政治权利；对于故意杀人、强奸、放火、爆炸、投毒、抢劫等严重破坏社会秩序的犯罪分子，可以附加剥夺政治权利。

独立适用剥夺政治权利的，依照本法分则的规定。

**第五十七条** 对于被判处死刑、无期徒刑的犯罪分子，应当剥夺政治权利终身。

在死刑缓期执行减为有期徒刑或者无期徒刑减为有期徒刑的时候，应当把附加剥夺政治权利的期限改为三年以上十年以下。

**第五十八条** 附加剥夺政治权利的刑期，从徒刑、拘役执行完毕之日或者从假释之日起计算；剥夺政治权利的效力当然施用于主刑执行期间。

被剥夺政治权利的犯罪分子，在执行期间，应当遵守法律、行政法规和国务院公安部门有关监督管理的规定，服从监督；不得行使本法第五十四条规定的各项权利。

### 第八节 没收财产

**第五十九条** 没收财产是没收犯罪分子个人所有财产的一部或者全部。没收全部财产的，应当对犯罪分子个人及其扶养的家属保留必需的生活费用。

在判处没收财产的时候，不得没收属于犯罪分子家属所有或者应有的财产。

**第六十条** 没收财产以前犯罪分子所负的正当债务，需要以没收的财产偿还的，经债权人请求，应当偿还。

## 第四章 刑罚的具体运用

### 第一节 量 刑

**第六十一条** 对于犯罪分子决定刑罚的时候，应当根据犯罪的事实、犯罪的性质、情节和对于社会的危害程度，依照本法的有关规定判处。

**第六十二条** 犯罪分子具有本法规定的从重处罚、从轻处罚情节的，应当在法定刑的限度以内判处刑罚。

**第六十三条** 犯罪分子具有本法规定的减轻处罚情节的，应当在法定刑以下判处刑罚；本法规定有数个量刑幅度的，应当在法定量刑幅度的下一个量刑幅度内判处刑罚。

犯罪分子虽然不具有本法规定的减轻处罚情节，但是根据案件的特殊情况，经最高人民法院核准，也可以在法定刑以下判处刑罚。

**第六十四条** 犯罪分子违法所得的一切财物，应当予以追缴或者责令退赔；对被害人的合法财产，应当及时返还；违禁品和供犯罪所用的本人财物，应当予以没收。没收的财物和罚金，一律上缴国库，不得挪用和自行处理。

## 第二节 累 犯

**第六十五条** 被判处有期徒刑以上刑罚的犯罪分子，刑罚执行完毕或者赦免以后，在五年以内再犯应当判处有期徒刑以上刑罚之罪的，是累犯，应当从重处罚，但是过失犯罪和不满十八周岁的人犯罪的除外。

前款规定的期限，对于被假释的犯罪分子，从假释期满之日起计算。

**第六十六条** 危害国家安全犯罪、恐怖活动犯罪、黑社会性质的组织犯罪的犯罪分子，在刑罚执行完毕或者赦免以后，在任何时候再犯上述任一类罪的，都以累犯论处。

## 第三节 自首和立功

**第六十七条** 犯罪以后自动投案，如实供述自己的罪行的，是自首。对于自首的犯罪分子，可以从轻或者减轻处罚。其中，犯罪较轻的，可以免除处罚。

被采取强制措施的犯罪嫌疑人、被告人和正在服刑的罪犯，如实供述司法机关还未掌握的本人其他罪行的，以自首论。

犯罪嫌疑人虽不具有前两款规定的自首情节，但是如实供述自己罪行的，可以从轻处罚；因其如实供述自己罪行，避免特别严重后果发生的，可以减轻处罚。

**第六十八条** 犯罪分子有揭发他人犯罪行为，查证属实的，或者提供重要线索，从而得以侦破其他案件等立功表现的，可以从轻或者减轻处罚；有重大立功表现的，可以减轻或者免除处罚。

## 第四节 数罪并罚

**第六十九条** 判决宣告以前一人犯数罪的，除判处死刑和无期徒刑的以外，应当在总和刑期以下、数刑中最高刑期以上，酌情决定执行的刑期，但是管制最高不能超过三年，拘役最高不能超过一年，有期徒刑总和刑期不满三十五年的，最高不能超过二十年，总和刑期在三十五年以上的，最高不能超过二十五年。

数罪中有判处有期徒刑和拘役的，执行有期徒刑。数罪中有判处有期徒刑和管制，或者拘役和管制的，有期徒刑、拘役执行完毕后，管制仍须执行。

数罪中有判处附加刑的，附加刑仍须执行，其中附加刑种类相同的，合并执行，种类不同的，分别执行。

**第七十条** 判决宣告以后，刑罚执行完毕以前，发现被判刑的犯罪分子在判决宣告以前还有其他罪没有判决的，应当对新发现的罪作出判决，把前后两个判决所判处的刑罚，依照本法第六十九条的规定，决定执行的刑罚。已经执行的刑期，应当计算在新判决决定的刑期以内。

**第七十一条** 判决宣告以后，刑罚执行完毕以前，被判刑的犯罪分子又犯罪的，应当对新犯的罪作出判决，把前罪没有执行的刑罚和后罪所判处的刑罚，依照本法第六十九条的规定，决定执行的刑罚。

## 第五节 缓 刑

**第七十二条** 对于被判处拘役、三年以下有期徒刑的犯罪分子，同时符合下列条件的，可以宣告缓刑，对其中不满十八周岁的人、怀孕的妇女和已满七十五周岁的人，应当宣告缓刑：

（一）犯罪情节较轻；

（二）有悔罪表现；

（三）没有再犯罪的危险；

（四）宣告缓刑对所居住社区没有重大不良影响。

宣告缓刑，可以根据犯罪情况，同时禁止犯罪分子在缓刑考验期限内从事特定活动，进入特定区域、场所，接触特定的人。

被宣告缓刑的犯罪分子，如果被判处附加刑，附加刑仍须执行。

**第七十三条** 拘役的缓刑考验期限为原判刑期以上一年以下，但是不能少于二个月。

有期徒刑的缓刑考验期限为原判刑期以上五年以下，但是不能少于一年。

缓刑考验期限，从判决确定之日起计算。

**第七十四条** 对于累犯和犯罪集团的首要分子，不适用缓刑。

**第七十五条** 被宣告缓刑的犯罪分子，应当遵守下列规定：

（一）遵守法律、行政法规，服从监督；

（二）按照考察机关的规定报告自己的活动情况；

（三）遵守考察机关关于会客的规定；

（四）离开所居住的市、县或者迁居，应当报经考察机关批准。

**第七十六条** 对宣告缓刑的犯罪分子，在缓刑考验期限内，依法实行社区矫正，如果没有本法第七十七条规定的情形，缓刑考验期满，原判的刑罚就不再执行，并公开予以宣告。

**第七十七条** 被宣告缓刑的犯罪分子，在缓刑考验期限内犯新罪或者发现判决宣告以前还有其他罪没有判决的，应当撤销缓刑，对新犯的罪或者新发现的罪作出判决，把前罪和后罪所判处的刑罚，依照本法第六十九条的规定，决定执行的刑罚。

被宣告缓刑的犯罪分子，在缓刑考验期限内，违反法律、行政法规或者国务院有关部门关于缓刑的监督管理规定，或者违反人民法院判决中的禁止令，情节严重的，应当撤销缓刑，执行原判刑罚。

# 第二编　分　　则

## 第一章　危害国家安全罪

**第一百零二条** 勾结外国，危害中华人民共和国的主权、领土完整和安全的，处无期徒刑或者十年以上有期徒刑。

与境外机构、组织、个人相勾结，犯前款罪的，依照前款的规定处罚。

**第一百零三条** 组织、策划、实施分裂国家、破坏国家统一的，对首要分子或者罪行重大的，处无期徒刑或者十年以上有期徒刑；对积极参加的，处三年以上十年以下有期徒刑；对其他参加的，处三年以下有期徒刑、拘役、管制或者剥夺政治权利。

煽动分裂国家、破坏国家统一的，处五年以下有期徒刑、拘役、管制或者剥夺政治权利；首要分子或者罪行重大的，处五年以上有期徒刑。

**第一百一十条** 有下列间谍行为之一，危害国家安全的，处十年以上有期徒刑或者无期徒刑；情节较轻的，处三年以上十年以下有期徒刑：

（一）参加间谍组织或者接受间谍组织及其代理人的任务的；

（二）为敌人指示轰击目标的。

**第一百一十一条** 为境外的机构、组织、人员窃取、刺探、收买、非法提供国家秘密或者情报的，处五年以上十年以下有期徒刑；情节特别严重的，处十年以上有期徒刑或者无期徒刑；情节较轻的，处五年以下有期徒刑、拘役、管制或者剥夺政治权利。

## 第二章 危害公共安全罪

**第一百一十四条** 放火、决水、爆炸以及投放毒害性、放射性、传染病病原体等物质或者以其他危险方法危害公共安全，尚未造成严重后果的，处三年以上十年以下有期徒刑。

**第一百一十五条** 放火、决水、爆炸以及投放毒害性、放射性、传染病病原体等物质或者以其他危险方法致人重伤、死亡或者使公私财产遭受重大损失的，处十年以上有期徒刑、无期徒刑或者死刑。

过失犯前款罪的，处三年以上七年以下有期徒刑；情节较轻的，处三年以下有期徒刑或者拘役。

**第一百一十六条** 破坏火车、汽车、电车、船只、航空器，足以使火车、汽车、电车、船只、航空器发生倾覆、毁坏危险，尚未造成严重后果的，处三年以上十年以下有期徒刑。

**第一百一十七条** 破坏轨道、桥梁、隧道、公路、机场、航道、灯塔、标志或者进行其他破坏活动，足以使火车、汽车、电车、船只、航空器发生倾覆、毁坏危险，尚未造成严重后果的，处三年以上十年以下有期徒刑。

**第一百一十八条** 破坏电力、燃气或者其他易燃易爆设备，危害公共安全，尚未造成严重后果的，处三年以上十年以下有期徒刑。

**第一百一十九条** 破坏交通工具、交通设施、电力设备、燃气设备、易燃易爆设备，造成严重后果的，处十年以上有期徒刑、无期徒刑或者死刑。

过失犯前款罪的，处三年以上七年以下有期徒刑；情节较轻的，处三年以下有期徒刑或者拘役。

**第一百二十条** 组织、领导恐怖活动组织的，处十年以上有期徒刑或者无期徒刑，并处没收财产；积极参加的，处三年以上十年以下有期徒刑，并处罚金；其他参加的，处三年以下有期徒刑、拘役、管制或者剥夺政治权利，可以并处罚金。

犯前款罪并实施杀人、爆炸、绑架等犯罪的，依照数罪并罚的规定处罚。

**第一百二十条之一** 资助恐怖活动组织、实施恐怖活动的个人的，或者资助恐怖活动培训的，处五年以下有期徒刑、拘役、管制或者剥夺政治权利，并处罚金；情节严重的，处五年以上有期徒刑，并处罚金或者没收财产。

为恐怖活动组织、实施恐怖活动或者恐怖活动培训招募、运送人员的，依照前款的规定处罚。

单位犯前两款罪的，对单位判处罚金，并对其直接负责的主管人员和其他直接责任人员，依照第一款的规定处罚。

**第一百二十条之二** 有下列情形之一的，处五年以下有期徒刑、拘役、管制或者剥夺政治权利，并处罚金；情节严重的，处五年以上有期徒刑，并处罚金或者没收财产：

（一）为实施恐怖活动准备凶器、危险物品或者其他工具的；

（二）组织恐怖活动培训或者积极参加恐怖活动培训的；

（三）为实施恐怖活动与境外恐怖活动组织或者人员联络的；

（四）为实施恐怖活动进行策划或者其他准备的。

有前款行为，同时构成其他犯罪的，依照处罚较重的规定定罪处罚。

**第一百二十条之三** 以制作、散发宣扬恐怖主义、极端主义的图书、音频视频资料或者其他物品，或者通过讲授、发布信息等方式宣扬恐怖主义、极端主义的，或者煽动实施恐怖活动的，处五年以下有期徒刑、拘役、管制或者剥夺政治权利，并处罚金；情节严重的，处五年以上有期徒刑，并处罚金或者没收财产。

**第一百二十条之四** 利用极端主义煽动、胁迫群众破坏国家法律确立的婚姻、司法、教育、社会管理等制度实施的，处三年以下有期徒刑、拘役或者管制，并处罚金；情节严重的，处三年以上七年以下有期徒刑，并处罚金；情节特别严重的，处七年以上有期徒刑，并处罚金或者没收财产。

**第一百二十条之五** 以暴力、胁迫等方式强制他人在公共场所穿着、佩戴宣扬恐怖主义、极端主义服饰、标志的，处三年以下有期徒刑、拘役或者管制，并处罚金。

**第一百二十条之六** 明知是宣扬恐怖主义、极端主义的图书、音频视频资料或者其他物品而非法持有，情节严重的，处三年以下有期徒刑、拘役或者管制，并处或者单处罚金。

**第一百二十一条** 以暴力、胁迫或者其他方法劫持航空器的，处十年以上有期徒刑或者无期徒刑；致人重伤、死亡或者使航空器遭受严重破坏的，处死刑。

**第一百二十二条** 以暴力、胁迫或者其他方法劫持船只、汽车的，处五年以上十年以下有期徒刑；造成严重后果的，处十年以上有期徒刑或者无期徒刑。

**第一百二十三条** 对飞行中的航空器上的人员使用暴力，危及飞行安全，尚未造成严重后果的，处五年以下有期徒刑或者拘役；造成严重后果的，处五年以上有期徒刑。

**第一百二十四条** 破坏广播电视设施、公用电信设施，危害公共安全的，处三年以上七年以下有期徒刑；造成严重后果的，处七年以上有期徒刑。

过失犯前款罪的，处三年以上七年以下有期徒刑；情节较轻的，处三年以下有期徒刑或者拘役。

**第一百二十五条** 非法制造、买卖、运输、邮寄、储存枪支、弹药、爆炸物的，处三年以上十年以下有期徒刑；情节严重的，处十年以上有期徒刑、无期徒刑或者死刑。

非法制造、买卖、运输、储存毒害性、放射性、传染病病原体等物质，危害公共安全的，依照前款的规定处罚。

单位犯前两款罪的，对单位判处罚金，并对其直接负责的主管人员和其他直接责任人员，依照第一款的规定处罚。

**第一百二十六条** 依法被指定、确定的枪支制造企业、销售企业，违反枪支管理规定，有下列行为之一的，对单位判处罚金，并对其直接负责的主管人员和其他直接责任人员，处五年以下有期徒刑；情节严重的，处五年以上十年以下有期徒刑；情节特别严重的，处十年以上有期徒刑或者无期徒刑：

（一）以非法销售为目的，超过限额或者不按照规定的品种制造、配售枪支的；

（二）以非法销售为目的，制造无号、重号、假号的枪支的；

（三）非法销售枪支或者在境内销售为出口制造的枪支的。

**第一百二十七条** 盗窃、抢夺枪支、弹药、爆炸物的，或者盗窃、抢夺毒害性、放射性、传染病病原体等物质，危害公共安全的，处三年以上十年以下有期徒刑；情节严重的，处十年以上有期徒刑、无期徒刑或者死刑。

抢劫枪支、弹药、爆炸物的，或者抢劫毒害性、放射性、传染病病原体等物质，危害公共安全的，或者盗窃、抢夺国家机关、军警人员、民兵的枪支、弹药、爆炸物的，处十年以上有期徒刑、无期徒刑或者死刑。

**第一百二十八条** 违反枪支管理规定，非法持有、私藏枪支、弹药的，处三年以下有期徒刑、拘役或者管制；情节严重的，处三年以上七年以下有期徒刑。

依法配备公务用枪的人员，非法出租、出借枪支的，依照前款的规定处罚。

依法配置枪支的人员，非法出租、出借枪支，造成严重后果的，依照第一款的规定处罚。

单位犯第二款、第三款罪的，对单位判处罚金，并对其直接负责的主管人员和其他直接责任人员，依照第一款的规定处罚。

**第一百二十九条** 依法配备公务用枪的人员，丢失枪支不及时报告，造成严重后果的，处三年以下有期徒刑或者拘役。

**第一百三十条** 非法携带枪支、弹药、管制刀具或者爆炸性、易燃性、放射性、毒害性、腐蚀性物品，进入公共场所或者公共交通工具，危及公共安全，情节严重的，处三年以下有期徒刑、拘役或者管制。

**第一百三十一条** 航空人员违反规章制度，致使发生重大飞行事故，造成严重后果的，处三年以下有期徒刑或者拘役；造成飞机坠毁或者人员死亡的，处三年以上七年以下有期徒刑。

**第一百三十二条** 铁路职工违反规章制度，致使发生铁路运营安全事故，造成严重后果的，处三年以下有期徒刑或者拘役；造成特别严重后果的，处三年以上七年以下有期徒刑。

**第一百三十三条** 违反交通运输管理法规，因而发生重大事故，致人重伤、死亡或者使公私财产遭受重大损失的，处三年以下有期徒刑或者拘役；交通运输肇事后逃逸或者有其他特别恶劣情节的，处三年以上七年以下有期徒刑；因逃逸致人死亡的，处七年以上有期徒刑。

**第一百三十三条之一** 在道路上驾驶机动车，有下列情形之一的，处拘役，并处罚金：

（一）追逐竞驶，情节恶劣的；

（二）醉酒驾驶机动车的；

（三）从事校车业务或者旅客运输，严重超过额定乘员载客，或者严重超过规定时速行驶的；

（四）违反危险化学品安全管理规定运输危险化学品，危及公共安全的。

机动车所有人、管理人对前款第三项、第四项行为负有直接责任的，依照前款的规定处罚。

有前两款行为，同时构成其他犯罪的，依照处罚较重的规定定罪处罚。

**第一百三十三条之二** 【妨害安全驾驶罪】对行驶中的公共交通工具的驾驶人员使用暴力或者抢控驾驶操纵装置，干扰公共交通工具正常行驶，危及公共安全的，处一年以下有期徒刑、拘役或者管制，并处或者单处罚金。

前款规定的驾驶人员在行驶的公共交通工具上擅离职守，与他人互殴或者殴打他人，危及公共安全的，依照前款的规定处罚。

有前两款行为，同时构成其他犯罪的，依照处罚较重的规定定罪处罚。

## 第三章　破坏社会主义市场经济秩序罪

### 第七节　侵犯知识产权罪

**第二百一十七条**　以营利为目的，有下列侵犯著作权或者与著作权有关的权利的情形之一，违法所得数额较大或者有其他严重情节的，处三年以下有期徒刑，并处或者单处罚金；违法所得数额巨大或者有其他特别严重情节的，处三年以上十年以下有期徒刑，并处罚金：

（一）未经著作权人许可，复制发行、通过信息网络向公众传播其文字作品、音乐、美术、视听作品、计算机软件及法律、行政法规规定的其他作品的；

（二）出版他人享有专有出版权的图书的；

（三）未经录音录像制作者许可，复制发行、通过信息网络向公众传播其制作的录音录像的；

（四）未经表演者许可，复制发行录有其表演的录音录像制品，或者通过信息网络向公众传播其表演的；

（五）制作、出售假冒他人署名的美术作品的；

（六）未经著作权人或者与著作权有关的权利人许可，故意避开或者破坏权利人为其作品、录音录像制品等采取的保护著作权或者与著作权有关的权利的技术措施的。

**第二百一十八条** 以营利为目的，销售明知是本法第二百一十七条规定的侵权复制品，违法所得数额巨大或者有其他严重情节的，处五年以下有期徒刑，并处或者单处罚金。

## 第四章 侵犯公民人身权利、民主权利罪

**第二百三十二条** 故意杀人的，处死刑、无期徒刑或者十年以上有期徒刑；情节较轻的，处三年以上十年以下有期徒刑。

**第二百三十三条** 过失致人死亡的，处三年以上七年以下有期徒刑；情节较轻的，处三年以下有期徒刑。本法另有规定的，依照规定。

**第二百三十四条** 故意伤害他人身体的，处三年以下有期徒刑、拘役或者管制。

犯前款罪，致人重伤的，处三年以上十年以下有期徒刑；致人死亡或者以特别残忍手段致人重伤造成严重残疾的，处十年以上有期徒刑、无期徒刑或者死刑。本法另有规定的，依照规定。

**第二百三十四条之一** 组织他人出卖人体器官的，处五年以下有期徒刑，并处罚金；情节严重的，处五年以上有期徒刑，并处罚金或者没收财产。

未经本人同意摘取其器官，或者摘取不满十八周岁的人的器官，或者强迫、欺骗他人捐献器官的，依照本法第二百三十四条、第二百三十二条的规定定罪处罚。

违背本人生前意愿摘取其尸体器官，或者本人生前未表示同意，违反国家规定，违背其近亲属意愿摘取其尸体器官的，依照本法第三百零二条的规定定罪处罚。

**第二百三十五条** 过失伤害他人致人重伤的，处三年以下有期徒刑或者拘役。本法另有规定的，依照规定。

**第二百三十六条** 以暴力、胁迫或者其他手段强奸妇女的，处三年以上十年以下有期徒刑。

奸淫不满十四周岁的幼女的，以强奸论，从重处罚。

强奸妇女、奸淫幼女，有下列情形之一的，处十年以上有期徒刑、无期徒

刑或者死刑：

（一）强奸妇女、奸淫幼女情节恶劣的；

（二）强奸妇女、奸淫幼女多人的；

（三）在公共场所当众强奸妇女、奸淫幼女的；

（四）二人以上轮奸的；

（五）奸淫不满十周岁的幼女或者造成幼女伤害的；

（六）致使被害人重伤、死亡或者造成其他严重后果的。

**第二百三十六条之一** 对已满十四周岁不满十六周岁的未成年女性负有监护、收养、看护、教育、医疗等特殊职责的人员，与该未成年女性发生性关系的，处三年以下有期徒刑；情节恶劣的，处三年以上十年以下有期徒刑。

有前款行为，同时又构成本法第二百三十六条规定之罪的，依照处罚较重的规定定罪处罚。

**第二百三十七条** 以暴力、胁迫或者其他方法强制猥亵他人或者侮辱妇女的，处五年以下有期徒刑或者拘役。

聚众或者在公共场所当众犯前款罪的，或者有其他恶劣情节的，处五年以上有期徒刑。

猥亵儿童的，处五年以下有期徒刑；有下列情形之一的，处五年以上有期徒刑：

（一）猥亵儿童多人或者多次的；

（二）聚众猥亵儿童的，或者在公共场所当众猥亵儿童，情节恶劣的；

（三）造成儿童伤害或者其他严重后果的；

（四）猥亵手段恶劣或者有其他恶劣情节的。

**第二百三十八条** 非法拘禁他人或者以其他方法非法剥夺他人人身自由的，处三年以下有期徒刑、拘役、管制或者剥夺政治权利。具有殴打、侮辱情节的，从重处罚。

犯前款罪，致人重伤的，处三年以上十年以下有期徒刑；致人死亡的，处十年以上有期徒刑。使用暴力致人伤残、死亡的，依照本法第二百三十四条、第二百三十二条的规定定罪处罚。

为索取债务非法扣押、拘禁他人的，依照前两款的规定处罚。

国家机关工作人员利用职权犯前三款罪的，依照前三款的规定从重处罚。

**第二百三十九条** 以勒索财物为目的绑架他人的，或者绑架他人作为人质的，处十年以上有期徒刑或者无期徒刑，并处罚金或者没收财产；情节较轻的，处五年以上十年以下有期徒刑，并处罚金。

犯前款罪，杀害被绑架人的，或者故意伤害被绑架人，致人重伤、死亡的，处无期徒刑或者死刑，并处没收财产。

以勒索财物为目的偷盗婴幼儿的，依照前两款的规定处罚。

**第二百四十条** 拐卖妇女、儿童的，处五年以上十年以下有期徒刑，并处罚金；有下列情形之一的，处十年以上有期徒刑或者无期徒刑，并处罚金或者没收财产；情节特别严重的，处死刑，并处没收财产：

（一）拐卖妇女、儿童集团的首要分子；

（二）拐卖妇女、儿童三人以上的；

（三）奸淫被拐卖的妇女的；

（四）诱骗、强迫被拐卖的妇女卖淫或者将被拐卖的妇女卖给他人迫使其卖淫的；

（五）以出卖为目的，使用暴力、胁迫或者麻醉方法绑架妇女、儿童的；

（六）以出卖为目的，偷盗婴幼儿的；

（七）造成被拐卖的妇女、儿童或者其亲属重伤、死亡或者其他严重后果的；

（八）将妇女、儿童卖往境外的。

拐卖妇女、儿童是指以出卖为目的，有拐骗、绑架、收买、贩卖、接送、中转妇女、儿童的行为之一的。

**第二百四十一条** 收买被拐卖的妇女、儿童的，处三年以下有期徒刑、拘役或者管制。

收买被拐卖的妇女，强行与其发生性关系的，依照本法第二百三十六条的规定定罪处罚。

收买被拐卖的妇女、儿童，非法剥夺、限制其人身自由或者有伤害、侮辱等犯罪行为的，依照本法的有关规定定罪处罚。

收买被拐卖的妇女、儿童，并有第二款、第三款规定的犯罪行为的，依照数罪并罚的规定处罚。

收买被拐卖的妇女、儿童又出卖的，依照本法第二百四十条的规定定罪处罚。

收买被拐卖的妇女、儿童，对被买儿童没有虐待行为，不阻碍对其进行解救的，可以从轻处罚；按照被买妇女的意愿，不阻碍其返回原居住地的，可以从轻或者减轻处罚。

**第二百四十二条** 以暴力、威胁方法阻碍国家机关工作人员解救被收买的妇女、儿童的，依照本法第二百七十七条的规定定罪处罚。

聚众阻碍国家机关工作人员解救被收买的妇女、儿童的首要分子，处五年以下有期徒刑或者拘役；其他参与者使用暴力、威胁方法的，依照前款的规定处罚。

**第二百四十三条** 捏造事实诬告陷害他人，意图使他人受刑事追究，情节严重的，处三年以下有期徒刑、拘役或者管制；造成严重后果的，处三年以上十年以下有期徒刑。

国家机关工作人员犯前款罪的，从重处罚。

不是有意诬陷，而是错告，或者检举失实的，不适用前两款的规定。

**第二百四十四条** 以暴力、威胁或者限制人身自由的方法强迫他人劳动的，处三年以下有期徒刑或者拘役，并处罚金；情节严重的，处三年以上十年以下有期徒刑，并处罚金。

明知他人实施前款行为，为其招募、运送人员或者有其他协助强迫他人劳动行为的，依照前款的规定处罚。

单位犯前两款罪的，对单位判处罚金，并对其直接负责的主管人员和其他直接责任人员，依照第一款的规定处罚。

**第二百四十四条之一** 违反劳动管理法规，雇用未满十六周岁的未成年人从事超强度体力劳动的，或者从事高空、井下作业的，或者在爆炸性、易燃性、放射性、毒害性等危险环境下从事劳动，情节严重的，对直接责任人员，处三年以下有期徒刑或者拘役，并处罚金；情节特别严重的，处三年以上七年以下有期徒刑，并处罚金。

有前款行为，造成事故，又构成其他犯罪的，依照数罪并罚的规定处罚。

**第二百四十五条** 非法搜查他人身体、住宅，或者非法侵入他人住宅的，处三年以下有期徒刑或者拘役。

司法工作人员滥用职权，犯前款罪的，从重处罚。

**第二百四十六条** 以暴力或者其他方法公然侮辱他人或者捏造事实诽谤他人，情节严重的，处三年以下有期徒刑、拘役、管制或者剥夺政治权利。

前款罪，告诉的才处理，但是严重危害社会秩序和国家利益的除外。

通过信息网络实施第一款规定的行为，被害人向人民法院告诉，但提供证据确有困难的，人民法院可以要求公安机关提供协助。

**第二百四十七条** 司法工作人员对犯罪嫌疑人、被告人实行刑讯逼供或者使用暴力逼取证人证言的，处三年以下有期徒刑或者拘役。致人伤残、死亡的，依照本法第二百三十四条、第二百三十二条的规定定罪从重处罚。

**第二百四十八条** 监狱、拘留所、看守所等监管机构的监管人员对被监管人进行殴打或者体罚虐待，情节严重的，处三年以下有期徒刑或者拘役；情节特别严重的，处三年以上十年以下有期徒刑。致人伤残、死亡的，依照本法第二百三十四条、第二百三十二条的规定定罪从重处罚。

监管人员指使被监管人殴打或者体罚虐待其他被监管人的，依照前款的规定处罚。

**第二百四十九条** 煽动民族仇恨、民族歧视，情节严重的，处三年以下有期徒刑、拘役、管制或者剥夺政治权利；情节特别严重的，处三年以上十年以下有期徒刑。

**第二百五十条** 在出版物中刊载歧视、侮辱少数民族的内容，情节恶劣，造成严重后果的，对直接责任人员，处三年以下有期徒刑、拘役或者管制。

**第二百五十一条** 国家机关工作人员非法剥夺公民的宗教信仰自由和侵犯少数民族风俗习惯，情节严重的，处二年以下有期徒刑或者拘役。

**第二百五十二条** 隐匿、毁弃或者非法开拆他人信件，侵犯公民通信自由权利，情节严重的，处一年以下有期徒刑或者拘役。

**第二百五十三条** 邮政工作人员私自开拆或者隐匿、毁弃邮件、电报的，处二年以下有期徒刑或者拘役。

犯前款罪而窃取财物的，依照本法第二百六十四条的规定定罪从重处罚。

**第二百五十三条之一** 违反国家有关规定，向他人出售或者提供公民个人信息，情节严重的，处三年以下有期徒刑或者拘役，并处或者单处罚金；情节特别严重的，处三年以上七年以下有期徒刑，并处罚金。

违反国家有关规定，将在履行职责或者提供服务过程中获得的公民个人信息，出售或者提供给他人的，依照前款的规定从重处罚。

窃取或者以其他方法非法获取公民个人信息的，依照第一款的规定处罚。

单位犯前三款罪的，对单位判处罚金，并对其直接负责的主管人员和其他直接责任人员，依照各该款的规定处罚。

**第二百六十条** 虐待家庭成员，情节恶劣的，处二年以下有期徒刑、拘役或者管制。

犯前款罪，致使被害人重伤、死亡的，处二年以上七年以下有期徒刑。

第一款罪，告诉的才处理，但被害人没有能力告诉，或者因受到强制、威吓无法告诉的除外。

**第二百六十条之一** 对未成年人、老年人、患病的人、残疾人等负有监护、看护职责的人虐待被监护、看护的人，情节恶劣的，处三年以下有期徒刑或者拘役。

单位犯前款罪的，对单位判处罚金，并对其直接负责的主管人员和其他直接责任人员，依照前款的规定处罚。

有第一款行为，同时构成其他犯罪的，依照处罚较重的规定定罪处罚。

**第二百六十一条** 对于年老、年幼、患病或者其他没有独立生活能力的人，负有扶养义务而拒绝扶养，情节恶劣的，处五年以下有期徒刑、拘役或者管制。

**第二百六十二条** 拐骗不满十四周岁的未成年人，脱离家庭或者监护人的，处五年以下有期徒刑或者拘役。

**第二百六十二条之一** 以暴力、胁迫手段组织残疾人或者不满十四周岁的未成年人乞讨的，处三年以下有期徒刑或者拘役，并处罚金；情节严重的，处三年以上七年以下有期徒刑，并处罚金。

**第二百六十二条之二** 组织未成年人进行盗窃、诈骗、抢夺、敲诈勒索等违反治安管理活动的，处三年以下有期徒刑或者拘役，并处罚金；情节严重的，处三年以上七年以下有期徒刑，并处罚金。

## 第五章　侵犯财产罪

**第二百六十三条** 以暴力、胁迫或者其他方法抢劫公私财物的，处三年以上十年以下有期徒刑，并处罚金；有下列情形之一的，处十年以上有期徒刑、无期徒刑或者死刑，并处罚金或者没收财产：

（一）入户抢劫的；

（二）在公共交通工具上抢劫的；

（三）抢劫银行或者其他金融机构的；

（四）多次抢劫或者抢劫数额巨大的；

（五）抢劫致人重伤、死亡的；

（六）冒充军警人员抢劫的；

（七）持枪抢劫的；

（八）抢劫军用物资或者抢险、救灾、救济物资的。

**第二百六十四条** 盗窃公私财物，数额较大的，或者多次盗窃、入户盗窃、携带凶器盗窃、扒窃的，处三年以下有期徒刑、拘役或者管制，并处或者单处罚金；数额巨大或者有其他严重情节的，处三年以上十年以下有期徒刑，并处罚金；数额特别巨大或者有其他特别严重情节的，处十年以上有期徒刑或者无期徒刑，并处罚金或者没收财产。

**第二百六十五条** 以牟利为目的，盗接他人通信线路、复制他人电信码号或者明知是盗接、复制的电信设备、设施而使用的，依照本法第二百六十四条的规定定罪处罚。

**第二百六十六条** 诈骗公私财物，数额较大的，处三年以下有期徒刑、拘役或者管制，并处或者单处罚金；数额巨大或者有其他严重情节的，处三年以上十年以下有期徒刑，并处罚金；数额特别巨大或者有其他特别严重情节的，处十年以上有期徒刑或者无期徒刑，并处罚金或者没收财产。本法另有规定的，依照规定。

**第二百六十七条** 抢夺公私财物，数额较大的，或者多次抢夺的，处三年以下有期徒刑、拘役或者管制，并处或者单处罚金；数额巨大或者有其他严重情节的，处三年以上十年以下有期徒刑，并处罚金；数额特别巨大或者有其他特别严重情节的，处十年以上有期徒刑或者无期徒刑，并处罚金或者没收财产。

携带凶器抢夺的，依照本法第二百六十三条的规定定罪处罚。

**第二百六十八条** 聚众哄抢公私财物，数额较大或者有其他严重情节的，对首要分子和积极参加的，处三年以下有期徒刑、拘役或者管制，并处罚金；数额巨大或者有其他特别严重情节的，处三年以上十年以下有期徒刑，并处罚金。

**第二百六十九条** 犯盗窃、诈骗、抢夺罪，为窝藏赃物、抗拒抓捕或者毁灭罪证而当场使用暴力或者以暴力相威胁的，依照本法第二百六十三条的规定定罪处罚。

**第二百七十条** 将代为保管的他人财物非法占为己有，数额较大，拒不退还的，处二年以下有期徒刑、拘役或者罚金；数额巨大或者有其他严重情节的，处二年以上五年以下有期徒刑，并处罚金。

将他人的遗忘物或者埋藏物非法占为己有，数额较大，拒不交出的，依照前款的规定处罚。

本条罪，告诉的才处理。

**第二百七十四条** 敲诈勒索公私财物，数额较大或者多次敲诈勒索的，处三年以下有期徒刑、拘役或者管制，并处或者单处罚金；数额巨大或者有其他严重情节的，处三年以上十年以下有期徒刑，并处罚金；数额特别巨大或者有其他特别严重情节的，处十年以上有期徒刑，并处罚金。

**第二百七十五条** 故意毁坏公私财物，数额较大或者有其他严重情节的，处三年以下有期徒刑、拘役或者罚金；数额巨大或者有其他特别严重情节的，处三年以上七年以下有期徒刑。

## 第六章 妨害社会管理秩序罪

### 第一节 扰乱公共秩序罪

**第二百七十七条** 以暴力、威胁方法阻碍国家机关工作人员依法执行职务的，处三年以下有期徒刑、拘役、管制或者罚金。

以暴力、威胁方法阻碍全国人民代表大会和地方各级人民代表大会代表依法执行代表职务的，依照前款的规定处罚。

在自然灾害和突发事件中，以暴力、威胁方法阻碍红十字会工作人员依法履行职责的，依照第一款的规定处罚。

故意阻碍国家安全机关、公安机关依法执行国家安全工作任务，未使用暴力、威胁方法，造成严重后果的，依照第一款的规定处罚。

暴力袭击正在依法执行职务的人民警察的，处三年以下有期徒刑、拘役或者管制；使用枪支、管制刀具，或者以驾驶机动车撞击等手段，严重危及其人身安全的，处三年以上七年以下有期徒刑。

**第二百七十八条** 煽动群众暴力抗拒国家法律、行政法规实施的，处三年以下有期徒刑、拘役、管制或者剥夺政治权利；造成严重后果的，处三年以上七年以下有期徒刑。

**第二百七十九条** 冒充国家机关工作人员招摇撞骗的，处三年以下有期徒刑、拘役、管制或者剥夺政治权利；情节严重的，处三年以上十年以下有期徒刑。

冒充人民警察招摇撞骗的，依照前款的规定从重处罚。

**第二百八十条** 伪造、变造、买卖或者盗窃、抢夺、毁灭国家机关的公文、证件、印章的，处三年以下有期徒刑、拘役、管制或者剥夺政治权利，并处罚金；情节严重的，处三年以上十年以下有期徒刑，并处罚金。

伪造公司、企业、事业单位、人民团体的印章的，处三年以下有期徒刑、拘役、管制或者剥夺政治权利，并处罚金。

伪造、变造、买卖居民身份证、护照、社会保障卡、驾驶证等依法可以用于证明身份的证件的，处三年以下有期徒刑、拘役、管制或者剥夺政治权利，并处罚金；情节严重的，处三年以上七年以下有期徒刑，并处罚金。

**第二百八十条之一** 在依照国家规定应当提供身份证明的活动中，使用伪造、变造的或者盗用他人的居民身份证、护照、社会保障卡、驾驶证等依法可以用于证明身份的证件，情节严重的，处拘役或者管制，并处或者单处罚金。

有前款行为，同时构成其他犯罪的，依照处罚较重的规定定罪处罚。

**第二百八十条之二** 盗用、冒用他人身份，顶替他人取得的高等学历教育入学资格、公务员录用资格、就业安置待遇的，处三年以下有期徒刑、拘役或者管制，并处罚金。

组织、指使他人实施前款行为的，依照前款的规定从重处罚。

国家工作人员有前两款行为，又构成其他犯罪的，依照数罪并罚的规定处罚。

**第二百八十一条** 非法生产、买卖人民警察制式服装、车辆号牌等专用标志、警械，情节严重的，处三年以下有期徒刑、拘役或者管制，并处或者单处罚金。

单位犯前款罪的，对单位判处罚金，并对其直接负责的主管人员和其他直接责任人员，依照前款的规定处罚。

**第二百八十二条** 以窃取、刺探、收买方法，非法获取国家秘密的，处三年以下有期徒刑、拘役、管制或者剥夺政治权利；情节严重的，处三年以上七年以下有期徒刑。

非法持有属于国家绝密、机密的文件、资料或者其他物品，拒不说明来源与用途的，处三年以下有期徒刑、拘役或者管制。

**第二百八十四条** 非法使用窃听、窃照专用器材，造成严重后果的，处二年以下有期徒刑、拘役或者管制。

**第二百八十四条之一** 在法律规定的国家考试中，组织作弊的，处三年以下有期徒刑或者拘役，并处或者单处罚金；情节严重的，处三年以上七年以下有期徒刑，并处罚金。

为他人实施前款犯罪提供作弊器材或者其他帮助的，依照前款的规定处罚。

为实施考试作弊行为，向他人非法出售或者提供第一款规定的考试的试题、答案的，依照第一款的规定处罚。

代替他人或者让他人代替自己参加第一款规定的考试的，处拘役或者管制，并处或者单处罚金。

**第二百八十五条** 违反国家规定，侵入国家事务、国防建设、尖端科学技术领域的计算机信息系统的，处三年以下有期徒刑或者拘役。

违反国家规定，侵入前款规定以外的计算机信息系统或者采用其他技术手段，获取该计算机信息系统中存储、处理或者传输的数据，或者对该计算机信息系统实施非法控制，情节严重的，处三年以下有期徒刑或者拘役，并处或者单处罚金；情节特别严重的，处三年以上七年以下有期徒刑，并处罚金。

提供专门用于侵入、非法控制计算机信息系统的程序、工具，或者明知他人实施侵入、非法控制计算机信息系统的违法犯罪行为而为其提供程序、工具，情节严重的，依照前款的规定处罚。

单位犯前三款罪的，对单位判处罚金，并对其直接负责的主管人员和其他直接责任人员，依照各该款的规定处罚。

**第二百八十六条** 违反国家规定，对计算机信息系统功能进行删除、修改、增加、干扰，造成计算机信息系统不能正常运行，后果严重的，处五年以下有期徒刑或者拘役；后果特别严重的，处五年以上有期徒刑。

违反国家规定，对计算机信息系统中存储、处理或者传输的数据和应用程序进行删除、修改、增加的操作，后果严重的，依照前款的规定处罚。

故意制作、传播计算机病毒等破坏性程序，影响计算机系统正常运行，后果严重的，依照第一款的规定处罚。

单位犯前三款罪的，对单位判处罚金，并对其直接负责的主管人员和其他直接责任人员，依照第一款的规定处罚。

**第二百八十七条之一** 利用信息网络实施下列行为之一，情节严重的，处三年以下有期徒刑或者拘役，并处或者单处罚金：

（一）设立用于实施诈骗、传授犯罪方法、制作或者销售违禁物品、管制物品等违法犯罪活动的网站、通讯群组的；

（二）发布有关制作或者销售毒品、枪支、淫秽物品等违禁物品、管制物品或者其他违法犯罪信息的；

（三）为实施诈骗等违法犯罪活动发布信息的。

单位犯前款罪的，对单位判处罚金，并对其直接负责的主管人员和其他直接责任人员，依照第一款的规定处罚。

有前两款行为，同时构成其他犯罪的，依照处罚较重的规定定罪处罚。

**第二百八十七条之二** 明知他人利用信息网络实施犯罪，为其犯罪提供互联网接入、服务器托管、网络存储、通讯传输等技术支持，或者提供广告推广、支付结算等帮助，情节严重的，处三年以下有期徒刑或者拘役，并处或者单处罚金。

单位犯前款罪的，对单位判处罚金，并对其直接负责的主管人员和其他直接责任人员，依照第一款的规定处罚。

有前两款行为，同时构成其他犯罪的，依照处罚较重的规定定罪处罚。

**第二百八十八条** 违反国家规定，擅自设置、使用无线电台（站），或者擅自使用无线电频率，干扰无线电通讯秩序，情节严重的，处三年以下有期徒刑、拘役或者管制，并处或者单处罚金；情节特别严重的，处三年以上七年以下有期徒刑，并处罚金。

单位犯前款罪的，对单位判处罚金，并对其直接负责的主管人员和其他直接责任人员，依照前款的规定处罚。

**第二百八十九条** 聚众“打砸抢”，致人伤残、死亡的，依照本法第二百三十四条、第二百三十二条的规定定罪处罚。毁坏或者抢走公私财物的，除判令退赔外，对首要分子，依照本法第二百六十三条的规定定罪处罚。

**第二百九十条** 聚众扰乱社会秩序，情节严重，致使工作、生产、营业和教学、科研、医疗无法进行，造成严重损失的，对首要分子，处三年以上七年以下有期徒刑；对其他积极参加的，处三年以下有期徒刑、拘役、管制或者剥夺政治权利。

聚众冲击国家机关，致使国家机关工作无法进行，造成严重损失的，对首要分子，处五年以上十年以下有期徒刑；对其他积极参加的，处五年以下有期徒刑、拘役、管制或者剥夺政治权利。

多次扰乱国家机关工作秩序，经行政处罚后仍不改正，造成严重后果的，处三年以下有期徒刑、拘役或者管制。

多次组织、资助他人非法聚集，扰乱社会秩序，情节严重的，依照前款的规定处罚。

**第二百九十一条** 聚众扰乱车站、码头、民用航空站、商场、公园、影剧院、展览会、运动场或者其他公共场所秩序，聚众堵塞交通或者破坏交通秩序，抗拒、阻碍国家治安管理工作人员依法执行职务，情节严重的，对首要分子，处五年以下有期徒刑、拘役或者管制。

**第二百九十一条之一** 投放虚假的爆炸性、毒害性、放射性、传染病病原体等物质，或者编造爆炸威胁、生化威胁、放射威胁等恐怖信息，或者明知是编造的恐怖信息而故意传播，严重扰乱社会秩序的，处五年以下有期徒刑、拘役或者管制；造成严重后果的，处五年以上有期徒刑。

编造虚假的险情、疫情、灾情、警情，在信息网络或者其他媒体上传播，或者明知是上述虚假信息，故意在信息网络或者其他媒体上传播，严重扰乱社会秩序的，处三年以下有期徒刑、拘役或者管制；造成严重后果的，处三年以上七年以下有期徒刑。

**第二百九十一条之二** 从建筑物或者其他高空抛掷物品，情节严重的，处一年以下有期徒刑、拘役或者管制，并处或者单处罚金。

有前款行为，同时构成其他犯罪的，依照处罚较重的规定定罪处罚。

**第二百九十二条** 聚众斗殴的，对首要分子和其他积极参加的，处三年以下有期徒刑、拘役或者管制；有下列情形之一的，对首要分子和其他积极参加的，处三年以上十年以下有期徒刑：

（一）多次聚众斗殴的；

（二）聚众斗殴人数多，规模大，社会影响恶劣的；

（三）在公共场所或者交通要道聚众斗殴，造成社会秩序严重混乱的；

（四）持械聚众斗殴的。

聚众斗殴，致人重伤、死亡的，依照本法第二百三十四条、第二百三十二条的规定定罪处罚。

**第二百九十三条** 有下列寻衅滋事行为之一，破坏社会秩序的，处五年以下有期徒刑、拘役或者管制：

（一）随意殴打他人，情节恶劣的；

（二）追逐、拦截、辱骂、恐吓他人，情节恶劣的；

（三）强拿硬要或者任意损毁、占用公私财物，情节严重的；

（四）在公共场所起哄闹事，造成公共场所秩序严重混乱的。

纠集他人多次实施前款行为，严重破坏社会秩序的，处五年以上十年以下有期徒刑，可以并处罚金。

**第二百九十三条之一** 有下列情形之一，催收高利放贷等产生的非法债务，情节严重的，处三年以下有期徒刑、拘役或者管制，并处或者单处罚金：

（一）使用暴力、胁迫方法的；

（二）限制他人人身自由或者侵入他人住宅的；

（三）恐吓、跟踪、骚扰他人的。

**第二百九十四条** 组织、领导黑社会性质的组织的，处七年以上有期徒刑，并处没收财产；积极参加的，处三年以上七年以下有期徒刑，可以并处罚金或者没收财产；其他参加的，处三年以下有期徒刑、拘役、管制或者剥夺政治权利，可以并处罚金。

境外的黑社会组织的人员到中华人民共和国境内发展组织成员的，处三年以上十年以下有期徒刑。

国家机关工作人员包庇黑社会性质的组织，或者纵容黑社会性质的组织进行违法犯罪活动的，处五年以下有期徒刑；情节严重的，处五年以上有期徒刑。

犯前三款罪又有其他犯罪行为的，依照数罪并罚的规定处罚。

黑社会性质的组织应当同时具备以下特征：

（一）形成较稳定的犯罪组织，人数较多，有明确的组织者、领导者，骨干成员基本固定；

（二）有组织地通过违法犯罪活动或者其他手段获取经济利益，具有一定的经济实力，以支持该组织的活动；

（三）以暴力、威胁或者其他手段，有组织地多次进行违法犯罪活动，为非作恶，欺压、残害群众；

（四）通过实施违法犯罪活动，或者利用国家工作人员的包庇或者纵容，称霸一方，在一定区域或者行业内，形成非法控制或者重大影响，严重破坏经济、社会生活秩序。

**第二百九十七条** 违反法律规定，携带武器、管制刀具或者爆炸物参加集会、游行、示威的，处三年以下有期徒刑、拘役、管制或者剥夺政治权利。

**第二百九十八条** 扰乱、冲击或者以其他方法破坏依法举行的集会、游行、示威，造成公共秩序混乱的，处五年以下有期徒刑、拘役、管制或者剥夺政治权利。

**第二百九十九条** 在公共场合，故意以焚烧、毁损、涂划、玷污、践踏等方式侮辱中华人民共和国国旗、国徽的，处三年以下有期徒刑、拘役、管制或者剥夺政治权利。

在公共场合，故意篡改中华人民共和国国歌歌词、曲谱，以歪曲、贬损方式奏唱国歌，或者以其他方式侮辱国歌，情节严重的，依照前款的规定处罚。

**第二百九十九条之一** 侮辱、诽谤或者以其他方式侵害英雄烈士的名誉、荣誉，损害社会公共利益，情节严重的，处三年以下有期徒刑、拘役、管制或者剥夺政治权利。

**第三百零一条** 聚众进行淫乱活动的，对首要分子或者多次参加的，处五年以下有期徒刑、拘役或者管制。

引诱未成年人参加聚众淫乱活动的，依照前款的规定从重处罚。

**第三百零二条** 盗窃、侮辱、故意毁坏尸体、尸骨、骨灰的，处三年以下有期徒刑、拘役或者管制。

**第三百零三条** 以营利为目的，聚众赌博或者以赌博为业的，处三年以下有期徒刑、拘役或者管制，并处罚金。

开设赌场的，处五年以下有期徒刑、拘役或者管制，并处罚金；情节严重的，处五年以上十年以下有期徒刑，并处罚金。

组织中华人民共和国公民参与国（境）外赌博，数额巨大或者有其他严重情节的，依照前款的规定处罚。

**第三百零四条** 邮政工作人员严重不负责任，故意延误投递邮件，致使公共财产、国家和人民利益遭受重大损失的，处二年以下有期徒刑或者拘役。

## 第六节 破坏环境资源保护罪

**第三百三十八条** 违反国家规定，排放、倾倒或者处置有放射性的废物、含传染病病原体的废物、有毒物质或者其他有害物质，严重污染环境的，处三年以下有期徒刑或者拘役，并处或者单处罚金；情节严重的，处三年以上七年以下有期徒刑，并处罚金；有下列情形之一的，处七年以上有期徒刑，并处罚金：

（一）在饮用水水源保护区、自然保护地核心保护区等依法确定的重点保护区域排放、倾倒、处置有放射性的废物、含传染病病原体的废物、有毒物质，情节特别严重的；

（二）向国家确定的重要江河、湖泊水域排放、倾倒、处置有放射性的废物、含传染病病原体的废物、有毒物质，情节特别严重的；

（三）致使大量永久基本农田基本功能丧失或者遭受永久性破坏的；

（四）致使多人重伤、严重疾病，或者致人严重残疾、死亡的。

有前款行为，同时构成其他犯罪的，依照处罚较重的规定定罪处罚。

**第三百四十一条** 非法猎捕、杀害国家重点保护的珍贵、濒危野生动物的，或者非法收购、运输、出售国家重点保护的珍贵、濒危野生动物及其制品的，处五年以下有期徒刑或者拘役，并处罚金；情节严重的，处五年以上十年以下有期徒刑，并处罚金；情节特别严重的，处十年以上有期徒刑，并处罚金或者没收财产。

违反狩猎法规，在禁猎区、禁猎期或者使用禁用的工具、方法进行狩猎，破坏野生动物资源，情节严重的，处三年以下有期徒刑、拘役、管制或者罚金。

违反野生动物保护管理法规，以食用为目的非法猎捕、收购、运输、出售第一款规定以外的在野外环境自然生长繁殖的陆生野生动物，情节严重的，依照前款的规定处罚。

**第三百四十二条之一** 违反自然保护地管理法规，在国家公园、国家级自然保护区进行开垦、开发活动或者修建建筑物，造成严重后果或者有其他恶劣情节的，处五年以下有期徒刑或者拘役，并处或者单处罚金。

有前款行为，同时构成其他犯罪的，依照处罚较重的规定定罪处罚。

**第三百四十四条** 违反国家规定，非法采伐、毁坏珍贵树木或者国家重点保护的其他植物的，或者非法收购、运输、加工、出售珍贵树木或者国家重点保护的其他植物及其制品的，处三年以下有期徒刑、拘役或者管制，并处罚金；情节严重的，处三年以上七年以下有期徒刑，并处罚金。

**第三百四十四条之一** 违反国家规定，非法引进、释放或者丢弃外来入侵物种，情节严重的，处三年以下有期徒刑或者拘役，并处或者单处罚金。

## 第七节 走私、贩卖、运输、制造毒品罪

**第三百四十七条** 走私、贩卖、运输、制造毒品，无论数量多少，都应当追究刑事责任，予以刑事处罚。

走私、贩卖、运输、制造毒品，有下列情形之一的，处十五年有期徒刑、无期徒刑或者死刑，并处没收财产：

（一）走私、贩卖、运输、制造鸦片一千克以上、海洛因或者甲基苯丙胺五十克以上或者其他毒品数量大的；

（二）走私、贩卖、运输、制造毒品集团的首要分子；

（三）武装掩护走私、贩卖、运输、制造毒品的；

（四）以暴力抗拒检查、拘留、逮捕，情节严重的；

（五）参与有组织的国际贩毒活动的。

走私、贩卖、运输、制造鸦片二百克以上不满一千克、海洛因或者甲基苯丙胺十克以上不满五十克或者其他毒品数量较大的，处七年以上有期徒刑，并处罚金。

走私、贩卖、运输、制造鸦片不满二百克、海洛因或者甲基苯丙胺不满十克或者其他少量毒品的，处三年以下有期徒刑、拘役或者管制，并处罚金；情节严重的，处三年以上七年以下有期徒刑，并处罚金。

单位犯第二款、第三款、第四款罪的，对单位判处罚金，并对其直接负责的主管人员和其他直接责任人员，依照各该款的规定处罚。

利用、教唆未成年人走私、贩卖、运输、制造毒品，或者向未成年人出售毒品的，从重处罚。

对多次走私、贩卖、运输、制造毒品，未经处理的，毒品数量累计计算。

**第三百四十八条** 非法持有鸦片一千克以上、海洛因或者甲基苯丙胺五十克以上或者其他毒品数量大的，处七年以上有期徒刑或者无期徒刑，并处罚金；非法持有鸦片二百克以上不满一千克、海洛因或者甲基苯丙胺十克以上不满五十克或者其他毒品数量较大的，处三年以下有期徒刑、拘役或者管制，并处罚金；情节严重的，处三年以上七年以下有期徒刑，并处罚金。

**第三百四十九条** 包庇走私、贩卖、运输、制造毒品的犯罪分子的，为犯

罪分子窝藏、转移、隐瞒毒品或者犯罪所得的财物的，处三年以下有期徒刑、拘役或者管制；情节严重的，处三年以上十年以下有期徒刑。

缉毒人员或者其他国家机关工作人员掩护、包庇走私、贩卖、运输、制造毒品的犯罪分子的，依照前款的规定从重处罚。

犯前两款罪，事先通谋的，以走私、贩卖、运输、制造毒品罪的共犯论处。

**第三百五十条** 违反国家规定，非法生产、买卖、运输醋酸酐、乙醚、三氯甲烷或者其他用于制造毒品的原料、配剂，或者携带上述物品进出境，情节较重的，处三年以下有期徒刑、拘役或者管制，并处罚金；情节严重的，处三年以上七年以下有期徒刑，并处罚金；情节特别严重的，处七年以上有期徒刑，并处罚金或者没收财产。

明知他人制造毒品而为其生产、买卖、运输前款规定的物品的，以制造毒品罪的共犯论处。

单位犯前两款罪的，对单位判处罚金，并对其直接负责的主管人员和其他直接责任人员，依照前两款的规定处罚。

**第三百五十三条** 引诱、教唆、欺骗他人吸食、注射毒品的，处三年以下有期徒刑、拘役或者管制，并处罚金；情节严重的，处三年以上七年以下有期徒刑，并处罚金。

强迫他人吸食、注射毒品的，处三年以上十年以下有期徒刑，并处罚金。

引诱、教唆、欺骗或者强迫未成年人吸食、注射毒品的，从重处罚。

**第三百五十四条** 容留他人吸食、注射毒品的，处三年以下有期徒刑、拘役或者管制，并处罚金。

**第三百五十五条** 依法从事生产、运输、管理、使用国家管制的麻醉药品、精神药品的人员，违反国家规定，向吸食、注射毒品的人提供国家规定管制的能够使人形成瘾癖的麻醉药品、精神药品的，处三年以下有期徒刑或者拘役，并处罚金；情节严重的，处三年以上七年以下有期徒刑，并处罚金。向走私、贩卖毒品的犯罪分子或者以牟利为目的，向吸食、注射毒品的人提供国家规定管制的能够使人形成瘾癖的麻醉药品、精神药品的，依照本法第三百四十七条的规定定罪处罚。

单位犯前款罪的，对单位判处罚金，并对其直接负责的主管人员和其他直接责任人员，依照前款的规定处罚。

**第三百五十六条** 因走私、贩卖、运输、制造、非法持有毒品罪被判过刑，又犯本节规定之罪的，从重处罚。

**第三百五十七条** 本法所称的毒品，是指鸦片、海洛因、甲基苯丙胺（冰毒）、吗啡、大麻、可卡因以及国家规定管制的其他能够使人形成瘾癖的麻醉药品和精神药品。

毒品的数量以查证属实的走私、贩卖、运输、制造、非法持有毒品的数量计算，不以纯度折算。

## 第九节 制作、贩卖、传播淫秽物品罪

**第三百六十三条** 以牟利为目的，制作、复制、出版、贩卖、传播淫秽物品的，处三年以下有期徒刑、拘役或者管制，并处罚金；情节严重的，处三年以上十年以下有期徒刑，并处罚金；情节特别严重的，处十年以上有期徒刑或者无期徒刑，并处罚金或者没收财产。

为他人提供书号，出版淫秽书刊的，处三年以下有期徒刑、拘役或者管制，并处或者单处罚金；明知他人用于出版淫秽书刊而提供书号的，依照前款的规定处罚。

**第三百六十四条** 传播淫秽的书刊、影片、音像、图片或者其他淫秽物品，情节严重的，处二年以下有期徒刑、拘役或者管制。

组织播放淫秽的电影、录像等音像制品的，处三年以下有期徒刑、拘役或者管制，并处罚金；情节严重的，处三年以上十年以下有期徒刑，并处罚金。

制作、复制淫秽的电影、录像等音像制品组织播放的，依照第二款的规定从重处罚。

向不满十八周岁的未成年人传播淫秽物品的，从重处罚。

**第三百六十五条** 组织进行淫秽表演的，处三年以下有期徒刑、拘役或者管制，并处罚金；情节严重的，处三年以上十年以下有期徒刑，并处罚金。

**第三百六十六条** 单位犯本节第三百六十三条、第三百六十四条、第三百六十五条规定之罪的，对单位判处罚金，并对其直接负责的主管人员和其他直接责任人员，依照各该条的规定处罚。

**第三百六十七条** 本法所称淫秽物品，是指具体描绘性行为或者露骨宣扬色情的诲淫性的书刊、影片、录像带、录音带、图片及其他淫秽物品。

有关人体生理、医学知识的科学著作不是淫秽物品。

包含有色情内容的有艺术价值的文学、艺术作品不视为淫秽物品。

## 第七章　危害国防利益罪

**第三百七十一条**　聚众冲击军事禁区，严重扰乱军事禁区秩序的，对首要分子，处五年以上十年以下有期徒刑；对其他积极参加的，处五年以下有期徒刑、拘役、管制或者剥夺政治权利。

聚众扰乱军事管理区秩序，情节严重，致使军事管理区工作无法进行，造成严重损失的，对首要分子，处三年以上七年以下有期徒刑；对其他积极参加的，处三年以下有期徒刑、拘役、管制或者剥夺政治权利。

**第三百七十二条**　冒充军人招摇撞骗的，处三年以下有期徒刑、拘役、管制或者剥夺政治权利；情节严重的，处三年以上十年以下有期徒刑。

## 第八章　贪污贿赂罪

**第三百八十八条之一**　国家工作人员的近亲属或者其他与该国家工作人员关系密切的人，通过该国家工作人员职务上的行为，或者利用该国家工作人员职权或者地位形成的便利条件，通过其他国家工作人员职务上的行为，为请托人谋取不正当利益，索取请托人财物或者收受请托人财物，数额较大或者有其他较重情节的，处三年以下有期徒刑或者拘役，并处罚金；数额巨大或者有其他严重情节的，处三年以上七年以下有期徒刑，并处罚金；数额特别巨大或者有其他特别严重情节的，处七年以上有期徒刑，并处罚金或者没收财产。

离职的国家工作人员或者其近亲属以及其他与其关系密切的人，利用该离职的国家工作人员原职权或者地位形成的便利条件实施前款行为的，依照前款的规定定罪处罚。

## 附　则

**第四百五十二条**　本法自 1997 年 10 月 1 日起施行。

列于本法附件一的全国人民代表大会常务委员会制定的条例、补充规定和决定，已纳入本法或者已不适用，自本法施行之日起，予以废止。

列于本法附件二的全国人民代表大会常务委员会制定的补充规定和决定予以保留。其中，有关行政处罚和行政措施的规定继续有效；有关刑事责任的规定已纳入本法，自本法施行之日起，适用本法规定。

# 司法部公共法律服务管理局　中华全国律师协会
# 未成年人法律援助服务指引（试行）

（2020 年 9 月 16 日　司公通〔2020〕12 号）

## 第一章　总　　则

**第一条**　为有效保护未成年人合法权益，加强未成年人法律援助工作，规范未成年人法律援助案件的办理，依据《中华人民共和国民事诉讼法》《中华人民共和国刑事诉讼法》《中华人民共和国未成年人保护法》《法律援助条例》等法律、法规、规范性文件，制定本指引。

**第二条**　法律援助承办机构及法律援助承办人员办理未成年人法律援助案件，应当遵守《全国民事行政法律援助服务规范》《全国刑事法律援助服务规范》，参考本指引规定的工作原则和办案要求，提高未成年人法律援助案件的办案质量。

**第三条**　本指引适用于法律援助承办机构、法律援助承办人员办理性侵害未成年人法律援助案件、监护人侵害未成年人权益法律援助案件、学生伤害事故法律援助案件和其他侵害未成年人合法权益的法律援助案件。

其他接受委托办理涉及未成年人案件的律师，可以参照执行。

**第四条**　未成年人法律援助工作应当坚持最有利于未成年人的原则，遵循给予未成年人特殊、优先保护，尊重未成年人人格尊严，保护未成年人隐私权和个人信息，适应未成年人身心发展的规律和特点，听取未成年人的意见，保护与教育相结合等原则；兼顾未成年犯罪嫌疑人、被告人、被害人权益的双向保护，避免未成年人受到二次伤害，加强跨部门多专业合作，积极寻求相关政府部门、专业机构的支持。

## 第二章　基本要求

**第五条**　法律援助机构指派未成年人案件时，应当优先指派熟悉未成年人身心特点、熟悉未成年人法律业务的承办人员。未成年人为女性的性侵害案件，应当优先指派女性承办人员办理。重大社会影响或疑难复杂案件，法律援助机构可以指导、协助法律援助承办人员向办案机关寻求必要支持。有条件的地区，法律援助机构可以建立未成年人法律援助律师团队。

**第六条**　法律援助承办人员应当在收到指派通知书之日起 5 个工作日内会见受援未成年人及其法定代理人（监护人）或近亲属并进行以下工作：

（一）了解案件事实经过、司法程序处理背景、争议焦点和诉讼时效、受援未成年人及其法定代理人（监护人）诉求、案件相关证据材料及证据线索等基本情况；

（二）告知其法律援助承办人员的代理、辩护职责、受援未成年人及其法定代理人（监护人）在诉讼中的权利和义务、案件主要诉讼风险及法律后果；

（三）发现未成年人遭受暴力、虐待、遗弃、性侵害等侵害的，可以向公安机关进行报告，同时向法律援助机构报备，可以为其寻求救助庇护和专业帮助提供协助；

（四）制作谈话笔录，并由受援未成年人及其法定代理人（监护人）或近亲属共同签名确认。未成年人无阅读能力或尚不具备理解认知能力的，法律援助承办人员应当向其宣读笔录，由其法定代理人（监护人）或近亲属代签，并在笔录上载明。

（五）会见受援未成年人时，其法定代理人（监护人）或近亲属至少应有一人在场，会见在押未成年人犯罪嫌疑人、被告人除外；会见受援未成年人的法定代理人（监护人）时，如有必要，受援未成年人可以在场。

**第七条**　法律援助承办人员办理未成年人案件的工作要求：

（一）与未成年人沟通时不得使用批评性、指责性、侮辱性以及有损人格尊严等性质的语言；

（二）会见未成年人，优先选择未成年人住所或者其他让未成年人感到安全的场所；

（三）会见未成年当事人或未成年证人，应当通知其法定代理人（监护人）或者其他成年亲属等合适成年人到场；

（四）保护未成年人隐私权和个人信息，不得公开涉案未成年人和未成年被害人的姓名、影像、住所、就读学校以及其他可能推断、识别身份信息的其他资料信息；

（五）重大、复杂、疑难案件，应当提请律师事务所或法律援助机构集体讨论，提请律师事务所讨论的，应当将讨论结果报告法律援助机构。

## 第三章　办理性侵害未成年人案件

**第八条**　性侵害未成年人犯罪，包括刑法第二百三十六条、第二百三十七条、第三百五十八条、第三百五十九条、第三百六十条第二款规定的针对未成年人实施的强奸罪，强制猥亵、侮辱妇女罪，猥亵儿童罪，组织卖淫罪，强迫卖淫罪，引诱、容留、介绍卖淫罪，引诱幼女卖淫罪，嫖宿幼女罪等案件。

**第九条**　法律援助承办人员办理性侵害未成年人案件的工作要求：

（一）法律援助承办人员需要询问未成年被害人的，应当采取和缓、科学的询问方式，以一次、全面询问为原则，尽可能避免反复询问。法律援助承办人员可以建议办案机关在办理案件时，推行全程录音录像制度，以保证被害人陈述的完整性、准确性和真实性；

（二）法律援助承办人员应当向未成年被害人及其法定代理人（监护人）释明刑事附带民事诉讼的受案范围，协助未成年被害人提起刑事附带民事诉讼。法律援助承办人员应当根据未成年被害人的诉讼请求，指引、协助未成年被害人准备证据材料；

（三）法律援助承办人员办理性侵害未成年人案件时，应当于庭审前向人民法院确认案件不公开审理。

**第十条**　法律援助承办人员发现公安机关在处理性侵害未成年人犯罪案件应当立案而不立案的，可以协助未成年被害人及其法定代理人（监护人）向人民检察院申请立案监督或协助向人民法院提起自诉。

**第十一条**　法律援助承办人员可以建议办案机关对未成年被害人的心理伤害程度进行社会评估，辅以心理辅导、司法救助等措施，修复和弥补未成年被害人身心伤害；发现未成年被害人存在心理、情绪异常的，应当告知其法定代理人（监护人）为其寻求专业心理咨询与疏导。

**第十二条** 对于低龄被害人、证人的陈述的证据效力，法律援助承办人员可以建议办案机关结合被害人、证人的心智发育程度、表达能力，以及所处年龄段未成年人普遍的表达能力和认知能力进行客观的判断，对待证事实与其年龄、智力状况或者精神健康状况相适应的未成年人陈述、证言，应当建议办案机关依法予以采信，不能轻易否认其证据效力。

**第十三条** 在未成年被害人、证人确有必要出庭的案件中，法律援助承办人员应当建议人民法院采取必要保护措施，不暴露被害人、证人的外貌、真实声音，有条件的可以采取视频等方式播放被害人的陈述、证人证言，避免未成年被害人、证人与被告人接触。

**第十四条** 庭审前，法律援助承办人员应当认真做好下列准备工作：

（一）在举证期限内向人民法院提交证据清单及证据，准备证据材料；

（二）向人民法院确认是否存在证人、鉴定人等出庭作证情况，拟定对证人、鉴定人的询问提纲；

（三）向人民法院确认刑事附带民事诉讼被告人是否有证据提交，拟定质证意见；

（四）拟定对证言笔录、鉴定人的鉴定意见、勘验笔录和其他作为证据的文书的质证意见；

（五）准备辩论意见；

（六）向被害人及其法定代理人（监护人）了解是否有和解或调解方案，并充分向被害人及其法定代理人（监护人）进行法律释明后，向人民法院递交方案；

（七）向被害人及其法定代理人（监护人）介绍庭审程序，使其了解庭审程序、庭审布局和有关注意事项。

**第十五条** 法律援助承办人员办理性侵害未成年人案件，应当了解和审查以下关键事实：

（一）了解和严格审查未成年被害人是否已满十二周岁、十四周岁的关键事实，正确判断犯罪嫌疑人、被告人是否“明知”或者“应当知道”未成年被害人为幼女的相关事实；

（二）了解和审查犯罪嫌疑人、被告人是否属于对未成年被害人负有“特殊职责的人员”；

（三）准确了解性侵害未成年人案发的地点、场所等关键事实，正确判断是否属于“在公共场所当众”性侵害未成年人。

**第十六条** 办理利用网络对儿童实施猥亵行为的案件时，法律援助承办人员应指导未成年被害人及其法定代理人（监护人）及时收集、固定能够证明行为人出于满足性刺激的目的，利用网络采取诱骗、强迫或者其他方法要求被害人拍摄、传送暴露身体的不雅照片、视频供其观看等相关事实方面的电子数据，并向办案机关报告。

**第十七条** 性侵害未成年人犯罪具有《关于依法惩治性侵害未成年人犯罪的意见》第二十五条规定的情形之一以及第二十六条第二款规定的情形的，法律援助承办人员应当向人民法院提出依法从重从严惩处的建议。

**第十八条** 对于犯罪嫌疑人、被告人利用职业便利、违背职业要求的特定义务性侵害未成年人的，法律援助承办人员可以建议人民法院在作出判决时对其宣告从业禁止令。

**第十九条** 发生在家庭内部的性侵害案件，为确保未成年被害人的安全，法律援助承办人员可以建议办案机关依法对未成年被害人进行紧急安置，避免再次受到侵害。

**第二十条** 对监护人性侵害未成年人的案件，法律援助承办人员可以建议人民检察院、人民法院向有关部门发出检察建议或司法建议，建议有关部门依法申请撤销监护人资格，为未成年被害人另行指定其他监护人。

**第二十一条** 发生在学校的性侵害未成年人的案件，在未成年被害人不能正常在原学校就读时，法律援助承办人员可以建议其法定代理人（监护人）向教育主管部门申请为其提供教育帮助或安排转学。

**第二十二条** 未成年人在学校、幼儿园、教育培训机构等场所遭受性侵害，在依法追究犯罪人员法律责任的同时，法律援助承办人员可以帮助未成年被害人及其法定代理人（监护人）要求上述单位依法承担民事赔偿责任。

**第二十三条** 从事住宿、餐饮、娱乐等的组织和人员如果没有尽到合理限度范围内的安全保障义务，与未成年被害人遭受性侵害具有因果关系时，法律援助承办人员可以建议未成年被害人及其法定代理人（监护人）向安全保障义务人提起民事诉讼，要求其承担与其过错相应的民事补充赔偿责任。

**第二十四条** 法律援助承办人员办理性侵害未成年人附带民事诉讼案件，应当配合未成年被害人及其法定代理人（监护人）积极与犯罪嫌疑人、被告人协商、调解民事赔偿，为未成年被害人争取最大限度的民事赔偿。

犯罪嫌疑人、被告人以经济赔偿换取未成年被害人翻供或者撤销案件的，法律援助承办人员应当予以制止，并充分释明法律后果，告知未成年被害人及其法定代理人（监护人）法律风险。未成年被害人及其法定代理人（监护人）接受犯罪嫌疑人、被告人前述条件，法律援助承办人员可以拒绝为其提供法律援助服务，并向法律援助机构报告；法律援助机构核实后应当终止本次法律援助服务。

未成年被害人及其法定代理人（监护人）要求严惩犯罪嫌疑人、被告人，放弃经济赔偿的，法律援助承办人员应当尊重其决定。

**第二十五条**　未成年被害人及其法定代理人（监护人）提出精神损害赔偿的，法律援助承办人员应当注意收集未成年被害人因遭受性侵害导致精神疾病或者心理伤害的证据，将其精神损害和心理创伤转化为接受治疗、辅导而产生的医疗费用，依法向犯罪嫌疑人、被告人提出赔偿请求。

**第二十六条**　对未成年被害人因性侵害犯罪造成人身损害，不能及时获得有效赔偿，生活困难的，法律援助承办人员可以帮助未成年被害人及其法定代理人（监护人）、近亲属，依法向办案机关提出司法救助申请。

## 第四章　办理监护人侵害未成年人权益案件

**第二十七条**　监护人侵害未成年人权益案件，是指父母或者其他监护人（以下简称监护人）性侵害、出卖、遗弃、虐待、暴力伤害未成年人，教唆、利用未成年人实施违法犯罪行为，胁迫、诱骗、利用未成年人乞讨，以及不履行监护职责严重危害未成年人身心健康等行为。

**第二十八条**　法律援助承办人员发现监护侵害行为可能构成虐待罪、遗弃罪的，应当告知未成年人及其他监护人、近亲属或村（居）民委员会等有关组织有权告诉或代为告诉。

未成年被害人没有能力告诉，或者因受到强制、威吓无法告诉的，法律援助承办人员应当告知其近亲属或村（居）委员会等有关组织代为告诉或向公安机关报案。

**第二十九条**　法律援助承办人员发现公安机关处理监护侵害案件应当立案而不立案的，可以协助当事人向人民检察院申请立案监督或协助向人民法院提起自诉。

**第三十条** 办案过程中，法律援助承办人员发现未成年人身体受到严重伤害、面临严重人身安全威胁或者处于无人照料等危险状态的，应当建议公安机关将其带离实施监护侵害行为的监护人，就近护送至其他监护人、亲属、村（居）民委员会或者未成年人救助保护机构。

**第三十一条** 监护侵害行为情节较轻，依法不给予治安管理处罚的，法律援助承办人员可以协助未成年人的其他监护人、近亲属要求公安机关对加害人给予批评教育或者出具告诫书。

**第三十二条** 公安机关将告诫书送交加害人、未成年受害人，以及通知村（居）民委员会后，法律援助承办人员应当建议村（居）民委员会、公安派出所对收到告诫书的加害人，未成年受害人进行查访、监督加害人不再实施家庭暴力。

**第三十三条** 未成年人遭受监护侵害行为或者面临监护侵害行为的现实危险，法律援助承办人员应当协助其他监护人、近亲属，向未成年人住所地、监护人住所地或者侵害行为地基层人民法院，申请人身安全保护令。

**第三十四条** 法律援助承办人员应当协助受侵害未成年人搜集公安机关出警记录、告诫书、伤情鉴定意见等证据。

**第三十五条** 法律援助承办人员代理申请人身安全保护令时，可依法提出如下请求：

（一）禁止被申请人实施家庭暴力；

（二）禁止被申请人骚扰、跟踪、接触申请人及其相关近亲属；

（三）责令被申请人迁出申请人住所；

（四）保护申请人人身安全的其他措施。

**第三十六条** 人身安全保护令失效前，法律援助承办人员可以根据申请人要求，代理其向人民法院申请撤销、变更或者延长。

**第三十七条** 发现监护人具有民法典第三十六条、《关于依法处理监护人侵害未成年人权益行为若干问题的意见》第三十五条规定的情形之一的，法律援助承办人员可以建议其他具有监护资格的人、居（村）民委员会、学校、医疗机构、妇联、共青团、未成年人保护组织、民政部门等个人或组织，向未成年人住所地、监护人住所地或者侵害行为地基层人民法院申请撤销原监护人监护资格，依法另行指定监护人。

**第三十八条** 法律援助承办人员承办申请撤销监护人资格案件，可以协助申请人向人民检察院申请支持起诉。申请支持起诉的，应当向人民检察院提交申请支持起诉书，撤销监护人资格申请书、身份证明材料及案件所有证据材料复印件。

**第三十九条** 有关个人和组织向人民法院申请撤销监护人资格前，法律援助承办人员应当建议其听取有表达能力的未成年人的意见。

**第四十条** 法律援助承办人员承办申请撤销监护人资格案件，在接受委托后，应撰写撤销监护人资格申请书。申请书应当包括申请人及被申请人信息、申请事项、事实与理由等内容。

**第四十一条** 法律援助承办人员办理申请撤销监护人资格的案件，应当向人民法院提交相关证据，并协助社会服务机构递交调查评估报告。该报告应当包含未成年人基本情况，监护存在问题，监护人悔过情况，监护人接受教育、辅导情况，未成年人身心健康状况以及未成年人意愿等内容。

**第四十二条** 法律援助承办人员根据实际需要可以向人民法院申请聘请适当的社会人士对未成年人进行社会观护，引入心理疏导和测评机制，组织专业社会工作者、儿童心理问题专家等专业人员参与诉讼，为受侵害未成年人和被申请人提供心理辅导和测评服务。

**第四十三条** 法律援助承办人员应当建议人民法院根据最有利于未成年人的原则，在民法典第二十七条规定的人员和单位中指定监护人。没有依法具有监护资格的人的，建议人民法院依据民法典第三十二条规定指定民政部门担任监护人，也可以指定具备履行监护职责条件的被监护人住所地的村（居）民委员会担任监护人。

**第四十四条** 法律援助承办人员应当告知现任监护人有权向人民法院提起诉讼，要求被撤销监护人资格的父母继续负担被监护人的抚养费。

**第四十五条** 判决不撤销监护人资格的，法律援助承办人员根据《关于依法处理监护人侵害未成年人权益行为若干问题的意见》有关要求，可以协助有关个人和部门加强对未成年人的保护和对监护人的监督指导。

**第四十六条** 具有民法典第三十八条、《关于依法处理监护人侵害未成年人权益行为若干问题的意见》第四十条规定的情形之一的，法律援助承办人员可以向人民法院提出不得判决恢复其监护人资格的建议。

## 第五章　办理学生伤害事故案件

**第四十七条**　学生伤害事故案件，是指在学校、幼儿园或其他教育机构（以下简称教育机构）实施的教育教学活动或者组织的校外活动中，以及在教育机构负有管理责任的校舍、场地、其他教育教学设施、生活设施内发生的，造成在校学生人身损害后果的事故。

**第四十八条**　办理学生伤害事故案件，法律援助承办人员可以就以下事实进行审查：

（一）受侵害未成年人与学校、幼儿园或其他教育机构之间是否存在教育法律关系；

（二）是否存在人身损害结果和经济损失，教育机构、受侵害未成年人或者第三方是否存在过错，教育机构行为与受侵害未成年人损害结果之间是否存在因果关系；

（三）是否超过诉讼时效，是否存在诉讼时效中断、中止或延长的事由。

**第四十九条**　法律援助承办人员应当根据以下不同情形，告知未成年人及其法定代理人（监护人）相关的责任承担原则：

（一）不满八周岁的无民事行为能力人在教育机构学习、生活期间受到人身损害的，教育机构依据民法典第一千一百九十九条的规定承担过错推定责任；

（二）已满八周岁不满十八周岁的限制民事责任能力人在教育机构学习、生活期间受到人身损害的，教育机构依据民法典第一千二百条的规定承担过错责任；

（三）因教育机构、学生或者其他相关当事人的过错造成的学生伤害事故，相关当事人应当根据其行为过错程度的比例及其与损害结果之间的因果关系承担相应的责任。

**第五十条**　办理学生伤害事故案件，法律援助承办人员应当调查了解教育机构是否具备办学许可资格，教师或者其他工作人员是否具备职业资格，注意审查和收集能够证明教育机构存在《学生伤害事故处理办法》第九条规定的过错情形的证据。

**第五十一条**　办理《学生伤害事故处理办法》第十条规定的学生伤害事故案件，法律援助承办人员应当如实告知未成年人及其法定代理人（监护人）可能存在由其承担法律责任的诉讼风险。

**第五十二条** 办理《学生伤害事故处理办法》第十二条、第十三条规定的学生伤害事故案件，法律援助承办人员应当注意审查和收集教育机构是否已经履行相应职责或行为有无不当。教育机构已经履行相应职责或行为并无不当的，法律援助承办人员应当告知未成年人及其法定代理人（监护人），案件可能存在教育机构不承担责任的诉讼风险。

**第五十三条** 未成年人在教育机构学习、生活期间，受到教育机构以外的人员人身损害的，法律援助承办人员应当告知未成年人及其法定代理人（监护人）由侵权人承担侵权责任，教育机构未尽到管理职责的，承担相应的补充责任。

**第五十四条** 办理涉及教育机构侵权案件，法律援助承办人员可以采取以下措施：

（一）关注未成年人的受教育权，发现未成年人因诉讼受到教育机构及教职员工不公正对待的，及时向教育行政主管部门和法律援助机构报告；

（二）根据案情需要，可以和校方协商，或者向教育行政主管部门申请调解，并注意疏导家属情绪，积极参与调解，避免激化矛盾；

（三）可以调查核实教育机构和未成年人各自参保及保险理赔情况。

**第五十五条** 涉及校园重大安全事故、严重体罚、虐待、学生欺凌、性侵害等可能构成刑事犯罪的案件，法律援助承办人员可以向公安机关报告，或者协助未成年人及其法定代理人（监护人）向公安机关报告，并向法律援助机构报备。

## 第六章　附　　则

**第五十六条** 本指引由司法部公共法律服务管理局与中华全国律师协会负责解释，自公布之日起试行。

# 最高人民法院
# 关于全面加强未成年人司法保护及犯罪防治工作的意见

（2024年5月28日　法发〔2024〕7号）

少年儿童是祖国的未来、民族的希望。新时代新征程，全社会更加关心少年儿童的全面健康成长，对未成年人权益保护和犯罪预防提出了新的更高要求，人民法院肩负更重责任、面临更大挑战。为全面加强未成年人司法保护和犯罪防治工作，切实提升未成年人权益保护水平，根据《中华人民共和国未成年人保护法》、《中华人民共和国预防未成年人犯罪法》等有关法律法规，结合人民法院工作实际，制定本意见。

## 一、总体要求

1.指导思想。坚持以习近平新时代中国特色社会主义思想为指导，深入贯彻习近平法治思想，认真学习贯彻习近平总书记关于少年儿童工作的重要论述，从以中国式现代化全面推进强国建设、民族复兴伟业的政治高度，谋划推进未成年人司法保护和犯罪防治工作，牢固树立新时代未成年人司法保护理念，践行社会主义核心价值观，弘扬社会主义法治精神，以依法能动履职促推家庭保护、学校保护、社会保护、网络保护、政府保护、司法保护“六大保护”融合发力，为未成年人全面健康成长营造良好法治和社会环境。

2.基本原则

（1）坚持最有利于未成年人原则。始终把未成年人权益保护和发展需求放在未成年人司法保护工作首位，尊重未成年人人格尊严，结合未成年人成长和身心特点，依法保护涉案未成年人的名誉、隐私和各项实体权益、诉讼权利，在各阶段各环节落实“特殊、优先、双向、全面”保护理念，全力维护和保障未成年人合法权益。

（2）坚持一体融合履职原则。深化刑事、民事、行政“三审合一”综合审判改革，强化系统思维，坚持综合保护，同时关注涉未成年人民事行政权益维护、刑事犯罪预防惩治和公共利益维护，突出问题导向，健全工作机制，携手各方，实质性解决侵害未成年人合法权益的突出问题，推动事后救济保护向事中、事前预防治理转变，构筑全链条、全方位、立体化的未成年人保护网络。

（3）坚持案件办理与促推治理并重原则。依法公正高效办理涉未成年人案件，确保案件办理政治效果、社会效果与法律效果的有机统一。在案件办理的同时，深入研析案件反映的家庭保护、学校保护、社会保护、网络保护、政府保护等方面存在的深层次问题，以更加有效的司法保护促推“六大保护”贯通融合、协同发力，坚持惩防并举、标本兼治，做实源头治理、系统治理。

（4）坚持守正创新原则。针对未成年人司法保护的新情况新形势，深入总结涉未成年人司法规律，结合本地实际，积极探索有利于强化未成年人权益保护和犯罪防治的新机制新方法。坚持顶层设计与基层首创相结合，全面推进涉未成年人司法保护理论创新、制度创新、实践创新，不断把中国特色社会主义少年司法制度优势转化为未成年人保护工作综合效能。

## 二、加强涉未成年人案件审判工作

（一）加强涉未成年人民事、行政审判工作

3. 增强未成年人保护和犯罪防治观念。着眼未成年人保护和犯罪防治，积极探索适合未成年人身心特点的审判方式，在民事、行政审判中要关注未成年人身心健康，善于发现苗头性倾向性问题，及时化解、消除可能滋生未成年人违法犯罪行为的各种消极因素，做实“抓前端、治未病”。

4. 建立涉未成年人案件快速办理机制。开辟“绿色通道”，本着便捷、高效的原则，对涉未成年人权益保护民事、行政案件，实现优先立案、快速审理、及时裁判、高效执行，切实保障未成年人合法权益。

5. 加强教育和诉讼引导。围绕保护未成年人全面健康成长，办案中注重从法律规定、社会道德、未成年人身心发展规律等方面对未成年人、监护人等相关人员进行针对性教育和诉讼引导。在涉及未成年子女的离婚等案件中，做实做好"关爱未成年人提示"工作，引导当事人以保障未成年子女健康成长为目的，妥善处理抚养、探望、财产等相关事宜。

6. 做实做细调解工作。民事案件除身份关系确认等不适宜调解的以外，应当重视调解。经双方当事人同意，可以邀请社会观护人员、未成年人的近亲属、学校、街道、居委会、村委会等参与案件调解。行政案件应当积极开展诉前调解。对行政赔偿、补偿以及行政机关行使法律、法规规定的自由裁量权的案件，应当在审判过程中注重通过调解实现最佳办案效果。

7. 及时指定诉讼中的代理人。在民事诉讼中，未成年人与其监护人存在利益冲突的，人民法院可以及时告知其他依法具有监护资格的人协商确定未成年人的代理人；协商不成的，人民法院在他们之中指定代理人。未成年人没有其他依法具有监护资格的人的，人民法院可以指定民法典第三十二条规定的有关组织担任代理人。

8. 合理确定直接抚养人。对涉抚养案件，未成年子女已满八周岁的，应当充分听取其意见，尊重其真实意愿。未成年子女向人民法院表达意愿或者陈述事实时，人民法院可以通知社会观护人员或者其他合适人员在场陪同。陪同人员可以辅助未成年子女表达真实意愿。必要时，人民法院可以单独询问、听取未成年子女意见，并提供适宜未成年人心理特点的友善环境，确保其隐私及安全。未成年子女表达的意见不利于其身心健康成长的，人民法院应当予以释明，并依据最有利于未成年人的原则进行裁判。

9. 妥善审理探望权案件。对于探望权案件，人民法院在裁判文书中应当根据案件实际情况，写明探望时间、方式等具体内容。不直接抚养一方因外出务工等原因不能见面探望的，人民法院可以引导当事人积极通过电话、书信、网络、视频连线等方式给予子女亲情关爱。

不直接抚养未成年子女的一方应当依照协议、人民法院判决或者调解确定的时间和方式，在不影响未成年子女学习、生活的情况下探望未成年子女，直接抚养的一方应当配合，拒不协助的，人民法院可予以教育、训诫，直至依法采取拘留、罚款等强制措施。探望不利于未成年子女身心健康、当事人请求中止探望的，人民法院在征询双方当事人及未成年子女意见并查明事实后，认为需要中止探望的，依法作出裁定。未成年子女请求父母探望，或者祖父母、外祖父母请求探望孙子女、外孙子女的，人民法院根据案件具体情况，按照最有利于未成年人的原则依法裁判。

10. 妥善审理涉未成年人侵权案件。未成年人造成他人损害的，由监护人承担侵权责任。监护人尽到监护职责的，可以减轻其侵权责任。人民法院发现监护人未正确履行监护职责的，根据情况对监护人予以训诫，并可以责令其接受教育指导。

未成年人的人身权益受到侵害的，人民法院应当充分考虑未成年人发育、成长和康复需要，依法确定赔偿费用。对根据医疗证明或者鉴定结论确定必然发生的器官功能恢复训练等所必要的康复费、适当的整容费以及其他后续治疗费，可以与已经发生的医疗费一并予以赔偿。在确定精神损害赔偿数额时，可以根据案件具体情况参照成年人案件适当提高。

11. 依法保护未成年人合法财产权益。人民法院在审理离婚案件时，应当注意审查当事人拟分割的财产中是否包括未成年子女的财产以及是否已将未成年子女的财产分列，防止当事人违法处分未成年子女的财产。未成年子女存在重病等特殊情形的，人民法院根据财产的具体情况，应以照顾子女、女方和无过错方权益的原则依法处理。人民法院审理继承案件，应当依法保护未成年人的继承权和受遗赠权。

12. 强化行政行为合法性审查。人民法院对于涉及未成年人权益的行政行为，应当严格进行合法性审查，防止行政行为侵犯未成年人权益。对于违法或者不当的行政行为，及时予以纠正。监督和支持教育、公安、民政、网信等相关部门依法履行保护未成年人合法权益的法定职责。

13. 强化行政许可与处罚审查。在涉及未成年人的行政许可、行政处罚等案件中，关注未成年人的特殊情况和权益保护需求。对涉及教育、卫生等领域的行政许可，应当确保未成年人的受教育权和健康权得到充分保障；对涉及未成年人的行政处罚，应当充分考虑未成年人的认知能力和行为特点，避免不当处罚。

14. 加强行政争议诉源治理。对事关未成年人切身利益的重大改革措施出台、政策制定或调整、敏感事件处置等事项，人民法院可以通过参与论证、提供法律咨询意见、发送司法建议等方式，助推涉未成年人重大行政决策的科学化、民主化和法治化，切实加强未成年人权益保护，从源头减少、杜绝侵害未成年人权益的行政行为。

15. 积极探索创新执行工作机制。探索由专门团队或专人负责涉未成年人民事、行政案件执行工作。对涉抚养、探望等执行案件，积极开展教育疏导、调解等工作，引导当事人以有利于未成年子女身心健康为原则，主动履行义务或者达成和解。

（二）加强涉未成年人刑事审判工作

16. 对未成年人犯罪宽容不纵容。精准贯彻宽严相济刑事政策，依法贯彻“教育、感化、挽救”的方针，坚持“教育为主、惩罚为辅”原则，准确把握和判断犯罪行为的社会危害性，充分考虑未成年人的成长经历、导致犯罪的深层次原因等，最大限度挽救涉案未成年人。对于主观恶性深、情节恶劣、危害严重，特别是屡教不改的，绝不姑息纵容，坚决依法惩治，确保司法公正。

审理未成年人犯罪案件，应当采取适合未成年人身心特点的审判方式，坚持“寓教于审”，根据未成年被告人性格特点和犯罪行为等实际情况，有针对性地开展法庭教育，剖析引发犯罪的主客观原因和教训，引导未成年被告人正确认识法庭审判的严肃性和犯罪行为的社会危害，促其改过自新。

17. 从严惩处利用未成年人实施违法犯罪的行为。引诱、指使、利用未成年人实施违法犯罪活动，构成犯罪的，依法从重处罚。特别是对于胁迫、教唆、引诱、欺骗未成年人参与实施黑恶势力犯罪、有组织违法犯罪的，利用未成年人介绍、诱骗其他低龄未成年女性卖淫或者供其奸淫的，利用未达到刑事责任年龄的未成年人、留守儿童、在校学生实施犯罪的，以及通过向未成年人传授犯罪方法、提供毒品、管制麻醉精神药品、灌输色情暴力等不良信息继而加以利用等严重损害未成年人身心健康、严重危害社会和谐稳定的犯罪，依法从严惩处。

18. 从严惩处侵害未成年人犯罪。对于拐卖、拐骗、绑架儿童，暴力伤害、性侵害未成年人，引诱、介绍、组织、强迫未成年人卖淫，制作、贩卖、传播含有未成年人内容的淫秽电子信息，向未成年人传播淫秽物品等严重侵害未成年人身心健康的犯罪，坚持零容忍立场，依法从严惩处。

19. 加强未成年被害人权益保障。人民法院审理侵害未成年人刑事案件，应当充分考虑未成年被害人身心发育尚未成熟、易受伤害等特点，给予特殊和优先保护，强化对其权益的保障。应当将案件进展情况、案件处理结果及时告知未成年被害人及其法定代理人，并对有关情况予以说明。确定案件开庭日期后，应当将开庭的时间、地点通知未成年被害人及其法定代理人。宣判后，应当将判决书向未成年被害人及其法定代理人送达。

（三）做深做实涉未成年人特色审判工作

20. 深化未成年人隐私保护。对审判时被告人未满十八周岁的刑事案件，一律不公开审理；对涉未成年人民事、行政案件，涉及个人隐私的，应当不公开审理。对涉及未成年人的刑事案件，不得向外界披露未成年人的姓名、住所、照片以及可能推断出未成年人身份的其他资料。查阅、摘抄、复制的案卷材料，涉及未成年人的，不得公开和传播。对涉及未成年人的民事、行政案件，应当注意保护未成年人隐私。发布案例、制作法治宣传资料等均应当对相关信息进行必要的技术处理。

21. 深入开展社会调查。人民法院审理未成年人犯罪案件，应当详细了解未成年人成长环境和犯罪成因。对人民检察院移送的社会调查报告及有关人员提交的反映未成年被告人情况的书面材料，应当重点审查是否客观、全面地反映了未成年人性格特点、家庭监护情况、学校教育、社会交往、成长经历、实施犯罪前后的表现，以及其他反映未成年人走上犯罪道路深层原因的内容。社会调查报告不具体、不翔实的，人民法院应当通知人民检察院予以补充，也可以自行或者委托有关机构开展社会调查。对社会调查报告和有关人员提交的相关材料，经出示、质证，依法采纳的，可以作为办理案件和教育被告人的参考，以及向有关方面提出司法建议的依据。庭审中，人民法院可以通知作出调查报告的人员出庭说明情况，接受控辩双方和法庭的询问。

22. 积极完善社会观护。人民法院审理离婚、抚养、收养、监护、探望等民事案件涉及未成年人的，可以委托从事未成年人保护相关工作的社会组织或者人员就未成年人相关情况开展调查、参与案件调解、必要时陪同未成年人接受询问、对未成年人进行心理疏导、判后延伸观察保护等社会观护工作。社会观护员可通过分别听取当事人、未成年人意见和走访街道、社区、幼儿园、学校等方式，全面了解未成年人的实际生活状况。社会观护报告可以作为人民法院审理案件及开展司法延伸工作的参考和依据。

23. 积极开展心理疏导。人民法院审理涉未成年人案件，根据案件情况认为有必要时，可以自行或者聘请专业人员对未成年当事人进行心理疏导和矫治，安抚未成年人情绪，消除、化解未成年人心理危机和心理障碍；经未成年人及其法定代理人同意，也可以对未成年人进行心理测评，心理测评报告可以作为办理案件和教育矫治的参考。应当及时为未成年被害人及遭受家庭暴力的未成年人提供心理疏导。

24. 加大救助力度。根据未成年人的实际困难，对符合司法救助条件的未成年人优先救助，在救助力度上给予倾斜。积极与教育、民政、共青团、妇联等部门、社会慈善机构等建立联动关爱救助衔接机制，对确有需要的未成年人予以经济帮扶、转学安置等帮助，最大限度保护未成年人合法权益。

## 三、推动涉未成年人刑事、民事、行政“三审合一”实质化

25. 完善一体化审理机制。因同一事实或者相关事实产生的涉未成年人刑事、民事、行政互涉案件，在符合法律有关管辖规定且条件允许的情况下，原则上由同一审判组织审理。对涉未成年人民事案件反映出的涉未成年人行政管理、犯罪预防等工作中存在的突出问题、隐患，或者审理涉未成年人刑事案件，发现未成年人民事权利等也受到侵害的，应当一并依法妥善解决、处理。刑事或者行政生效裁判确认的基本事实，除有相反证据足以推翻外，在相关民事案件中可予以认定。

26. 做好线索移送和权利告知工作。审理变更抚养关系纠纷、探望权纠纷以及撤销监护人资格等案件，发现未成年人受到或者疑似受到虐待、暴力伤害、性侵害、遗弃等违法犯罪侵害的，应当将涉嫌违法犯罪的线索移送主管部门处理。审理行政案件发现未成年人民事合法权益受到侵害的，可以告知当事人另行提起民事诉讼。涉嫌违法犯罪的，将线索移送主管部门处理。审理涉未成年人刑事案件发现未成年人的父母或者其他监护人不依法履行监护职责或者侵犯未成年人合法权益，涉嫌违法犯罪的，或者发现其他侵害未成年人权益犯罪线索的，将线索移送主管部门处理。

27. 做好刑民衔接。未成年人实施犯罪但因未达到刑事责任年龄而不予追究刑事责任的案件，或者因已超过刑事追诉期限等客观原因无法追究刑事责任、但符合民法典第一百九十一条规定的损害赔偿请求权诉讼时效的性侵未成年人犯罪案件，或者其他侵害未成年人权益但尚不构成犯罪的案件，当事人提起民事诉讼的，人民法院应当依法予以支持，赔偿范围依照民法典相关规定确定。未成年人在宾馆、酒店、歌厅、酒吧、网吧、电竞酒店、剧本娱乐经营等场所或者互联网平台受到性侵害等伤害，相关场所、平台未尽到安全保障义务，未成年人以此为由提起民事诉讼的，人民法院应当依法予以支持，赔偿范围依照民法典相关规定确定。由公安机关、检察机关或者人民法院保存的与被诉侵权行为具有关联性的证据，侵权案件当事人及其诉讼代理人因客观原因不能自行收集，申请调查收集的，人民法院应当准许，但可能影响正在进行的刑

事诉讼程序的除外。

28. 建立公益诉讼衔接机制。人民法院发现未成年人合法权益受到侵犯，涉及公共利益的，可以将线索移送检察机关。应当注意发现涉案未成年人食品、玩具、用品等是否危害不特定多数未成年人身心健康，全面审查涉案网络游戏、网络直播、网络音视频、网络社交、网站等网络技术、产品和服务以及图书、广播电视、影视传媒等是否含有危害未成年人身心健康的信息，对未成年人保护负有监督管理职责的行政机关是否存在不作为、乱作为等损害未成年人公共利益的情形。

## 四、促推“六大保护”融合发力

29. 依法引领监护人履行监护职责。人民法院应当在审判中强化父母等监护人的监护职责，引导监护人尽到抚养、教育、保护的义务，创造有利于未成年人健康成长的家庭环境，不仅要为未成年人提供健康、安全等方面的保障，还应当关注未成年人的心理状况和情感需求。妥善审理申请确定和指定监护人案件，确保未成年人有人监护；妥善审理申请变更监护人和撤销监护人资格案件，确保未成年人得到妥当监护；监护人不履行监护职责或者侵害被监护人合法权益的，依法判令监护人承担相应法律责任。

30. 强化家庭教育指导。人民法院审理涉及留守未成年人、困境未成年人等特殊群体的案件，或者离婚、抚养、收养、监护、探望等民事案件涉及未成年人的，应当根据案件具体情况，在诉前调解、案件审理、判后回访等各个环节，通过法庭教育、释法说理、现场辅导、网络辅导、心理干预、制发家庭教育责任告知书、家庭教育指导建议书等多种形式开展家庭教育指导。人民法院在审理涉未成年人刑事、行政案件中，发现未成年人的父母或者其他监护人不依法履行监护职责、侵犯未成年人合法权益，或者存在其他因家庭监护管教缺失、不当等可能影响未成年人身心健康情形的，根据情况，对未成年人的父母或者其他监护人予以训诫，并可以责令其接受家庭教育指导。

31. 依法从严处理学生欺凌。人民法院在相关案件中发现存在学生欺凌现象的，应当与学校或培训机构及教育主管部门沟通，建议及时予以严肃处理，并跟进处理进展。未成年人因学生欺凌等行为遭受损害的，人民法院应当综合考虑欺凌行为的强度、持续时间以及对被侵害人身体、心理造成的损害后果等各方面因素，依法判决侵权人承担侵权责任。充分发挥赔礼道歉的修复、抚慰、诫勉功能和作用，探索通过诉前调解等方式，促使实施学生欺凌的未成年人真诚赔礼道歉。学校、培训机构等未尽到教育管理职责的，依法判决承担侵权责任，并根据情况发送司法建议。欺凌行为构成犯罪的，依法追究刑事责任。

32. 妥善处理校园纠纷。人民法院审理校园纠纷案件，应当在查明事实、分清责任的基础上，依法妥善化解矛盾。积极引导当事人依法理性维权，坚决依法惩治各类“校闹”等违法犯罪行为，维护学校正常教育教学秩序。未成年人在学校学习、生活期间发生人身损害，学校已经尽到教育管理职责的，依法判决学校不承担侵权责任，为学校依法依规开展教学管理提供司法保障。

33. 加强法治副校长队伍建设。积极选派政治素质过硬、法律功底深厚、实践经验丰富、有宣传教育特长的业务骨干担任法治副校长，明晰工作职责，严格工作要求，进一步建立健全与教育行政部门、学校之间的长效联络沟通机制和常态化的信息反馈机制，提升法治副校长履职实效。

34. 及时提出专门教育的建议。人民法院审理涉未成年人案件，发现未成年人具有预防未成年人犯罪法第四十四条规定的行为，应当进行专门教育的，可以向相关部门提出建议。

35. 建立犯罪成因逐案分析报告机制。对未成年人犯罪案件逐案深入剖析案件背后是否存在家庭、学校、社会、网络、政府及司法保护薄弱、不到位等情形，并形成报告附卷，评议案件时单独予以说明。发现有关单位未尽到未成年人教育、管理、救助、看护等保护职责的，人民法院应当及时向有关单位发送司法建议；对涉嫌违法犯罪的，及时将相关线索移送主管部门处理。

36. 建立“强制报告制度”落实情况分析报告机制。对未成年人遭受侵害的案件，应当逐案审查相关国家机关、居委会、村委会、密切接触未成年人的单位及人员，在工作中发现未成年人身心健康受到侵害、疑似受到侵害或者面临其他危险情形时，是否履行了强制报告义务，并形成报告附卷，评议案件时单独予以说明。对存在应当报告而未报告情形的，应当及时发送司法建议；对涉嫌违纪或者违法犯罪的，及时将相关线索移送主管部门处理。

37. 建立相关场所法定义务落实情况分析报告机制。对发生在宾馆、酒店、电竞酒店等场所的涉未成年人案件，应当审查经营者接待未成年人入住时，是否履行了询问未成年人年龄、其父母或者其他监护人联系方式、与共同入住人员的身份关系等有关情况的义务，相关场所是否设置了相关标志等，并形成报告附卷，评议案件时单独予以说明。发现存在问题的，应当及时发送司法建议；对涉嫌违法犯罪的，及时将相关线索移送主管部门处理。

38. 建立网络保护专项分析报告机制。对涉及网络的未成年人案件，应当结合案件成因和未成年人保护法律规定，会同有关职能部门建立协作机制，对相关主体是否履行了未成年人网络保护法定义务进行审查，并形成报告附卷，评议案件时单独予以说明。发现存在问题的，应当及时向有关网络企业、主管部门发送司法建议；对涉嫌违法犯罪的，及时将相关线索移送主管部门处理。

39. 提升法治宣传教育的系统性针对性。加强与学校、教育主管部门等的沟通协作，积极开展适合未成年人特点的法治宣传教育，坚持严肃性与可接受性、知识性与趣味性、普遍性与特殊性相结合，强化以案释法，创新宣传形式，教育引导未成年人遵纪守法，不断增强规则意识、法治意识、责任意识，切实增强自我保护意识和能力。

各高级人民法院应当加强对辖区法院发布涉未成年人刑事典型案例的审核、监督、指导，确保取得良好社会效果。

## 五、加强组织保障

40. 加强专业化建设。严格落实未成年人保护法等法律规定，确定专门机构或者指定专门人员审理涉及未成年人案件、负责未成年人犯罪防治工作，加强“三审合一”审判团队建设。充实未成年人审判工作力量，融合推进队伍政治素质、业务素质、职业道德素质建设。审理未成年人案件的人员应当经过专门培训，熟悉未成年人身心特点、热爱未成年人保护工作。加强专职辅助人员配备，协助审判人员开展未成年人延伸保护工作。健全符合未成年人审判工作规律的评价激励机制。

41. 加强协调联动。加强与公安机关、检察机关、司法行政机关的协作配合，建立常态化的会商协作机制，统一涉未成年人案件证据、数据标准，共同做好教育、感化、挽救和司法救助等工作。加强与政府职能部门、共青团、妇联、学校、基层组织以及未成年人保护组织等的沟通协作，建立健全信息共享通报机制。推动完善政法机关未成年人关爱帮教工作衔接机制，探索建立包括社工、志愿者、“五老人员”等在内的未成年人司法关爱帮教人员库。

42. 加强工作条件保障。积极争取党委领导和政府支持，对未成年人审判设施建设、开展社会调查、社会观护、心理疏导、法治宣传、家庭教育指导等特色审判及延伸工作所需经费，纳入办案经费范畴予以充分保障，确保未成年人审判工作有效开展，全面提升未成年人司法保护和犯罪防治能力水平。

# 最高人民法院
# 关于审理拐卖妇女儿童犯罪案件具体应用法律若干问题的解释

法释〔2016〕28号

（2016年11月14日由最高人民法院审判委员会第1699次会议通过，2016年12月21日公布）

为依法惩治拐卖妇女、儿童犯罪，切实保障妇女、儿童的合法权益，维护家庭和谐与社会稳定，根据刑法有关规定，结合司法实践，现就审理此类案件具体应用法律的若干问题解释如下：

**第一条** 对婴幼儿采取欺骗、利诱等手段使其脱离监护人或者看护人的，视为刑法第二百四十条第一款第（六）项规定的“偷盗婴幼儿”。

**第二条** 医疗机构、社会福利机构等单位的工作人员以非法获利为目的，将所诊疗、护理、抚养的儿童出卖给他人的，以拐卖儿童罪论处。

**第三条** 以介绍婚姻为名，采取非法扣押身份证件、限制人身自由等方式，或者利用妇女人地生疏、语言不通、孤立无援等境况，违背妇女意志，将其出卖给他人的，应当以拐卖妇女罪追究刑事责任。

以介绍婚姻为名，与被介绍妇女串通骗取他人钱财，数额较大的，应当以诈骗罪追究刑事责任。

**第四条** 在国家机关工作人员排查来历不明儿童或者进行解救时，将所收买的儿童藏匿、转移或者实施其他妨碍解救行为，经说服教育仍不配合的，属于刑法第二百四十一条第六款规定的“阻碍对其进行解救”。

**第五条** 收买被拐卖的妇女，业已形成稳定的婚姻家庭关系，解救时被买妇女自愿继续留在当地共同生活的，可以视为“按照被买妇女的意愿，不阻碍其返回原居住地”。

**第六条** 收买被拐卖的妇女、儿童后又组织、强迫卖淫或者组织乞讨、进行违反治安管理活动等构成其他犯罪的，依照数罪并罚的规定处罚。

**第七条** 收买被拐卖的妇女、儿童，又以暴力、威胁方法阻碍国家机关工作人员解救被收买的妇女、儿童，或者聚众阻碍国家机关工作人员解救被收买的妇女、儿童，构成妨害公务罪、聚众阻碍解救被收买的妇女、儿童罪的，依照数罪并罚的规定处罚。

**第八条** 出于结婚目的收买被拐卖的妇女，或者出于抚养目的收买被拐卖的儿童，涉及多名家庭成员、亲友参与的，对其中起主要作用的人员应当依法追究刑事责任。

**第九条** 刑法第二百四十条、第二百四十一条规定的儿童，是指不满十四周岁的人。其中，不满一周岁的为婴儿，一周岁以上不满六周岁的为幼儿。

**第十条** 本解释自2017年1月1日起施行。

# 最高人民检察院　国家监察委员会　教育部<br>公安部　民政部　司法部　国家卫生健康委员会<br>中国共产主义青年团中央委员会<br>中华全国妇女联合会<br>关于建立侵害未成年人案件<br>强制报告制度的意见（试行）

（2020年5月7日　高检发〔2020〕9号）

**第一条** 为切实加强对未成年人的全面综合司法保护，及时有效惩治侵害未成年人违法犯罪，根据《中华人民共和国刑事诉讼法》《中华人民共和国未成年人保护法》《中华人民共和国反家庭暴力法》《中华人民共和国执业医师法》及相关法律法规，结合未成年人保护工作实际，制定本意见。

**第二条** 侵害未成年人案件强制报告，是指国家机关、法律法规授权行使公权力的各类组织及法律规定的公职人员，密切接触未成年人行业的各类组织及其从业人员，在工作中发现未成年人遭受或者疑似遭受不法侵害以及面临不法侵害危险的，应当立即向公安机关报案或举报。

**第三条** 本意见所称密切接触未成年人行业的各类组织，是指依法对未成年人负有教育、看护、医疗、救助、监护等特殊职责，或者虽不负有特殊职责但具有密切接触未成年人条件的企事业单位、基层群众自治组织、社会组织。主要包括：居（村）民委员会；中小学校、幼儿园、校外培训机构、未成年人校外活动场所等教育机构及校车服务提供者；托儿所等托育服务机构；医院、妇幼保健院、急救中心、诊所等医疗机构；儿童福利机构、救助管理机构、未成年人救助保护机构、社会工作服务机构；旅店、宾馆等。

**第四条** 本意见所称在工作中发现未成年人遭受或者疑似遭受不法侵害以及面临不法侵害危险的情况包括：

（一）未成年人的生殖器官或隐私部位遭受或疑似遭受非正常损伤的；

（二）不满十四周岁的女性未成年人遭受或疑似遭受性侵害、怀孕、流产的；

（三）十四周岁以上女性未成年人遭受或疑似遭受性侵害所致怀孕、流产的；

（四）未成年人身体存在多处损伤、严重营养不良、意识不清，存在或疑似存在受到家庭暴力、欺凌、虐待、殴打或者被人麻醉等情形的；

（五）未成年人因自杀、自残、工伤、中毒、被人麻醉、殴打等非正常原因导致伤残、死亡情形的；

（六）未成年人被遗弃或长期处于无人照料状态的；

（七）发现未成年人来源不明、失踪或者被拐卖、收买的；

（八）发现未成年人被组织乞讨的；

（九）其他严重侵害未成年人身心健康的情形或未成年人正在面临不法侵害危险的。

**第五条** 根据本意见规定情形向公安机关报案或举报的，应按照主管行政机关要求报告备案。

**第六条** 具备先期核实条件的相关单位、机构、组织及人员，可以对未成年人疑似遭受不法侵害的情况进行初步核实，并在报案或举报时将相关材料一并提交公安机关。

**第七条** 医疗机构及其从业人员在收治遭受或疑似遭受人身、精神损害的未成年人时，应当保持高度警惕，按规定书写、记录和保存相关病历资料。

**第八条** 公安机关接到疑似侵害未成年人权益的报案或举报后，应当立即接受，问明案件初步情况，并制作笔录。根据案件的具体情况，涉嫌违反治安管理的，依法受案审查；涉嫌犯罪的，依法立案侦查。对不属于自己管辖的，及时移送有管辖权的公安机关。

**第九条** 公安机关侦查未成年人被侵害案件，应当依照法定程序，及时、全面收集固定证据。对于严重侵害未成年人的暴力犯罪案件、社会高度关注的重大、敏感案件，公安机关、人民检察院应当加强办案中的协商、沟通与配合。

公安机关、人民检察院依法向报案人员或者单位调取指控犯罪所需要的处理记录、监控资料、证人证言等证据时，相关单位及其工作人员应当积极予以协助配合，并按照有关规定全面提供。

**第十条** 公安机关应当在受案或者立案后三日内向报案单位反馈案件进展，并在移送审查起诉前告知报案单位。

**第十一条** 人民检察院应当切实加强对侵害未成年人案件的立案监督。认为公安机关应当立案而不立案的，应当要求公安机关说明不立案的理由。认为不立案理由不能成立的，应当通知公安机关立案，公安机关接到通知后应当立即立案。

**第十二条** 公安机关、人民检察院发现未成年人需要保护救助的，应当委托或者联合民政部门或共青团、妇联等群团组织，对未成年人及其家庭实施必要的经济救助、医疗救治、心理干预、调查评估等保护措施。未成年被害人生活特别困难的，司法机关应当及时启动司法救助。

公安机关、人民检察院发现未成年人父母或者其他监护人不依法履行监护职责，或者侵害未成年人合法权益的，应当予以训诫或者责令其接受家庭教育指导。经教育仍不改正，情节严重的，应当依法依规予以惩处。

公安机关、妇联、居民委员会、村民委员会、救助管理机构、未成年人救助保护机构发现未成年人遭受家庭暴力或面临家庭暴力的现实危险，可以依法向人民法院代为申请人身安全保护令。

**第十三条** 公安机关、人民检察院和司法行政机关及教育、民政、卫生健康等主管行政机关应当对报案人的信息予以保密。违法窃取、泄露报告事项、报告受理情况以及报告人信息的，依法依规予以严惩。

**第十四条** 相关单位、组织及其工作人员应当注意保护未成年人隐私，对于涉案未成年人身份、案情等信息资料予以严格保密，严禁通过互联网或者以其他方式进行传播。私自传播的，依法给予治安处罚或追究其刑事责任。

**第十五条** 依法保障相关单位及其工作人员履行强制报告责任，对根据规定报告侵害未成年人案件而引发的纠纷，报告人不予承担相应法律责任；对于干扰、阻碍报告的组织或个人，依法追究法律责任。

**第十六条** 负有报告义务的单位及其工作人员未履行报告职责，造成严重后果的，由其主管行政机关或者本单位依法对直接负责的主管人员或者其他直接责任人员给予相应处分；构成犯罪的，依法追究刑事责任。相关单位或者单位主管人员阻止工作人员报告的，予以从重处罚。

**第十七条** 对于行使公权力的公职人员长期不重视强制报告工作，不按规定落实强制报告制度要求的，根据其情节、后果等情况，监察委员会应当依法对相关单位和失职失责人员进行问责，对涉嫌职务违法犯罪的依法调查处理。

**第十八条** 人民检察院依法对本意见的执行情况进行法律监督。对于工作中发现相关单位对本意见执行、监管不力的，可以通过发出检察建议书等方式进行监督纠正。

**第十九条** 对于因及时报案使遭受侵害未成年人得到妥善保护、犯罪分子受到依法惩处的，公安机关、人民检察院、民政部门应及时向其主管部门反馈相关情况，单独或联合给予相关机构、人员奖励、表彰。

**第二十条** 强制报告责任单位的主管部门应当在本部门职能范围内指导、督促责任单位严格落实本意见，并通过年度报告、不定期巡查等方式，对本意见执行情况进行检查。注重加强指导和培训，切实提高相关单位和人员的未成年人保护意识和能力水平。

**第二十一条** 各级监察委员会、人民检察院、公安机关、司法行政机关、教育、民政、卫生健康部门和妇联、共青团组织应当加强沟通交流，定期通报工作情况，及时研究实践中出现的新情况、新问题。

各部门建立联席会议制度，明确强制报告工作联系人，畅通联系渠道，加强工作衔接和信息共享。人民检察院负责联席会议制度日常工作安排。

**第二十二条** 相关单位应加强对侵害未成年人案件强制报告的政策和法治宣传，强化全社会保护未成年人、与侵害未成年人违法犯罪行为作斗争的意识，争取理解与支持，营造良好社会氛围。

**第二十三条** 本意见自印发之日起试行。

# 最高人民法院　最高人民检察院　公安部　司法部<br>关于依法严惩利用未成年人<br>实施黑恶势力犯罪的意见

（2020 年 3 月 23 日　高检发〔2020〕4 号）

扫黑除恶专项斗争开展以来，各级人民法院、人民检察院、公安机关和司法行政机关坚决贯彻落实中央部署，严格依法办理涉黑涉恶案件，取得了显著成效。近期，不少地方在办理黑恶势力犯罪案件时，发现一些未成年人被胁迫、利诱参与、实施黑恶势力犯罪，严重损害了未成年人健康成长，严重危害社会和谐稳定。为保护未成年人合法权益，依法从严惩治胁迫、教唆、引诱、欺骗等利用未成年人实施黑恶势力犯罪的行为，根据有关法律规定，制定本意见。

## 一、突出打击重点，依法严惩利用未成年人实施黑恶势力犯罪的行为

（一）黑社会性质组织、恶势力犯罪集团、恶势力，实施下列行为之一的，应当认定为“利用未成年人实施黑恶势力犯罪”：

1. 胁迫、教唆未成年人参加黑社会性质组织、恶势力犯罪集团、恶势力，或者实施黑恶势力违法犯罪活动的；

2. 拉拢、引诱、欺骗未成年人参加黑社会性质组织、恶势力犯罪集团、恶势力，或者实施黑恶势力违法犯罪活动的；

3. 招募、吸收、介绍未成年人参加黑社会性质组织、恶势力犯罪集团、恶势力，或者实施黑恶势力违法犯罪活动的；

4. 雇用未成年人实施黑恶势力违法犯罪活动的；

5. 其他利用未成年人实施黑恶势力犯罪的情形。

黑社会性质组织、恶势力犯罪集团、恶势力，根据刑法和《最高人民法院、最高人民检察院、公安部、司法部关于办理黑恶势力犯罪案件若干问题的指导意见》《最高人民法院、最高人民检察院、公安部、司法部关于办理恶势力刑事案件若干问题的意见》等法律、司法解释性质文件的规定认定。

（二）利用未成年人实施黑恶势力犯罪，具有下列情形之一的，应当从重处罚：

1. 组织、指挥未成年人实施故意杀人、故意伤害致人重伤或者死亡、强奸、绑架、抢劫等严重暴力犯罪的；

2. 向未成年人传授实施黑恶势力犯罪的方法、技能、经验的；

3. 利用未达到刑事责任年龄的未成年人实施黑恶势力犯罪的；

4. 为逃避法律追究，让未成年人自首、做虚假供述顶罪的；

5. 利用留守儿童、在校学生实施犯罪的；

6. 利用多人或者多次利用未成年人实施犯罪的；

7. 针对未成年人实施违法犯罪的；

8. 对未成年人负有监护、教育、照料等特殊职责的人员利用未成年人实施黑恶势力违法犯罪活动的；

9. 其他利用未成年人违法犯罪应当从重处罚的情形。

（三）黑社会性质组织、恶势力犯罪集团利用未成年人实施犯罪的，对犯罪集团首要分子，按照集团所犯的全部罪行，从重处罚。对犯罪集团的骨干成员，按照其组织、指挥的犯罪，从重处罚。

恶势力利用未成年人实施犯罪的，对起组织、策划、指挥作用的纠集者，恶势力共同犯罪中罪责严重的主犯，从重处罚。

黑社会性质组织、恶势力犯罪集团、恶势力成员直接利用未成年人实施黑恶势力犯罪的，从重处罚。

（四）有胁迫、教唆、引诱等利用未成年人参加黑社会性质组织、恶势力犯罪集团、恶势力，或者实施黑恶势力犯罪的行为，虽然未成年人并没有加入黑社会性质组织、恶势力犯罪集团、恶势力，或者没有实际参与实施黑恶势力违法犯罪活动，对黑社会性质组织、恶势力犯罪集团、恶势力的首要分子、骨干成员、纠集者、主犯和直接利用的成员，即便有自首、立功、坦白等从轻减轻情节的，一般也不予从轻或者减轻处罚。

（五）被黑社会性质组织、恶势力犯罪集团、恶势力利用，偶尔参与黑恶势力犯罪活动的未成年人，按其所实施的具体犯罪行为定性，一般不认定为黑恶势力犯罪组织成员。

## 二、严格依法办案，形成打击合力

（一）人民法院、人民检察院、公安机关和司法行政机关要加强协作配合，对利用未成年人实施黑恶势力犯罪的，在侦查、起诉、审判、执行各阶段，要全面体现依法从严惩处精神，及时查明利用未成年人的犯罪事实，避免纠缠细枝末节。要加强对下指导，对利用未成年人实施黑恶势力犯罪的重特大案件，可以单独或者联合挂牌督办。对于重大疑难复杂和社会影响较大的案件，办案部门应当及时层报上级人民法院、人民检察院、公安机关和司法行政机关。

（二）公安机关要注意发现涉黑涉恶案件中利用未成年人犯罪的线索，落实以审判为中心的刑事诉讼制度改革要求，强化程序意识和证据意识，依法收集、固定和运用证据，并可以就案件性质、收集证据和适用法律等听取人民检察院意见建议。从严掌握取保候审、监视居住的适用，对利用未成年人实施黑恶势力犯罪的首要分子、骨干成员、纠集者、主犯和直接利用的成员，应当依法提请人民检察院批准逮捕。

（三）人民检察院要加强对利用未成年人实施黑恶势力犯罪案件的立案监督，发现应当立案而不立案的，应当要求公安机关说明理由，认为理由不能成立的，应当依法通知公安机关立案。对于利用未成年人实施黑恶势力犯罪的案件，人民检察院可以对案件性质、收集证据和适用法律等提出意见建议。对于符合逮捕条件的依法坚决批准逮捕，符合起诉条件的依法坚决起诉。不批准逮捕要求公安机关补充侦查、审查起诉阶段退回补充侦查的，应当分别制作详细的补充侦查提纲，写明需要补充侦查的事项、理由、侦查方向、需要补充收集的证据及其证明作用等，送交公安机关开展相关侦查补证活动。

（四）办理利用未成年人实施黑恶势力犯罪案件要将依法严惩与认罪认罚

从宽有机结合起来。对利用未成年人实施黑恶势力犯罪的，人民检察院要考虑其利用未成年人的情节，向人民法院提出从严处罚的量刑建议。对于虽然认罪，但利用未成年人实施黑恶势力犯罪，犯罪性质恶劣、犯罪手段残忍、严重损害未成年人身心健康，不足以从宽处罚的，在提出量刑建议时要依法从严从重。对被黑恶势力利用实施犯罪的未成年人，自愿如实认罪、真诚悔罪，愿意接受处罚的，应当依法提出从宽处理的量刑建议。

（五）人民法院要对利用未成年人实施黑恶势力犯罪案件及时审判，从严处罚。严格掌握缓刑、减刑、假释的适用，严格掌握暂予监外执行的适用条件。依法运用财产刑、资格刑，最大限度铲除黑恶势力“经济基础”。对于符合刑法第三十七条之一规定的，应当依法禁止其从事相关职业。

## 三、积极参与社会治理，实现标本兼治

（一）认真落实边打边治边建要求，积极参与社会治理。深挖黑恶势力犯罪分子利用未成年人实施犯罪的根源，剖析重点行业领域监管漏洞，及时预警预判，及时通报相关部门、提出加强监管和行政执法的建议，从源头遏制黑恶势力向未成年人群体侵蚀蔓延。对被黑恶势力利用尚未实施犯罪的未成年人，要配合有关部门及早发现、及时挽救。对实施黑恶势力犯罪但未达到刑事责任年龄的未成年人，要通过落实家庭监护、强化学校教育管理、送入专门学校矫治、开展社会化帮教等措施做好教育挽救和犯罪预防工作。

（二）加强各职能部门协调联动，有效预防未成年人被黑恶势力利用。建立与共青团、妇联、教育等部门的协作配合工作机制，开展针对未成年人监护人的家庭教育指导、针对教职工的法治教育培训，教育引导未成年人远离违法犯罪。推动建立未成年人涉黑涉恶预警机制，及时阻断未成年人与黑恶势力的联系，防止未成年人被黑恶势力诱导利用。推动网信部门开展专项治理，加强未成年人网络保护。加强与街道、社区等基层组织的联系，重视和发挥基层组织在预防未成年人涉黑涉恶犯罪中的重要作用，进一步推进社区矫正机构对未成年社区矫正对象采取有针对性的矫正措施。

（三）开展法治宣传教育，为严惩利用未成年人实施黑恶势力犯罪营造良好社会环境。充分发挥典型案例的宣示、警醒、引领、示范作用，通过以案释法，选择典型案件召开新闻发布会，向社会公布严惩利用未成年人实施黑恶势

力犯罪的经验和做法，揭露利用未成年人实施黑恶势力犯罪的严重危害性。加强重点青少年群体的法治教育，在黑恶势力犯罪案件多发的地区、街道、社区等，强化未成年人对黑恶势力违法犯罪行为的认识，提高未成年人防范意识和法治观念，远离黑恶势力及其违法犯罪。

# 最高人民法院　最高人民检察院　公安部　司法部<br>关于办理性侵害未成年人刑事案件的意见

（2023 年 5 月 24 日　高检发〔2023〕4 号）

为深入贯彻习近平法治思想，依法惩治性侵害未成年人犯罪，规范办理性侵害未成年人刑事案件，加强未成年人司法保护，根据《中华人民共和国刑法》《中华人民共和国刑事诉讼法》《中华人民共和国未成年人保护法》等相关法律规定，结合司法实际，制定本意见。

## 一、总则

**第一条**　本意见所称性侵害未成年人犯罪，包括《中华人民共和国刑法》第二百三十六条、第二百三十六条之一、第二百三十七条、第三百五十八条、第三百五十九条规定的针对未成年人实施的强奸罪，负有照护职责人员性侵罪，强制猥亵、侮辱罪，猥亵儿童罪，组织卖淫罪，强迫卖淫罪，协助组织卖淫罪，引诱、容留、介绍卖淫罪，引诱幼女卖淫罪等。

**第二条**　办理性侵害未成年人刑事案件，应当坚持以下原则：

（一）依法从严惩处性侵害未成年人犯罪；

（二）坚持最有利于未成年人原则，充分考虑未成年人身心发育尚未成熟、易受伤害等特点，切实保障未成年人的合法权益；

（三）坚持双向保护原则，对于未成年人实施性侵害未成年人犯罪的，在依法保护未成年被害人的合法权益时，也要依法保护未成年犯罪嫌疑人、未成年被告人的合法权益。

**第三条** 人民法院、人民检察院、公安机关应当确定专门机构或者指定熟悉未成年人身心特点的专门人员，负责办理性侵害未成年人刑事案件。未成年被害人系女性的，应当有女性工作人员参与。

法律援助机构应当指派熟悉未成年人身心特点的律师为未成年人提供法律援助。

**第四条** 人民法院、人民检察院在办理性侵害未成年人刑事案件中发现社会治理漏洞的，依法提出司法建议、检察建议。

人民检察院依法对涉及性侵害未成年人的诉讼活动等进行监督，发现违法情形的，应当及时提出监督意见。发现未成年人合法权益受到侵犯，涉及公共利益的，应当依法提起公益诉讼。

## 二、案件办理

**第五条** 公安机关接到未成年人被性侵害的报案、控告、举报，应当及时受理，迅速审查。符合刑事立案条件的，应当立即立案侦查，重大、疑难、复杂案件立案审查期限原则上不超过七日。具有下列情形之一，公安机关应当在受理后直接立案侦查：

（一）精神发育明显迟滞的未成年人或者不满十四周岁的未成年人怀孕、妊娠终止或者分娩的；

（二）未成年人的生殖器官或者隐私部位遭受明显非正常损伤的；

（三）未成年人被组织、强迫、引诱、容留、介绍卖淫的；

（四）其他有证据证明性侵害未成年人犯罪发生的。

**第六条** 公安机关发现可能有未成年人被性侵害或者接报相关线索的，无论案件是否属于本单位管辖，都应当及时采取制止侵害行为、保护被害人、保护现场等紧急措施。必要时，应当通报有关部门对被害人予以临时安置、救助。

**第七条** 公安机关受理案件后，经过审查，认为有犯罪事实需要追究刑事责任，但因犯罪地、犯罪嫌疑人无法确定，管辖权不明的，受理案件的公安机关应当先立案侦查，经过侦查明确管辖后，及时将案件及证据材料移送有管辖权的公安机关。

**第八条** 人民检察院、公安机关办理性侵害未成年人刑事案件，应当坚持分工负责、互相配合、互相制约，加强侦查监督与协作配合，健全完善信息双向共享机制，形成合力。在侦查过程中，公安机关可以商请人民检察院就案件定性、证据收集、法律适用、未成年人保护要求等提出意见建议。

**第九条** 人民检察院认为公安机关应当立案侦查而不立案侦查的，或者被害人及其法定代理人、对未成年人负有特殊职责的人员据此向人民检察院提出异议，经审查其诉求合理的，人民检察院应当要求公安机关说明不立案的理由。人民检察院认为不立案理由不成立的，应当通知公安机关立案，公安机关接到通知后应当立案。

**第十条** 对性侵害未成年人的成年犯罪嫌疑人、被告人，应当依法从严把握适用非羁押强制措施，依法追诉，从严惩处。

**第十一条** 公安机关办理性侵害未成年人刑事案件，在提请批准逮捕、移送起诉时，案卷材料中应当包含证明案件来源与案发过程的有关材料和犯罪嫌疑人归案（抓获）情况的说明等。

**第十二条** 人民法院、人民检察院办理性侵害未成年人案件，应当及时告知未成年被害人及其法定代理人或者近亲属有权委托诉讼代理人，并告知其有权依法申请法律援助。

**第十三条** 人民法院、人民检察院、公安机关办理性侵害未成年人刑事案件，除有碍案件办理的情形外，应当将案件进展情况、案件处理结果及时告知未成年被害人及其法定代理人，并对有关情况予以说明。

**第十四条** 人民法院确定性侵害未成年人刑事案件开庭日期后，应当将开庭的时间、地点通知未成年被害人及其法定代理人。

**第十五条** 人民法院开庭审理性侵害未成年人刑事案件，未成年被害人、证人一般不出庭作证。确有必要出庭的，应当根据案件情况采取不暴露外貌、真实声音等保护措施，或者采取视频等方式播放询问未成年人的录音录像，播放视频亦应当采取技术处理等保护措施。

被告人及其辩护人当庭发问的方式或者内容不当，可能对未成年被害人、证人造成身心伤害的，审判长应当及时制止。未成年被害人、证人在庭审中出现恐慌、紧张、激动、抗拒等影响庭审正常进行的情形的，审判长应当宣布休庭，并采取相应的情绪安抚疏导措施，评估未成年被害人、证人继续出庭作证的必要性。

**第十六条** 办理性侵害未成年人刑事案件，对于涉及未成年人的身份信息及可能推断出身份信息的资料和涉及性侵害的细节等内容，审判人员、检察人员、侦查人员、律师及参与诉讼、知晓案情的相关人员应当保密。

对外公开的诉讼文书，不得披露未成年人身份信息及可能推断出身份信息的其他资料，对性侵害的事实必须以适当方式叙述。

办案人员到未成年人及其亲属所在学校、单位、住所调查取证的，应当避免驾驶警车、穿着制服或者采取其他可能暴露未成年人身份、影响未成年人名誉、隐私的方式。

**第十七条** 知道或者应当知道对方是不满十四周岁的幼女，而实施奸淫等性侵害行为的，应当认定行为人“明知”对方是幼女。

对不满十二周岁的被害人实施奸淫等性侵害行为的，应当认定行为人“明知”对方是幼女。

对已满十二周岁不满十四周岁的被害人，从其身体发育状况、言谈举止、衣着特征、生活作息规律等观察可能是幼女，而实施奸淫等性侵害行为的，应当认定行为人“明知”对方是幼女。

**第十八条** 在校园、游泳馆、儿童游乐场、学生集体宿舍等公共场所对未成年人实施强奸、猥亵犯罪，只要有其他多人在场，不论在场人员是否实际看到，均可以依照刑法第二百三十六条第三款、第二百三十七条的规定，认定为在公共场所“当众”强奸、猥亵。

**第十九条** 外国人在中华人民共和国领域内实施强奸、猥亵未成年人等犯罪的，在依法判处刑罚时，可以附加适用驱逐出境。对于尚不构成犯罪但构成违反治安管理行为的，或者有性侵害未成年人犯罪记录不适宜在境内继续停留居留的，公安机关可以依法适用限期出境或者驱逐出境。

**第二十条** 对性侵害未成年人的成年犯罪分子严格把握减刑、假释、暂予监外执行的适用条件。纳入社区矫正的，应当严管严控。

## 三、证据收集与审查判断

**第二十一条** 公安机关办理性侵害未成年人刑事案件，应当依照法定程序，及时、全面收集固定证据。对与犯罪有关的场所、物品、人身等及时进行勘验、检查，提取与案件有关的痕迹、物证、生物样本；及时调取与案件有关的住宿、通行、银行交易记录等书证，现场监控录像等视听资料，手机短信、即时通讯记录、社交软件记录、手机支付记录、音视频、网盘资料等电子数据。视听资料、电子数据等证据因保管不善灭失的，应当向原始数据存储单位重新调取，或者提交专业机构进行技术性恢复、修复。

**第二十二条** 未成年被害人陈述、未成年证人证言中提到其他犯罪线索，属于公安机关管辖的，公安机关应当及时调查核实；属于其他机关管辖的，应当移送有管辖权的机关。

具有密切接触未成年人便利条件的人员涉嫌性侵害未成年人犯罪的，公安机关应当注意摸排犯罪嫌疑人可能接触到的其他未成年人，以便全面查清犯罪事实。

对于发生在犯罪嫌疑人住所周边或者相同、类似场所且犯罪手法雷同的性侵害案件，符合并案条件的，应当及时并案侦查，防止遗漏犯罪事实。

**第二十三条** 询问未成年被害人，应当选择“一站式”取证场所、未成年人住所或者其他让未成年人心理上感到安全的场所进行，并通知法定代理人到场。法定代理人不能到场或者不宜到场的，应当通知其他合适成年人到场，并将相关情况记录在案。

询问未成年被害人，应当采取和缓的方式，以未成年人能够理解和接受的语言进行。坚持一次询问原则，尽可能避免多次反复询问，造成次生伤害。确有必要再次询问的，应当针对确有疑问需要核实的内容进行。

询问女性未成年被害人应当由女性工作人员进行。

**第二十四条** 询问未成年被害人应当进行同步录音录像。录音录像应当全程不间断进行，不得选择性录制，不得剪接、删改。录音录像声音、图像应当清晰稳定，被询问人面部应当清楚可辨，能够真实反映未成年被害人回答询问的状态。录音录像应当随案移送。

**第二十五条** 询问未成年被害人应当问明与性侵害犯罪有关的事实及情节，包括被害人的年龄等身份信息、与犯罪嫌疑人、被告人交往情况、侵害方式、时间、地点、次数、后果等。

询问尽量让被害人自由陈述，不得诱导，并将提问和未成年被害人的回答记录清楚。记录应当保持未成年人的语言特点，不得随意加工或者归纳。

**第二十六条** 未成年被害人陈述和犯罪嫌疑人、被告人供述中具有特殊性、非亲历不可知的细节，包括身体特征、行为特征和环境特征等，办案机关应当及时通过人身检查、现场勘查等调查取证方法固定证据。

**第二十七条** 能够证实未成年被害人和犯罪嫌疑人、被告人相识交往、矛盾纠纷及其异常表现、特殊癖好等情况，对完善证据链条、查清全部案情具有证明作用的证据，应当全面收集。

**第二十八条** 能够证实未成年人被性侵害后心理状况或者行为表现的证据，应当全面收集。未成年被害人出现心理创伤、精神抑郁或者自杀、自残等伤害后果的，应当及时检查、鉴定。

**第二十九条** 认定性侵害未成年人犯罪，应当坚持事实清楚，证据确实、充分，排除合理怀疑的证明标准。对案件事实的认定要立足证据，结合经验常识，考虑性侵害案件的特殊性和未成年人的身心特点，准确理解和把握证明标准。

**第三十条** 对未成年被害人陈述，应当着重审查陈述形成的时间、背景，被害人年龄、认知、记忆和表达能力，生理和精神状态是否影响陈述的自愿性、完整性，陈述与其他证据之间能否相互印证，有无矛盾。

低龄未成年人对被侵害细节前后陈述存在不一致的，应当考虑其身心特点，综合判断其陈述的主要事实是否客观、真实。

未成年被害人陈述了与犯罪嫌疑人、被告人或者性侵害事实相关的非亲历不可知的细节，并且可以排除指证、诱证、诬告、陷害可能的，一般应当采信。

未成年被害人询问笔录记载的内容与询问同步录音录像记载的内容不一致的，应当结合同步录音录像记载准确客观认定。

对未成年证人证言的审查判断，依照本条前四款规定进行。

**第三十一条** 对十四周岁以上未成年被害人真实意志的判断，不以其明确表示反对或者同意为唯一证据，应当结合未成年被害人的年龄、身体状况、被侵害前后表现以及双方关系、案发环境、案发过程等进行综合判断。

## 四、未成年被害人保护与救助

**第三十二条** 人民法院、人民检察院、公安机关办理性侵害未成年人刑事案件，应当根据未成年被害人的实际需要及当地情况，协调有关部门为未成年被害人提供心理疏导、临时照料、医疗救治、转学安置、经济帮扶等救助保护措施。

**第三十三条** 犯罪嫌疑人到案后，办案人员应当第一时间了解其有无艾滋病，发现犯罪嫌疑人患有艾滋病的，在征得未成年被害人监护人同意后，应当及时配合或者会同有关部门对未成年被害人采取阻断治疗等保护措施。

**第三十四条** 人民法院、人民检察院、公安机关办理性侵害未成年人刑事案件，发现未成年人的父母或者其他监护人不依法履行监护职责或者侵犯未成年人合法权益的，应当予以训诫，并书面督促其依法履行监护职责。必要时，可以责令未成年人父母或者其他监护人接受家庭教育指导。

**第三十五条** 未成年人受到监护人性侵害，其他具有监护资格的人员、民政部门等有关单位和组织向人民法院提出申请，要求撤销监护人资格，另行指定监护人的，人民法院依法予以支持。

有关个人和组织未及时向人民法院申请撤销监护人资格的，人民检察院可以依法督促、支持其提起诉讼。

**第三十六条** 对未成年人因被性侵害而造成人身损害，不能及时获得有效赔偿，生活困难的，人民法院、人民检察院、公安机关可会同有关部门，优先考虑予以救助。

## 五、其他

**第三十七条** 人民法院、人民检察院、公安机关、司法行政机关应当积极推动侵害未成年人案件强制报告制度落实。未履行报告义务造成严重后果的，应当依照《中华人民共和国未成年人保护法》等法律法规追究责任。

**第三十八条** 人民法院、人民检察院、公安机关、司法行政机关应当推动密切接触未成年人相关行业依法建立完善准入查询性侵害违法犯罪信息制度，建立性侵害违法犯罪人员信息库，协助密切接触未成年人单位开展信息查询工作。

**第三十九条** 办案机关应当建立完善性侵害未成年人案件“一站式”办案救助机制，通过设立专门场所、配置专用设备、完善工作流程和引入专业社会力量等方式，尽可能一次性完成询问、人身检查、生物样本采集、侦查辨认等取证工作，同步开展救助保护工作。

## 六、附则

**第四十条** 本意见自 2023 年 6 月 1 日起施行。本意见施行后，《最高人民

法院 最高人民检察院 公安部 司法部关于依法惩治性侵害未成年人犯罪的意见》（法发〔2013〕12号）同时废止。

# 最高人民法院 最高人民检察院
# 关于办理强奸、猥亵未成年人刑事案件适用法律若干问题的解释

法释〔2023〕3号

（2023年1月3日由最高人民法院审判委员会第1878次会议、2023年3月2日由最高人民检察院第十三届检察委员会第一百一十四次会议通过，2023年5月24日公布）

为依法惩处强奸、猥亵未成年人犯罪，保护未成年人合法权益，根据《中华人民共和国刑法》等法律规定，现就办理此类刑事案件适用法律的若干问题解释如下：

**第一条** 奸淫幼女的，依照刑法第二百三十六条第二款的规定从重处罚。具有下列情形之一的，应当适用较重的从重处罚幅度：

（一）负有特殊职责的人员实施奸淫的；

（二）采用暴力、胁迫等手段实施奸淫的；

（三）侵入住宅或者学生集体宿舍实施奸淫的；

（四）对农村留守女童、严重残疾或者精神发育迟滞的被害人实施奸淫的；

（五）利用其他未成年人诱骗、介绍、胁迫被害人的；

（六）曾因强奸、猥亵犯罪被判处刑罚的。

强奸已满十四周岁的未成年女性，具有前款第一项、第三项至第六项规定的情形之一，或者致使被害人轻伤、患梅毒、淋病等严重性病的，依照刑法第二百三十六条第一款的规定定罪，从重处罚。

**第二条** 强奸已满十四周岁的未成年女性或者奸淫幼女，具有下列情形之一的，应当认定为刑法第二百三十六条第三款第一项规定的“强奸妇女、奸淫

幼女情节恶劣”：

（一）负有特殊职责的人员多次实施强奸、奸淫的；

（二）有严重摧残、凌辱行为的；

（三）非法拘禁或者利用毒品诱骗、控制被害人的；

（四）多次利用其他未成年人诱骗、介绍、胁迫被害人的；

（五）长期实施强奸、奸淫的；

（六）奸淫精神发育迟滞的被害人致使怀孕的；

（七）对强奸、奸淫过程或者被害人身体隐私部位制作视频、照片等影像资料，以此胁迫对被害人实施强奸、奸淫，或者致使影像资料向多人传播，暴露被害人身份的；

（八）其他情节恶劣的情形。

**第三条** 奸淫幼女，具有下列情形之一的，应当认定为刑法第二百三十六条第三款第五项规定的“造成幼女伤害”：

（一）致使幼女轻伤的；

（二）致使幼女患梅毒、淋病等严重性病的；

（三）对幼女身心健康造成其他伤害的情形。

**第四条** 强奸已满十四周岁的未成年女性或者奸淫幼女，致使其感染艾滋病病毒的，应当认定为刑法第二百三十六条第三款第六项规定的“致使被害人重伤”。

**第五条** 对已满十四周岁不满十六周岁的未成年女性负有特殊职责的人员，与该未成年女性发生性关系，具有下列情形之一的，应当认定为刑法第二百三十六条之一规定的“情节恶劣”：

（一）长期发生性关系的；

（二）与多名被害人发生性关系的；

（三）致使被害人感染艾滋病病毒或者患梅毒、淋病等严重性病的；

（四）对发生性关系的过程或者被害人身体隐私部位制作视频、照片等影像资料，致使影像资料向多人传播，暴露被害人身份的；

（五）其他情节恶劣的情形。

**第六条** 对已满十四周岁的未成年女性负有特殊职责的人员，利用优势地位或者被害人孤立无援的境地，迫使被害人与其发生性关系的，依照刑法第二百三十六条的规定，以强奸罪定罪处罚。

**第七条** 猥亵儿童，具有下列情形之一的，应当认定为刑法第二百三十七条第三款第三项规定的“造成儿童伤害或者其他严重后果”：

（一）致使儿童轻伤以上的；

（二）致使儿童自残、自杀的；

（三）对儿童身心健康造成其他伤害或者严重后果的情形。

**第八条** 猥亵儿童，具有下列情形之一的，应当认定为刑法第二百三十七条第三款第四项规定的“猥亵手段恶劣或者有其他恶劣情节”：

（一）以生殖器侵入肛门、口腔或者以生殖器以外的身体部位、物品侵入被害人生殖器、肛门等方式实施猥亵的；

（二）有严重摧残、凌辱行为的；

（三）对猥亵过程或者被害人身体隐私部位制作视频、照片等影像资料，以此胁迫对被害人实施猥亵，或者致使影像资料向多人传播，暴露被害人身份的；

（四）采取其他恶劣手段实施猥亵或者有其他恶劣情节的情形。

**第九条** 胁迫、诱骗未成年人通过网络视频聊天或者发送视频、照片等方式，暴露身体隐私部位或者实施淫秽行为，符合刑法第二百三十七条规定的，以强制猥亵罪或者猥亵儿童罪定罪处罚。

胁迫、诱骗未成年人通过网络直播方式实施前款行为，同时符合刑法第二百三十七条、第三百六十五条的规定，构成强制猥亵罪、猥亵儿童罪、组织淫秽表演罪的，依照处罚较重的规定定罪处罚。

**第十条** 实施猥亵未成年人犯罪，造成被害人轻伤以上后果，同时符合刑法第二百三十四条或者第二百三十二条的规定，构成故意伤害罪、故意杀人罪的，依照处罚较重的规定定罪处罚。

**第十一条** 强奸、猥亵未成年人的成年被告人认罪认罚的，是否从宽处罚及从宽幅度应当从严把握。

**第十二条** 对强奸未成年人的成年被告人判处刑罚时，一般不适用缓刑。

对于判处刑罚同时宣告缓刑的，可以根据犯罪情况，同时宣告禁止令，禁止犯罪分子在缓刑考验期限内从事与未成年人有关的工作、活动，禁止其进入中小学校、幼儿园及其他未成年人集中的场所。确因本人就学、居住等原因，经执行机关批准的除外。

**第十三条** 对于利用职业便利实施强奸、猥亵未成年人等犯罪的，人民法院应当依法适用从业禁止。

**第十四条** 对未成年人实施强奸、猥亵等犯罪造成人身损害的，应当赔偿医疗费、护理费、交通费、营养费、住院伙食补助费等为治疗和康复支付的合理费用，以及因误工减少的收入。

根据鉴定意见、医疗诊断书等证明需要对未成年人进行精神心理治疗和康复，所需的相关费用，应当认定为前款规定的合理费用。

**第十五条** 本解释规定的“负有特殊职责的人员”，是指对未成年人负有监护、收养、看护、教育、医疗等职责的人员，包括与未成年人具有共同生活关系且事实上负有照顾、保护等职责的人员。

**第十六条** 本解释自2023年6月1日起施行。

# 最高人民法院　最高人民检察院　公安部　司法部<br>关于未成年人犯罪记录封存的实施办法

（2022年5月24日　高检发办字〔2022〕71号）

**第一条** 为了贯彻对违法犯罪未成年人教育、感化、挽救的方针，加强对未成年人的特殊、优先保护，坚持最有利于未成年人原则，根据刑法、刑事诉讼法、未成年人保护法、预防未成年人犯罪法等有关法律规定，结合司法工作实际，制定本办法。

**第二条** 本办法所称未成年人犯罪记录，是指国家专门机关对未成年犯罪人员情况的客观记载。应当封存的未成年人犯罪记录，包括侦查、起诉、审判及刑事执行过程中形成的有关未成年人犯罪或者涉嫌犯罪的全部案卷材料与电子档案信息。

**第三条** 不予刑事处罚、不追究刑事责任、不起诉、采取刑事强制措施的记录，以及对涉罪未成年人进行社会调查、帮教考察、心理疏导、司法救助等工作的记录，按照本办法规定的内容和程序进行封存。

**第四条** 犯罪的时候不满十八周岁，被判处五年有期徒刑以下刑罚以及免予刑事处罚的未成年人犯罪记录，应当依法予以封存。

对在年满十八周岁前后实施数个行为，构成一罪或者一并处理的数罪，主要犯罪行为是在年满十八岁周岁前实施的，被判处或者决定执行五年有期徒刑以下刑罚以及免予刑事处罚的未成年人犯罪记录，应当对全案依法予以封存。

**第五条** 对于分案办理的未成年人与成年人共同犯罪案件，在封存未成年人案卷材料和信息的同时，应当在未封存的成年人卷宗封面标注“含犯罪记录封存信息”等明显标识，并对相关信息采取必要保密措施。对于未分案办理的未成年人与成年人共同犯罪案件，应当在全案卷宗封面标注“含犯罪记录封存信息”等明显标识，并对相关信息采取必要保密措施。

**第六条** 其他刑事、民事、行政及公益诉讼案件，因办案需要使用了被封存的未成年人犯罪记录信息的，应当在相关卷宗封面标明“含犯罪记录封存信息”，并对相关信息采取必要保密措施。

**第七条** 未成年人因事实不清、证据不足被宣告无罪的案件，应当对涉罪记录予以封存；但未成年被告人及其法定代理人申请不予封存或者解除封存的，经人民法院同意，可以不予封存或者解除封存。

**第八条** 犯罪记录封存决定机关在作出案件处理决定时，应当同时向案件被告人或犯罪嫌疑人及其法定代理人或近亲属释明未成年人犯罪记录封存制度，并告知其相关权利义务。

**第九条** 未成年人犯罪记录封存应当贯彻及时、有效的原则。对于犯罪记录被封存的未成年人，在入伍、就业时免除犯罪记录的报告义务。

被封存犯罪记录的未成年人因涉嫌再次犯罪接受司法机关调查时，应当主动、如实地供述其犯罪记录情况，不得回避、隐瞒。

**第十条** 对于需要封存的未成年人犯罪记录，应当遵循《中华人民共和国个人信息保护法》不予公开，并建立专门的未成年人犯罪档案库，执行严格的保管制度。

对于电子信息系统中需要封存的未成年人犯罪记录数据，应当加设封存标记，未经法定查询程序，不得进行信息查询、共享及复用。

封存的未成年人犯罪记录数据不得向外部平台提供或对接。

**第十一条** 人民法院依法对犯罪时不满十八周岁的被告人判处五年有期徒刑以下刑罚以及免予刑事处罚的，判决生效后，应当将刑事裁判文书、《犯罪记录封存通知书》及时送达被告人，并同时送达同级人民检察院、公安机关，同级人民检察院、公安机关在收到上述文书后应当在三日内统筹相关各级检察机关、公安机关将涉案未成年人的犯罪记录整体封存。

**第十二条** 人民检察院依法对犯罪时不满十八周岁的犯罪嫌疑人决定不起诉后，应当将《不起诉决定书》、《犯罪记录封存通知书》及时送达被不起诉人，并同时送达同级公安机关，同级公安机关收到上述文书后应当在三日内将涉案未成年人的犯罪记录封存。

**第十三条** 对于被判处管制、宣告缓刑、假释或者暂予监外执行的未成年罪犯，依法实行社区矫正，执行地社区矫正机构应当在刑事执行完毕后三日内将涉案未成年人的犯罪记录封存。

**第十四条** 公安机关、人民检察院、人民法院和司法行政机关分别负责受理、审核和处理各自职权范围内有关犯罪记录的封存、查询工作。

**第十五条** 被封存犯罪记录的未成年人本人或者其法定代理人申请为其出具无犯罪记录证明的，受理单位应当在三个工作日内出具无犯罪记录的证明。

**第十六条** 司法机关为办案需要或者有关单位根据国家规定查询犯罪记录的，应当向封存犯罪记录的司法机关提出书面申请，列明查询理由、依据和使用范围等，查询人员应当出示单位公函和身份证明等材料。

经审核符合查询条件的，受理单位应当在三个工作日内开具有／无犯罪记录证明。许可查询的，查询后，档案管理部门应当登记相关查询情况，并按照档案管理规定将有关申请、审批材料、保密承诺书等一同存入卷宗归档保存。依法不许可查询的，应当在三个工作日内向查询单位出具不许可查询决定书，并说明理由。

对司法机关为办理案件、开展重新犯罪预防工作需要申请查询的，封存机关可以依法允许其查阅、摘抄、复制相关案卷材料和电子信息。对司法机关以外的单位根据国家规定申请查询的，可以根据查询的用途、目的与实际需要告知被查询对象是否受过刑事处罚、被判处的罪名、刑期等信息，必要时，可以提供相关法律文书复印件。

**第十七条** 对于许可查询被封存的未成年人犯罪记录的，应当告知查询犯罪记录的单位及相关人员严格按照查询目的和使用范围使用有关信息，严格遵守保密义务，并要求其签署保密承诺书。不按规定使用所查询的犯罪记录或者违反规定泄露相关信息，情节严重或者造成严重后果的，应当依法追究相关人员的责任。

因工作原因获知未成年人封存信息的司法机关、教育行政部门、未成年人所在学校、社区等单位组织及其工作人员、诉讼参与人、社会调查员、合适成年人等，应当做好保密工作，不得泄露被封存的犯罪记录，不得向外界披露该未成年人的姓名、住所、照片，以及可能推断出该未成年人身份的其他资料。违反法律规定披露被封存信息的单位或个人，应当依法追究其法律责任。

**第十八条** 对被封存犯罪记录的未成年人，符合下列条件之一的，封存机关应当对其犯罪记录解除封存：

（一）在未成年时实施新的犯罪，且新罪与封存记录之罪数罪并罚后被决定执行刑罚超过五年有期徒刑的；

（二）发现未成年时实施的漏罪，且漏罪与封存记录之罪数罪并罚后被决定执行刑罚超过五年有期徒刑的；

（三）经审判监督程序改判五年有期徒刑以上刑罚的；

被封存犯罪记录的未成年人，成年后又故意犯罪的，人民法院应当在裁判文书中载明其之前的犯罪记录。

**第十九条** 符合解除封存条件的案件，自解除封存条件成立之日起，不再受未成年人犯罪记录封存相关规定的限制。

**第二十条** 承担犯罪记录封存以及保护未成年人隐私、信息工作的公职人员，不当泄漏未成年人犯罪记录或者隐私、信息的，应当予以处分；造成严重后果，给国家、个人造成重大损失或者恶劣影响的，依法追究刑事责任。

**第二十一条** 涉案未成年人应当封存的信息被不当公开，造成未成年人在就学、就业、生活保障等方面未受到同等待遇的，未成年人及其法定代理人可以向相关机关、单位提出封存申请，或者向人民检察院申请监督。

**第二十二条** 人民检察院对犯罪记录封存工作进行法律监督。对犯罪记录应当封存而未封存，或者封存不当，或者未成年人及其法定代理人提出异议的，人民检察院应当进行审查，对确实存在错误的，应当及时通知有关单位予以纠正。

有关单位应当自收到人民检察院的纠正意见后及时审查处理。经审查无误的，应当向人民检察院说明理由；经审查确实有误的，应当及时纠正，并将纠正措施与结果告知人民检察院。

**第二十三条** 对于2012年12月31日以前办结的案件符合犯罪记录封存条件的，应当按照本办法的规定予以封存。

**第二十四条** 本办法所称“五年有期徒刑以下”含本数。

**第二十五条** 本办法由最高人民法院、最高人民检察院、公安部、司法部共同负责解释。

**第二十六条** 本办法自 2022 年 5 月 30 日起施行。

附件：1. 无犯罪记录证明

2. 保密承诺书

**附件 1**

## 无犯罪记录证明

× 公 / 检 / 法 / 司（ × ）证字【　】× × 号

经查，被查询人:__________，国籍_____，证件名称:______________，证件号码:________________________，（在 × × × × 年 × × 月 × × 日至 × × × × 年 × × 月 × × 日期间），未发现有犯罪记录。

业务编号

及二维码

单位（盖章）

× × × × 年 × × 月 × × 日

注：1. 此证明书只反映出具证明时信息查询平台内的犯罪记录信息情况。

2. 如未注明查询时间范围，即查询全时段信息。

3. 此证明书自开具之日起 3 个月内有效。

**附件 2**

## 保密承诺书

_______________：

为了________________________（目的），根据________________，我（我们）受________________委派，查询贵单位________________卷宗。为保证该案未成年人犯罪记录不被泄露，特作出以下承诺：

1. 查询获得的未成年人犯罪信息仅用于以上事由，不超越范围使用。

2. 严格控制知情人范围，除必需接触的人员外，不向任何个人和单位披露。

3. 对获取的信息，采取严格的保密措施，谨防信息泄露。

违背以上承诺，造成后果的，愿意承担相应责任。

承诺人：　　　　　　　　　　单位：

年　　月　　日

# 中央综治委预防青少年违法犯罪工作领导小组 最高人民法院　最高人民检察院　公安部 司法部　共青团中央 关于进一步建立和完善办理未成年人刑事案件配套工作体系的若干意见

（2010年8月28日　综治委预青领联字〔2010〕1号）

为进一步贯彻落实对违法犯罪未成年人“教育、感化、挽救”的方针及“教育为主，惩罚为辅”的原则，贯彻落实《中华人民共和国未成年人保护法》、《中华人民共和国预防未成年人犯罪法》和“宽严相济”的刑事政策，完善我国未成年人司法制度，现就进一步建立和完善办理未成年人刑事案件相互配套工作体系的若干问题，提出如下意见。

## 一、进一步建立、巩固和完善办理未成年人刑事案件专门机构

建立健全办理未成年人刑事案件的专门机构，是做好未成年人司法保护，预防、矫治、减少未成年人违法犯罪工作的重要保障。各级公安机关、人民检察院、人民法院、司法行政机关应当充分重视，加强办理未成年人刑事案件专门机构和专门队伍建设。

1. 公安部、省级和地市级公安机关应当指定相应机构负责指导办理未成年

人刑事案件。区县级公安机关一般应当在派出所和刑侦部门设立办理未成年人刑事案件的专门小组，未成年人刑事案件数量较少的，可以指定专人办理。

2. 最高人民检察院和省级人民检察院应当设立指导办理未成年人刑事案件的专门机构。地市级人民检察院和区县级人民检察院一般应当设立办理未成年人刑事案件的专门机构或专门小组，条件不具备的，应当指定专人办理。

3. 最高人民法院和高级人民法院应当设立少年法庭工作办公室。中级人民法院和基层人民法院一般应当建立审理未成年人刑事案件的专门机构，条件不具备的，应当指定专人办理。

4. 司法部和省级司法行政机关应当加强对办理未成年人刑事案件配套工作的指导，成立相关工作指导小组。地市级和区县级司法行政机关所属法律援助机构应当成立未成年人法律援助事务部门，负责组织办理未成年人的法律援助事务，条件不具备的，应当指定专人办理。司法行政机关社区矫正工作部门一般应当设立专门小组或指定专人负责未成年人的社区矫正工作。

5. 各级公安机关、人民检察院、人民法院、司法行政机关应当选任政治、业务素质好，熟悉未成年人特点，具有犯罪学、社会学、心理学、教育学等方面知识的人员办理未成年人刑事案件，并注意通过加强培训、指导，提高相关人员的专业水平。对办理未成年人刑事案件的专门人员应当根据具体工作内容采用不同于办理成年人刑事案件的工作绩效指标进行考核。

6. 有条件的地区，办理未成年人刑事案件的专门机构可以根据实际情况办理被害人系未成年人的刑事案件。

## 二、进一步加强对涉案未成年人合法权益的保护

在办理未成年人刑事案件中，加强对涉案未成年人的保护，是维护人权、实现司法公正的客观要求，是保障刑事诉讼活动顺利进行的需要。各级公安机关、人民检察院、人民法院、司法行政机关应当在办理未成年人刑事案件的各个阶段积极采取有效措施，尊重和维护涉案未成年人的合法权益。

（一）对未成年犯罪嫌疑人、被告人、罪犯合法权益的保护

1. 办理未成年人刑事案件，在不违反法律规定的前提下，应当按照最有利于未成年人和适合未成年人身心特点的方式进行，充分保障未成年人合法权益。

2. 办理未成年人刑事案件过程中，应当注意保护未成年人的名誉，尊重未成年人的人格尊严，新闻报道、影视节目、公开出版物、网络等不得公开或传播未成年人的姓名、住所、照片、图像以及可能推断出该未成年人的其他资料。

对违反此规定的单位，广播电视管理及新闻出版等部门应当提出处理意见，作出相应处理。

3. 办理未成年人刑事案件，应当在依照法定程序办案和保证办理案件质量的前提下，尽量迅速办理，减少刑事诉讼对未成年人的不利影响。

4. 未成年人与成年人共同犯罪的案件，一般应当分案起诉和审判；情况特殊不宜分案办理的案件，对未成年人应当采取适当的保护措施。

5. 在未成年犯罪嫌疑人、被告人被讯问或者开庭审理时，应当通知其法定代理人到场。看守所经审核身份无误后，应当允许法定代理人与办案人员共同进入讯问场所。

对未成年人采取拘留、逮捕等强制措施后，除有碍侦查或者无法通知的情形以外，应当在24小时以内通知其法定代理人或家属。

法定代理人无法或不宜到场的，可以经未成年犯罪嫌疑人、被告人同意或按其意愿通知其他关系密切的亲属朋友、社会工作者、教师、律师等合适成年人到场。讯问未成年犯罪嫌疑人、被告人，应当根据该未成年人的特点和案件情况，制定详细的讯问提纲，采取适宜该未成年人的方式进行，讯问用语应当准确易懂。讯问时，应当告知其依法享有的诉讼权利，告知其如实供述案件事实的法律规定和意义，核实其是否有自首、立功、检举揭发等表现，听取其有罪的供述或者无罪、罪轻的辩解。讯问女性未成年犯罪嫌疑人、被告人，应当由女性办案人员进行或者有女性办案人员参加。讯问未成年犯罪嫌疑人、被告人一般不得使用戒具，对于确有人身危险性，必须使用戒具的，在现实危险消除后，应当立即停止使用。

6. 办理未成年人刑事案件，应当结合对未成年犯罪嫌疑人背景情况的社会调查，注意听取未成年人本人、法定代理人、辩护人、被害人等有关人员的意见。应当注意未成年犯罪嫌疑人、被告人是否有被胁迫情节，是否存在成年人教唆犯罪、传授犯罪方法或者利用未成年人实施犯罪的情况。

7. 公安机关办理未成年人刑事案件，对未成年人应优先考虑适用非羁押性强制措施，加强有效监管；羁押性强制措施应依法慎用，比照成年人严格适用条件。办理未成年人刑事案件不以拘留率、逮捕率或起诉率作为工作考核指标。

对被羁押的未成年人应当与成年人分别关押、管理，有条件的看守所可以设立专门的未成年人监区。有条件的看守所可以对被羁押的未成年人区分被指控犯罪的轻重、类型分别关押、管理。

未成年犯罪嫌疑人、被告人入所后服从管理、依法变更强制措施不致发生社会危险性，能够保证诉讼正常进行的，公安机关、人民检察院、人民法院应当及时变更强制措施；看守所应提请有关办案部门办理其他非羁押性强制措施。

在第一次对未成年犯罪嫌疑人讯问时或自采取强制措施之日起，公安机关应当告知未成年人及其法定代理人有关诉讼权利和义务，在告知其有权委托辩护人的同时，应当告知其如果经济困难，可以向法律援助机构申请法律援助，并提供程序上的保障。

8. 人民检察院办理未成年人刑事案件，应当讯问未成年犯罪嫌疑人，坚持依法少捕慎诉。对于必须起诉的未成年人刑事案件，查明未成年被告人具有法定从轻、减轻情节及悔罪表现的，应当提出从轻或者减轻处罚的建议；符合法律规定的缓刑条件的，应当明确提出适用缓刑的量刑建议。办理未成年人刑事案件不以批捕率、起诉率等情况作为工作考核指标。

在审查批捕和审查起诉阶段，人民检察院应当告知未成年犯罪嫌疑人及其法定代理人有关诉讼权利和义务，在告知其有权委托辩护人的同时，应当告知其如果经济困难，可以向法律援助机构申请法律援助，并提供程序上的保障。

人民检察院应当加强对未成年人刑事案件侦查、审判、监管和刑罚执行活动的法律监督，建立长效监督机制，切实防止和纠正违法办案、侵害未成年人合法权益的行为。

9. 未成年犯罪嫌疑人及其法定代理人提出委托辩护人意向，但因经济困难或者其他原因没有委托的，公安机关、人民检察院应当依法为其申请法律援助提供帮助。

开庭时未满十八周岁的未成年被告人没有委托辩护人的，人民法院应当指定承担法律援助义务的律师为其提供辩护。

10. 对开庭审理时未满十六周岁的未成年人刑事案件，一律不公开审理。对开庭审理时已满十六周岁未满十八周岁的未成年人刑事案件，一般也不公开审理；如有必要公开审理的，必须经本级人民法院院长批准，并应适当限制旁听人数和范围。

11. 看守所、未成年犯管教所和司法行政机关社区矫正工作部门应当了解服刑未成年人的身心特点，加强心理辅导，开展有益未成年人身心健康的活动，进行个别化教育矫治，比照成年人适当放宽报请减刑、假释等条件。

12. 对于未成年犯罪嫌疑人、被告人及其法定代理人的法律援助申请，法律援助机构应当优先审查；经审查符合条件的，应当提供法律援助。人民法院为未成年被告人指定辩护的，法律援助机构应当提供法律援助。

（二）未成年被害人、证人合法权益的保护

1. 办理未成年人刑事案件，应当注意保护未成年被害人的合法权益，注意对未成年被害人进行心理疏导和自我保护教育。

2. 办理未成年人刑事案件，应当注意保护未成年被害人的名誉，尊重未成年被害人的人格尊严，新闻报道、影视节目、公开出版物、网络等不得公开或传播该未成年被害人的姓名、住所、照片、图像以及可能推断出该未成年人的资料。

对违反此规定的单位，广播电视管理及新闻出版等部门应当提出处理意见，作出相应处理。

3. 对未成年被害人、证人，特别是性犯罪被害人进行询问时，应当依法选择有利于未成年人的场所，采取和缓的询问方式进行，并通知法定代理人到场。

对性犯罪被害人进行询问，一般应当由女性办案人员进行或者有女性办案人员在场。

法定代理人无法或不宜到场的，可以经未成年被害人、证人同意或按其意愿通知有关成年人到场。应当注意避免因询问方式不当而可能对其身心产生的不利影响。

4. 办理未成年人刑事案件，应当告知未成年被害人及其法定代理人诉讼权利义务、参与诉讼方式。除有碍案件办理的情形外，应当告知未成年被害人及其法定代理人案件进展情况、案件处理结果，并对有关情况予以说明。

对于可能不立案或撤销案件、不起诉、判处非监禁刑的未成年人刑事案件，应当听取被害人及其法定代理人的意见。

5. 对未成年被害人及其法定代理人提出委托诉讼代理人意向，但因经济困难或者其他原因没有委托的，公安机关、人民检察院、人民法院应当帮助其申请法律援助，法律援助机构应当依法为其提供法律援助。

6. 未成年被害人、证人经人民法院准许的，一般可以不出庭作证；或在采取相应保护措施后出庭作证。

7. 公安机关、人民检察院、人民法院、司法行政机关应当推动未成年犯罪嫌疑人、被告人、罪犯与被害人之间的和解，可以将未成年犯罪嫌疑人、被告人、罪犯赔偿被害人的经济损失、取得被害人谅解等情况作为酌情从轻处理或减刑、假释的依据。

## 三、进一步加强公安机关、人民检察院、人民法院、司法行政机关的协调与配合

公安机关、人民检察院、人民法院、司法行政机关在办理未成年人刑事案件中建立的相互协调与配合的工作机制，是我国未成年人司法制度的重要内容，也是更好地维护未成年人合法权益、预防和减少未成年人违法犯罪的客观需要。为此，各级公安机关、人民检察院、人民法院、司法行政机关应当注意工作各环节的衔接和配合，进一步建立、健全配套工作制度。

（一）对未成年犯罪嫌疑人、被告人的社会调查

公安机关、人民检察院、人民法院、司法行政机关在办理未成年人刑事案件和执行刑罚时，应当综合考虑案件事实和社会调查报告的内容。

1. 社会调查由未成年犯罪嫌疑人、被告人户籍所在地或居住地的司法行政机关社区矫正工作部门负责。司法行政机关社区矫正工作部门可联合相关部门开展社会调查，或委托共青团组织以及其他社会组织协助调查。

社会调查机关应当对未成年犯罪嫌疑人的性格特点、家庭情况、社会交往、成长经历、是否具备有效监护条件或者社会帮教措施，以及涉嫌犯罪前后表现等情况进行调查，并作出书面报告。

对因犯罪嫌疑人不讲真实姓名、住址，身份不明，无法进行社会调查的，社会调查机关应当作出书面说明。

2. 公安机关在办理未成年人刑事案件时，应当收集有关犯罪嫌疑人办案期间表现或者具有逮捕必要性的证据，并及时通知司法行政机关社区矫正工作部门开展社会调查；在收到社会调查机关作出的社会调查报告后，应当认真审

查，综合案情，作出是否提请批捕、移送起诉的决定。

公安机关提请人民检察院审查批捕或移送审查起诉的未成年人刑事案件，应当将犯罪嫌疑人办案期间表现等材料和经公安机关审查的社会调查报告等随案移送人民检察院。社区矫正工作部门无法进行社会调查的或无法在规定期限内提供社会调查报告的书面说明等材料也应当随案移送人民检察院。

3. 人民检察院在办理未成年人刑事案件时，应当认真审查公安机关移送的社会调查报告或无法进行社会调查的书面说明、办案期间表现等材料，全面掌握案情和未成年人的身心特点，作为教育和办案的参考。对于公安机关没有随案移送上述材料的，人民检察院可以要求公安机关提供，公安机关应当提供。

人民检察院提起公诉的未成年人刑事案件，社会调查报告、办案期间表现等材料应当随案移送人民法院。

4. 人民法院在办理未成年人刑事案件时，应当全面审查人民检察院移送的社会调查报告或无法进行社会调查的书面说明、办案期间表现等材料，并将社会调查报告作为教育和量刑的参考。对于人民检察院没有随案移送上述材料的，人民法院可以要求人民检察院提供，人民检察院应当提供。

人民法院应当在判决生效后，及时将社会调查报告、办案期间表现等材料连同刑罚执行文书，送达执行机关。

5. 执行机关在执行刑罚时应当根据社会调查报告、办案期间表现等材料，对未成年罪犯进行个别化教育矫治。人民法院没有随案移送上述材料的，执行机关可以要求人民法院移送，人民法院应当移送。

6. 司法行政机关社区矫正工作部门、共青团组织或其他社会组织应当接受公安机关、人民检察院、人民法院的委托，承担对未成年人的社会调查和社区矫正可行性评估工作，及时完成并反馈调查评估结果。

社会调查过程中，公安机关、人民检察院、人民法院应为社会调查员提供必要的便利条件。

（二）未成年犯罪嫌疑人、被告人年龄的查证与审核

1. 公安机关在办理未成年人刑事案件时，应当查清未成年犯罪嫌疑人作案时的实际年龄，注意农历年龄、户籍登记年龄与实际年龄等情况。特别是应当将未成年犯罪嫌疑人是否已满十四、十六、十八周岁的临界年龄，作为重要案件事实予以查清。

公安机关移送人民检察院审查批捕和审查起诉的未成年人刑事案件，应当

附有未成年犯罪嫌疑人已达到刑事责任年龄的证据。对于没有充分证据证明未成年犯罪嫌疑人作案时已经达到法定刑事责任年龄且确实无法查清的，公安机关应当依法作出有利于未成年人的认定和处理。

2. 人民检察院在办理未成年人刑事案件时，如发现年龄证据缺失或者不充分，或者未成年犯罪嫌疑人及其法定代理人基于相关证据对年龄证据提出异议等情况，可能影响案件认定的，在审查批捕时，应当要求公安机关补充证据，公安机关不能提供充分证据的，应当作出不予批准逮捕的决定，并通知公安机关补充侦查；在审查起诉过程中，应当退回公安机关补充侦查或自行侦查。补充侦查仍不能证明未成年人作案时已达到法定刑事责任年龄的，人民检察院应当依法作出有利于未成年犯罪嫌疑人的认定和处理。

3. 人民法院对提起公诉的未成年人刑事案件进行审理时，应当着重审查未成年被告人的年龄证据。对于未成年被告人年龄证据缺失或者不充分，应当通知人民检察院补充提供或调查核实，人民检察院认为需要进一步补充侦查向人民法院提出建议的，人民法院依法可以延期审理。没有充分证据证明被告人实施被指控的犯罪时已经达到法定刑事责任年龄且确实无法查明的，人民法院应当依法作出有利于未成年被告人的认定和处理。

（三）对未成年犯罪嫌疑人、被告人的教育、矫治

1. 公安机关、人民检察院、人民法院、司法行政机关在办理未成年人刑事案件和执行刑罚时，应当结合具体案情，采取符合未成年人身心特点的方法，开展有针对性的教育、感化、挽救工作。

对于因犯罪情节轻微不立案、撤销案件、不起诉或判处非监禁刑、免予刑事处罚的未成年人，公安机关、人民检察院、人民法院应当视案件情况对未成年人予以训诫、责令具结悔过、赔礼道歉、责令赔偿等，并要求法定代理人或其他监护人加强监管。同时，公安机关、人民检察院、人民法院应当配合有关部门落实社会帮教、就学就业和生活保障等事宜，并适时进行回访考察。

因不满刑事责任年龄不予刑事处罚的未成年人，应当责令法定代理人或其他监护人加以管教，并落实就学事宜。学校、法定代理人或其他监护人无力管教或者管教无效，适宜送专门学校的，可以按照有关规定将其送专门学校。必要时，可以根据有关法律对其收容教养。

2. 公安机关应当配合司法行政机关社区矫正工作部门开展社区矫正工作，建立协作机制，切实做好未成年社区服刑人员的监督，对脱管、漏管等违反

社区矫正管理规定的未成年社区服刑人员依法采取惩戒措施，对重新违法犯罪的未成年社区服刑人员及时依法处理。人民检察院依法对社区矫正活动实行监督。

3. 人民检察院派员出庭依法指控犯罪时，要适时对未成年被告人进行教育。

4. 在审理未成年人刑事案件过程中，人民法院在法庭调查和辩论终结后，应当根据案件的具体情况组织到庭的诉讼参与人对未成年被告人进行教育。对于判处非监禁刑的未成年人，人民法院应当在判决生效后及时将有关法律文书送达未成年人户籍所在地或居住地的司法行政机关社区矫正工作部门。

5. 未成年犯管教所可以进一步开展完善试工试学工作。对于决定暂予监外执行和假释的未成年犯，未成年犯管教所应当将社会调查报告、服刑期间表现等材料及时送达未成年人户籍所在地或居住地的司法行政机关社区矫正工作部门。

6. 司法行政机关社区矫正工作部门应当在公安机关配合和支持下负责未成年社区服刑人员的监督管理与教育矫治，做好对未成年社区服刑人员的日常矫治、行为考核和帮困扶助、刑罚执行建议等工作。

对未成年社区服刑人员应坚持教育矫正为主，并与成年人分开进行。

对于被撤销假释、缓刑的未成年社区服刑人员，司法行政机关社区矫正工作部门应当及时将未成年人社会调查报告、社区服刑期间表现等材料送达当地负责的公安机关和人民检察院。

7. 各级司法行政机关应当加大安置帮教工作力度，加强与社区、劳动和社会保障、教育、民政、共青团等部门、组织的联系与协作，切实做好刑满释放、解除劳动教养未成年人的教育、培训、就业、戒除恶习、适应社会生活及生活保障等工作。

8. 对未成年犯的档案应严格保密，建立档案的有效管理制度；对违法和轻微犯罪的未成年人，有条件的地区可以试行行政处罚和轻罪纪录消灭制度。非有法定事由，不得公开未成年人的行政处罚记录和被刑事立案、采取刑事强制措施、不起诉或因轻微犯罪被判处刑罚的记录。

## 四、建立健全办理未成年人刑事案件配套工作的协调和监督机制

建立健全办理未成年人刑事案件配套工作的协调和监督机制，开展规范有

序的协调监督工作，是促进未成年人司法配套工作体系建设，形成工作合力的重要举措。

1. 各级预防青少年违法犯罪工作领导小组是办理未成年人刑事案件配套工作的综合协调机构，应当定期主持召开未成年人司法工作联席会议，及时研究协调解决存在的问题和困难，总结推广成熟有效的工作经验。

2. 各级预防青少年违法犯罪工作领导小组应当协调有关部门和社会组织做好被帮教未成年人的就学、就业及生活保障等问题。

3. 预防青少年违法犯罪工作领导小组负责每年对公安机关、人民检察院、人民法院、司法行政机关执行《意见》及未成年人司法制度建设的情况进行考评，考评结果纳入平安建设、社会治安综合治理目标考核体系。对于在办理未成年人刑事案件过程中涌现出的先进集体和个人予以表彰。

# 附录　校规精选

# 上海市中学生日常行为规范实施细则

（摘自上海体育大学附属金山亭林中学学生手册）

1. 维护国家荣誉，尊敬国旗、国徽，会唱国歌。升降国旗、奏唱国歌时要肃立、脱帽、行注目礼，少先队员行队礼。唱国歌时要精神饱满、正确、流畅、声音洪亮，听升旗仪式讲话要认真。降旗时，要立正行注目礼，不随便走动。

2. 穿戴整洁、得体、朴素大方。来校佩戴校徽，团员应戴团徽，少先队员应戴红领巾或队章，队干部应戴队长标志。校内穿校服。头发干净整洁，不烫发，不染发，不化妆，不佩戴首饰。男生不留长发，女生不穿高跟鞋。

3. 尊重他人人格、宗教信仰和民族习惯。会自我介绍和表示自己的意见，与老师、学友交谈注意场合，态度和蔼、真诚相待、谦恭礼让、讲普通话，使用“请”“您早”“您好”“谢谢”“对不起”“没关系”“再见”等礼貌用语，不打架、不骂人、不说脏话、不叫侮辱性绰号。发生矛盾多作自我批评，男女同学正常交往，自尊自重。

4. 进校第一次见到教职工，要主动行礼或致意或问候。路遇教职工要微笑致意问候。

5. 上下课要起立向老师鞠躬或问好。发言要先举手示意，上课迟到要说“报告”，得到老师允许才进教室。上课时未经老师同意，不得随意调动座位或离开教室。下课请老师或来宾先行。上课要积极思考、生动活泼、相互配合。

6. 进入教师办公室应先轻轻敲门或说“报告”，征得老师同意才可落落大方进入。进入后，不私自翻动办公室的物品；离开办公室时要把椅子放回处，并向老师道别。

7. 坐正立直，行走稳健，举止文雅端庄。微笑、点头、鞠躬、握手、招手、鼓掌、双手递送和接受物品。

8. 对待来客，热情大方，主动问候，微笑致意，起立迎送。

9. 骑车者校内要下车推行，并将自行车停放在指定的位置。

10. 不在教室和楼道内追逐喧哗。上下楼梯靠右走。走入图书馆、阅览室、各种专用教室、宿舍保持安静。

11. 未经允许，不进入他人宿舍，不动用他人物品，不看他人信件和日记。不随意打断别人的讲话、打扰他人学习、工作和休息。

12. 借用公物要按时归还，损坏东西要赔偿。拾到东西要设法及时归还失主或交给老师。

13. 要守信，答应别人的事要按时做到，做不到时表示歉意，借他人钱物要及时归还并致意道谢。

14. 尊重教职工，虚心接受教导和帮助，说话要亲切、轻声；敢于和善于发表自己的意见。

15. 参加校内各种集会要准时、有序、守纪。参加和观摩演出或比赛时要热情、适时、适度鼓掌致意。

16. 上课前，根据学科要求准备好学习用品。预备铃响迅速进教室安静入座，回忆预、复习内容。

17. 上课坐姿端正，专心听讲，积极思维。积极回答老师的提问，认真参加课堂讨论。发扬创新、开拓精神，勇于提出问题，敢于发表自己的见解。

18. 按各学科作业规范的要求独立完成，字迹端正，簿本整洁。

19. 自觉遵守考场规则，对违反考场规则的行为要及时汇报，及时纠正。

20. 准确使用教学工具和工具书。遵守学校实验室、电脑房、语音室、劳技房、健身房等实验、操作的使用规则。

21. 认真上好自修课和活动课，发挥创造思维，自觉约束自己、管理自己，不做影响同学学习的事。

22. 注意用眼卫生，读写姿势端正，保持“一拳”、“一尺”、“一寸”距离。每天坚持做眼保健操，动作正确、到位。

23. 认真做好值日生和校园保洁工作，保持教室和校园环境整洁优美。爱护校舍和各种公物。不污损黑板、门窗、墙壁、课桌、布告栏等公用设施。不攀摘花木，不践踏学校绿化场地。爱惜学校图书馆、阅览室的书报杂志，并按时归还。节约粮食，节约水电。爱惜簿本、文具等学习用品。

24. 积极参加团队活动和学校、班级组织的社会实践活动、文体活动。不看、不传有色情、凶杀、迷信等不健康内容的书刊杂志和音像制品，不参加吸烟、吸毒、赌博、迷信和不安全的活动。

# 上海体育大学附属金山亭林中学学生行为“十项常规”和“十不准”

## 一、学生十项常规

1. 课堂常规：课前准备好学习用品，静候老师上课。上课专心听讲，积极回答老师提问，做到课堂有秩序，上下课时起立向老师致敬问好。

2. 课间常规：课间不吵闹、嬉耍、课间有秩序。

3. 卫生常规：每天由值日生对教师和卫生包干区进行清扫，并保持清洁，做到教师地上无纸屑、痰迹，墙上无污迹，卫生无死角。

4. 衣容仪表常规：做到每天穿校服，不穿奇装异服，男同学不留长发、女同学不烫发，无染发，无佩戴首饰等。

5. 升旗仪式常规：做到整齐、严肃，升旗时学生致礼，唱国歌，歌声嘹亮。

6. 课间操常规：整队快、齐、静，动作到位准确。

7. 眼保健操常规：做到认真、准时、动作准确。

8. 爱护公物常规：做到桌面无刻划、涂写，门窗、灯开关与其它公物无破损。

9. 礼貌礼仪常规：碰到老师要主动问好，做到使用文明用语，言行有礼貌。

10. 集会、活动常规：保持安静，发言应先向听众致礼，发言结束道谢，观看演出、比赛等适时鼓掌致意。

## 二、学生行为十不准

1. 不准抽烟、喝酒、赌博，坚决杜绝偷盗等恶习。

2. 不准破坏公物，爱护学校的一草一木及教学设施与设备。

3. 不准打人，不准以大欺小，恃强凌弱，严禁敲诈勒索，严禁结伙打架，甚至纠集社会青年来校闹事。

4. 不准进网吧、电子游戏机房、台（桌）球室、营业性舞厅等不适合中学生活动的场所。

5. 在校园内不准吃零食，不乱丢纸屑，乱倒垃圾，不随地吐痰等。

6. 不准烫发，不准染发，不做怪异发型，男生不留长发，女生不做遮脸发，不佩戴首饰，不涂脂抹粉，不戴耳饰品。

7. 不准谩骂、侮辱老师，做到文明礼貌。

8. 不准在各类考试中作弊，不准破坏正常的教学秩序，不准擅自离校、旷课等。

9. 学生车辆要在规定的区域内停放整齐，推车进出校园，不准随意停放车辆。

10. 不准看淫秽录像、小说、书刊等物，不准谈恋爱。

# 爱国学校学生一日常规要求（2023 学年）

| 内容 | 要求 |
|---|---|
| 进入校门 | 1. 按时到校；遵守学校请假制度。<br>2. 做好健康自我管理，身体不适及时就医，不带病到校学习。 |
| 早晨进入校园（教室） | 1. 注意仪表仪容：穿着校服，佩戴红领巾、队长标志，共青团员佩戴团徽；男生不留长发，女生不戴首饰。<br>2. 尊敬师长：主动向老师问早问好。<br>3 遵守学校手机管理制度。 |
| 自主学习 | 听从教师或班干部的安排，及时上交作业或进行预习与复习。 |
| 升旗仪式 | 态度严肃，脱帽立正。少先队员行队礼，姿势正确，唱国歌校歌声音响亮。 |
| 大课间体育活动 9：00—9：30 | 1. 集队规范，上下楼靠右走，准时有序入场。<br>2. 出操时精神饱满，动作合拍到位。<br>3. 认真参与室内室外锻炼活动。 |
| 两分钟预备铃 | 立即回到教室座位，准备好课业用品，安静地等待老师上课。 |

续表

| 内容 | 要求 |
|---|---|
| 上课 | 1. 遵守课堂纪律：尊重老师，专心听讲，积极思考，先举手再发言，立正回答，声音响亮。<br>2. 因故晚进教室，应先向任课老师“报告”，得到老师允许后方可就坐。<br>3. 保持正确的读写姿势，保护视力，注意用眼卫生。<br>4. 到专用教室上课，预备铃时在教室门口集队前往，学生不得擅自留在教室里。 |
| 午间就餐 | 1. 用餐守秩序，细嚼慢咽，不挑食，节粮爱粮，厉行节约。<br>2. 用餐完毕保持教室整洁。 |
| 午休<br>12：15—12：45 | 安静在教室休息、阅读、做作业，禁止大声喧哗奔跑。 |
| 午会<br>12：45—13：00 | 认真收听广播或观看视频，准时举行十分钟队会。 |
| 课后服务 | 最后离开教室的学生要完成清场工作（排桌椅、倒垃圾、关门窗、关电闸等）。 |
| 课间休息 | 1. 做到课间文明：轻声交流、不奔跑打闹、不做危险动作。<br>2. 进办公室应先敲门，经老师允许后才可进入。 |
| 卫生 | 1. 保持校园内的环境整洁。<br>2. 每日完成晨检和午检。<br>3. 尊重劳动，参加各类公益性劳动：值周中队服务和班级值日生劳动，具有保洁意识，养成良好的个人卫生习惯，做好垃圾分类。<br>4. 一日两次要准时规范做眼保健操。 |
| 财产保管 | 班级财产有专人负责保管，如损坏需查明原因并及时向总务处报修。 |

# 华东政法大学附属中学学生手机校园管理办法

## 第一章　总　　则

**第一条**　为规范学生手机进校和使用管理，促进学生身心健康发展，根据《教育部办公厅关于加强中小学生手机管理工作的通知（教基厅函〔2021〕3号）》和《上海市中学生日常行为规范实施细则》，结合本校实际，制定本办法。

**第二条**　华东政法大学附属中学全体学生携带手机进校和使用的管理，适用本办法。带有通话、上网、视频等功能的电子手表、手环的管理与手机相同，适用本办法。

**第三条** 管理学生携带手机进校和使用的行为，遵循相关法定原则。

**第四条** 管理学生携带手机进校和使用的行为，遵循公正、公开原则。

对违反本办法的处理及处罚，必须以事实为依据，并与违反管理规定的行为的事实、性质、情节以及影响相当。

**第五条** 管理学生携带手机进校和使用的行为，坚持处理与教育相结合原则，教育引导学生自觉遵守规则。同时学校倡导学生在校外、居家时也要加强自我管理，合理使用手机。

**第六条** 学校通过设置免费公用电话等措施，为学生在校期间应急通信提供便利。

**第七条** 学校通过不断提升信息化建设水平，为学生充分运用互联网等信息工具获取知识、受到良好教育创造便利条件。

## 第二章 手机进校和使用的管理

**第八条** 手机进校和使用，采取主动关机、统一保管、规范使用、禁入课堂的原则。

**第九条** 学生原则上不得将个人手机带入校园。

确有因上学放学与家长联系等需要将手机带入校园的，应根据本办法规定履行相应申请程序。

确有将手机带入校园并有使用需要的，应根据本办法规定履行相应程序，遵守本办法规定的使用用途。

学生带入学校的手机号码应在班主任处准确登记入册。每位学生只可登记一个号码。非登记号码手机严禁入校。如需使用其他号码，按照程序另行申请，同时须说明理由，并申请注销原号码登记。

**第十条** 学生有本办法第九条第二款规定情形的，须由本人及监护人共同向班主任书面提出申请，班主任签名同意，年级组审核批准，学生签订承诺书。由年级组提交学校德育处备案。

经批准学生将手机带入校园后应主动关机，交由年级组、班主任老师统一管理，离校时方可取回。年级组制定本年级统一管理办法。

**第十一条** 学生有本办法第九条第三款规定情形的，经相关部门同意并报年级组备案，或者经德育室批准并由年级组执行，可在参与学校、年级（班级）重大活动时使用手管理。

**第十二条** 学生事务中心和各年级学生自管会配合班主任、年级组加强学生带入校园手机和公用电话的自主管理，并做好情况记录。

## 第三章 违反管理的行为与处理

**第十三条** 未经批准将手机带入校园的，或经过批准的手机带入校园但未按规定关机交年级组上交统一管理的，首次发生时，予以批评教育；再次发生时，予以警告并暂停手机带入校园资格一学期；第三次发生时，取消手机带入校园资格。

**第十四条** 经批准使用手机，但自己或转借他人用于规定用途之外的，首次发生时，予以批评教育并暂停手机带入校园资格一个月；再次发生时，予以警告并暂停手机带入校园资格一学期；第三次发生时，取消手机带入校园资格。

**第十五条** 未经批准使用手机，玩游戏、聊天，在公共场所用扬声器播放音视频，在校园内充电，以及在课堂上发出声响等违反校园教育、教学秩序的，首次发生时，予以警告并暂停手机带入校园资格一个月；再次发生时，暂停手机带入校园资格一学期；第三次发生时，取消手机带入校园资格。情节严重或影响恶劣的，给予相应的纪律处分。

**第十六条** 有下列行为之一的，取消手机带入校园资格，由学校德育处依据本办法及“上海市中小学学籍管理规定”、“国家教育考试违规处理办法（教育部 33 号令）”视情节给予警告、严重警告、记过等纪律处分，并参照学校《华政附中教育惩戒规则（试行）细则》给予相应惩戒，并计入档案纳入学生综合素质评价。

（一）上述违反规定行为屡教不改，或影响恶劣的；

（二）使用手机违反各级考试纪律，或严重违反校园其他教育、教学秩序的；

（三）使用手机观看、传播不良视频，散布或传播谣言，散布违反社会主义核心价值观的言论和信息等，违反国家网络信息管理规定的；

（四）使用手机侵犯他人合法权益的。

**第十七条** 年级组、班级可依据本办法，结合年级、班级具体情况，制定补充性的实施细则。每次处理情况须向监护人反馈，形成家校合力，共同做好教育引导。

## 第四章　纠纷处理与争议解决

**第十八条**　学校建立由学生、家长、教师代表和法律顾问组成的申诉处理机制，接受因手机管理引发的学生、家长和教师投诉申诉，化解纠纷。

**第十九条**　因带入和使用手机而受到纪律处分等处理，国家、上海市有关部门和学校对救济途径有规定的，从其规定。

## 第五章　附　　则

**第二十条**　学生在学校组织的校外活动中使用手机的管理，参照本办法执行。

**第二十一条**　本办法自 2021 年 3 月 15 日起施行。

# 华东政法大学附属中学学生外带食品进校园管理规定

（华政附中学生会第五届委员会第四次全体会议审议通过）

## 第一章　总　　则

**第一条**　为营造良好的生活和学习氛围，确保良好的教学秩序，促进学校制度建设，杜绝食品安全事故，依据《上海市中学生日常行为规范实施细则》，结合本校实际，制定本规定。

**第二条**　校园外带食品管理遵循制度化、自主化相结合的原则

**第三条**　本规定所称外带食品，是指学生在校期间，自带或者通过外卖等方式进入学校的食物。

**第四条**　本规定，适用于华东政法大学附属中学全体学生。

## 第二章　学生外带食品及食用规定

**第五条**　学生应当养成良好的饮食规律和习惯，按时就餐。携带外来食品进校园的，应当向班长报告。

**第六条**　学生自带食品，应为应当携带的自己家庭制作或在有食品经营许可证的商店购买食品。禁止携带以下食品进入校园：

（一）无证摊点购买的食品，过期、变质等不卫生、不安全食品；

（二）含有酒精成分的饮品；

（三）含有刺激类气味的食品；

（四）生日蛋糕等以聚餐为目的食品。

（五）带壳坚果、未洗干净需要削皮食物、膨化食品及未经批准的有汤水食品。

（六）其它存放、食用时会影响他人和环境卫生的外带食品。

**第七条**　学生自带食品，以自己食用为限。

**第八条**　学生自带食品应当在指定地点食用，禁止在其它公共区间食用。

**第九条**　学生自带食品进入校园，应当在以下时间段食用：

（一）上午：10：00—10：08

（二）中午：12：00—12：08

（三）下午：15：10—15：18

**第十条**　学生自带食品食用后，应当按照学校垃圾分类实施规定处理食品包装、残屑，维护环境卫生。

**第十一条**　因体质等原因需要在学校食用外带食品的，应当向班主任提出申请，经学校允许后方可携带。

## 第三章　学校外带食品管理规定

**第十二条**　为保障校园与学生安全，禁止外卖直接送入校园。

**第十三条**　家长送外带食品到学校，应当在门卫的统一管理下，在学校传达室等学生领取或班主任代取。

**第十四条**　学校德育处将学生外带食品管理工作纳入年级、班级考核系统，并与奖惩挂勾。

**第十五条**　班级根据本规定制定（修订）班规，将学生外带食品管理制度纳入班规。

**第十六条**　学生事务中心组建外带食品检查志愿者队伍，检查、督促各班级外带食品管理工作，并将检查记录反馈至德育处。

## 第四章　奖　　惩

**第十七条**　学校对在外带食品管理工作中成绩突出的年级、班级和管理责任人予以表彰奖励。

**第十八条**　学生事务中心应严格管理。管理工作计入日常考核，并承担相应责任。

**第十九条**　年级、班级未能按照要求履行相关职责的，在年级、班级月考核中给予相应减分。

**第二十条**　学生不按照规定食用外带食品，经劝导后仍不改正的，视情节给予警告、严重警告、记过等纪律处分。

## 第五章　附　　则

**第二十一条**　本规定从 2019 年 3 月 1 日起施行。

# 华东政法大学附属中学学生作业自主权实施规定

（华政附中学生会第二届委员会第二次全体扩大会议审议通过）

**第一条**　为贯彻落实长宁区“分层作业”推进的具体要求，减轻学生过重的学业负担，尊重和发挥学生的学习权利，学会选择，为自己的选择负责，提高学习效率，促进学习方式的改变，培养综合素质，制定本规定。

**第二条**　本规定所指作业，指教师布置的课后作业，即针对授课班级范围内的普遍性课业任务，或学生课后须完成的延伸性学习活动。

**第三条** 根据学生不同层次需求，教师采取多种教学方法，提高教学效率。减少重复性书面作业，增加学生可支配的课外自主学习时间，提高教学质量。

**第四条** 教师设计分层作业，即将作业分为A（基础）、B（提高）和C（拓展）三个板块，各板块难度依次递增，重复性依次递减。每一板块在学科总量中所占的比重、学生平均学科作业用时等，由备课组（教导处、教研组指导）统一设定。

**第五条** 作业自主权

（一）作业自主权的适用对象

华东政法大学附属中学学生。

（二）确定作业自主权的依据

据每学期单元检测、期中考试、期末考试中学生的学科成绩，确定学生该学科的作业自主权。

（三）作业自主权的适用科目

1. 初中学生作业自主权的适用科目：语文、数学、英语、物理、化学；

2. 高中学生作业自主权的适用科目：语文、数学、英语、物理、化学、生物、政治、历史、地理。

（四）作业自主权的期限

基于本条第二项所列考试，从本条第三项所列学科考试成绩公布之日起，至下一次本学科考试成绩公布之日止。

原则上，学生每次享有的作业自主权，不得超过两个月，不累计享有。

（五）作业自主权的确定

1. 学科成绩分段规定

本条第三项规定的学科，在第二项规定的考试中成绩在CRP系统中显示为A档的为甲段；

本条第三项规定的学科，在第二项规定的考试中成绩在CRP系统中显示为B、C档的为乙段；

本条第三项规定的学科，在第二项规定的考试中成绩在CRP系统中显示为D、E档的为丙段。

2. 学科作业自主权规定

（1）甲段学生有权选择不做 A 板块，可向老师申请批准不做 B 板块，但必须完成 C 板块；

（2）乙段学生可向老师申请批准不做 A 板块，但必须完成 B 板块。对于部分课业压力较大的学生，可与家长协商经老师同意，选择不做 C 板块；

（3）丙段学生可以选择不做 C 板块，但必须完成 A 板块。对于 B 板块，可与家长协商经老师同意，选择不做。

3. 分层作业设计原则

（1）教师根据教学要求和学生的学习基础与能力，将分层作业与“学程手册”有机整合，减轻学生过重的课业负担，提高学习效率。

（2）教师针对享受不同作业自主权的学生，每周增加适量的以拓展、竞赛或自招难度为主的课外自主学习任务，供学有余力或有兴趣的学生选择完成。

（3）根据本条第三项规定学科的学期综合评定成绩，可参照上述规定，甲、乙段学生选做教师布置的寒、暑假作业，但必须选择一些适合自己的提高性作业，并在寒、暑假前与老师事先说明、约定。

（4）教师在本规定所列考试成绩公布同时，确定下一阶段（至下次本规定所列考试成绩公布）的学科分段情况。学生依照本规定获得相应的选择作业安排方案，师生均不得违反本规定。

（5）教师与学生对作业自主权产生分歧时，交由学生事务中心仲裁。仲裁标准参照教导处和相关任课教师的专业指导意见。

**第六条**　作业自主权的撤销

原则上，非因本条第一项规定情形，任何人不得撤销学生已获得的作业自主权。

（一）撤销情形：

1. 严重违纪；严重违反中学生行为规范或校规校纪。

2. 严重的成绩下滑。

3. 经常未按规定完成应当完成的学习任务。

4. 出现其他影响学习、纪律的情形，并造成不良后果。

（二）撤销程序

出现本条第一项中情形，任课教师及时向班主任汇报、协商后，做出撤销相关学生的作业自主权决定。

（三）撤销效力

1. 撤销决定一经宣布，当即生效。

2. 对于撤销决定，学生享有申诉、抗辩的权利。当事学生可向学生事务中心提出申诉或仲裁，学生事务中心组织协调或仲裁，协调或仲裁结果通报年级组（或备课组）、相关任课老师和学生。

3. 一学年内，累计三次被撤销作业自主权的，原则上本学年不再享受作业自主权。新学年开始，重新计算。

**第七条** 本规定从 2015 年 1 月 1 日起施行。

# 上海市嘉定区方泰小学章程（节录）

## 第四章 权利义务关系

### 第二节 学 生

**第二十七条** 按照本市、区招生政策被学校录取或转入学校学习，且办理入学注册手续后取得学籍的，为本校学生。

**第二十八条** 学生享有下列权利：

（一）参加教育教学计划安排的各种活动，根据学校安排使用教育教学设施、设备、图书资料等教育教学资源；

（二）享受国家及本市资助政策；

（三）在学业成绩和品行上获得符合客观事实的适当评价，完成规定的学业后获得相应的学业证书；

（四）对学校给予的处分不服依法向有关部门提出申诉，对学校、教师侵犯其人身权、财产权等合法权益，提出申诉或者依法提起诉讼；

（五）个人及家庭隐私和个人信息依法受学校保护；

（六）法律、法规规定的其他权利。

**第二十九条** 学生应当履行下列义务：

（一）遵守法律、法规；

（二）遵守学生行为规范，尊敬师长，养成良好的思想品德和行为习惯；

（三）努力学习，完成规定的学习任务；

（四）遵守学校的章程和规章制度；

（五）参加学校组织的各项活动，自觉维护学校声誉，为校争光；

（六）法律、法规规定的其他义务。

**第三十条**　学校按照市、区教育行政部门有关规定实行学籍管理，健全学生学籍档案，依法依规办理学生转学、休学、复学、退学、恢复学籍等相关手续，依法依规对学生给予奖励和处分。

学校对修完修学年限内规定的课程且综合素质、学科学习业绩达到毕业条件的学生，准予毕业并发给毕业证书。

**第三十一条**　学校建立学生成长档案，对学生实施综合素质评定，记入学生成长手册，促进学生全面发展。

学校对德智体美劳诸方面均表现突出、在某方面有突出成绩或进步显著的学生，予以表彰和奖励。

学校对违反校纪校规的学生予以批评教育，并可对情节严重者给予相应处分。处分一般分为警告、严重警告、记过。

**第三十二条**　学校对在籍在读家庭经济困难的学生，按照国家和本市的相关规定通过免除相应费用、提供国家助学金等方式给予资助。